Gunter Gebauer

Das Leben in 90 Minuten

Eine Philosophie des Fußballs

Pantheon

Der Verlag weist ausdrücklich darauf hin, dass im Text enthaltene externe Links vom Verlag nur bis zum Zeitpunkt der Buchveröffentlichung eingesehen werden konnten. Auf spätere Veränderungen hat der Verlag keinerlei Einfluss. Eine Haftung des Verlags ist daher ausgeschlossen.

Verlagsgruppe Random House FSC® N001967

Zweite Auflage
Juni 2016

Copyright © 2016 by Pantheon Verlag, München,
in der Verlagsgruppe Random House GmbH,
Neumarkter Str. 28, 81673 München
Umschlaggestaltung: Büro Jorge Schmidt, München,
unter Verwendung von Illustrationen
von Martin Armbruster, Würzburg
Lektorat: Fridolin Schley, München
Satz: Ditta Ahmadi, Berlin
Reproduktionen: Aigner, Berlin
Druck und Bindung: CPI books GmbH, Leck
Printed in Germany
ISBN 978-3-570-55266-7

www.pantheon-verlag.de

Inhalt

Prolog: Fußball und Philosophie,
ein ungleiches Paar? 7

1. Verkörperte Philosophie 23
2. Denken und Glauben mit dem Körper 65
3. Macht und Mythen 99
4. Charisma und Magie 141
5. Rituale, Gemeinschaft, Emotionen 177
6. Die Deutschen und ihr Fußball 211

Epilog: Stellung nehmen 265

Anmerkungen 291
Literatur 307
Register 315
Bildnachweis 320

Die Sprache der Philosophie ist schon eine gleichsam durch zu enge Schuhe deformierte.
LUDWIG WITTGENSTEIN

Prolog: Fußball und Philosophie, ein ungleiches Paar?

Vor dem Spiel. Die Spieler sitzen in der Kabine auf den Bänken, konzentrieren sich mit halb geschlossenen Augen auf ihre Gegner; sie hören die Gesänge, Sprechchöre, Slogans der Fans. In den Kurven bereiten diese sich auf ein wildes Fest vor. Die Spannung, die die Stimmung in der Arena steigen lässt, ist bis in die Kabine zu spüren. Auf die Aufforderung des Schiedsrichters hin bewegen sich die Spieler durch den Gang, der zum Stadion führt. Das Geräusch der Stollen unter ihren Schuhen klingt wie das Scharren von Pferdehufen. Sie warten stehend, bevor das Zeichen zum Einlaufen kommt – ein kurzer Augenblick der mentalen Vorbereitung, der Konzentration, des Unterdrückens von Angst. Die Muskeln spannen sich unter der Haut; es ist, als könnten sie es nicht erwarten, ihre Arbeit zu beginnen. Mit seinen Emotionen ist jeder allein. Jeder hat aber einen bestimmten Platz in der Mannschaft, eine Aufgabe, die jetzt auf ihn zukommt und die er zu lösen hat. Wehe, wenn er in der Arena vor Aufregung versagt, wenn er gleich zu Beginn einen Fehlpass spielt oder sich vom Gegenspieler täuschen lässt. Ein schnelles Tor gleich zu Beginn kann den besten Plan, die beste Vorbereitung zum Scheitern bringen, wie im Rückspiel des Achtelfinales der Champions League 2015, als die Dortmunder Abwehr ausgerechnet Tévez, den besten Turiner Spieler, frei zum Schuss kommen ließ: Das 1:0 in der 3. Minute war schon die Entscheidung über das Dortmunder Schicksal. Niemals würde die Mannschaft diesen Rückstand wiedergutmachen können. Ausgeschieden durch ein schnelles Tor, abgeschlagen in der Bundesliga – für die Zukunft war ein bitteres Schicksal zu erwarten.

Im vollen Stadion werden die Zuschauer unwillkürlich von Erregung ergriffen. Sie kommt aus der Tiefe des Körpers, der sie nicht länger in seinem Inneren komprimieren kann – wie im Konzertsaal, wo man die Luft anhält und das Husten unterdrückt. Im Stadion würde der Brustkorb zerspringen – die Spannung wird herausgerufen, -geschrien, -gesungen. Die wichtigsten Orte im Stadion sind die Fankurven. Hier befindet sich das Triebwerk der Begeisterung; die Fans schieben die Stimmung des ganzen Stadions an und bringen sie während des Spiels immer wieder in die Höhe. Das gewöhnliche Publikum spürt ihre Impulse als Resonanz im eigenen Körper. Sie ist eine gemeinsam geteilte Emotion: Man fühlt wie die anderen, reagiert auf ihre Erregung, und ist doch ganz bei sich. Es entsteht eine Gemeinschaft zwischen Menschen, die sich kaum kennen und vielleicht nie wiedersehen. Dennoch ist sie kein flüchtiges Ereignis. Manchmal erinnert man sich an einen großen Moment im Stadion, wenn man Jahrzehnte später jemanden kennenlernt, der damals zufällig dabei war: »Waren Sie

Jubelnde Fans – so fern und doch so nah

1963 auch im Stadion, als Holstein Kiel in den letzten Minuten des Spiels aus einer 2:0-Führung von Hildesheim noch ein Unentschieden machte?« – »Ja, klar, ich war aber schon frustriert gegangen; auf dem Nachhauseweg hab ich die Menge gehört, wie sie zwei Mal brüllte.« (Eine wahre Geschichte.)

Alle schauen auf die Öffnung in der Mitte der Haupttribüne: Wenn die Spieler aus dem Kabinengang hervortreten, sich langsam zu einer Reihe formieren und dann mit einem Schwung auf die hell erleuchtete Rasenfläche laufen, bricht die Begeisterung aus den Zuschauern heraus: »Ihre« Spieler sind da; man sucht seine Idole mit den Augen in der Reihe der einlaufenden Mannschaft.

In den Stadien erlebt man Momente der Begeisterung, die an den Jubel von gerade befreiten Gefangenen in Sandalenfilmen erinnern. Im Fußball wird die Befreiung nicht inszeniert; sie wird mit allen Sinnen erfahren. In den großen Arenen werden gemeinschaftliche Emotionen ausgelebt, die an Religion denken lassen. Sie seien die »Kathedralen der Moderne«, behaupten die Architekten Jacques Herzog und Volkwin Marg unabhängig voneinander, beide Konstrukteure bedeutender Stadien. Ist dies eine richtige Einschätzung oder eine berufstypische Übertreibung von Architekten, die mit gewaltigen Mitteln weltweit Bühnen für die Machtentfaltung von Staaten und Potentaten errichten? In den Stadien ereignet sich ein Mitfühlen der Anhänger, aber nur mit »ihrer« Mannschaft. Von dieser großen Welle der Empathie wird nur die eine Hälfte der Zuschauer erfasst; die andere wehrt sie energisch ab und lässt ihrerseits eine Gegenwelle entstehen. Die Anhänger einer Gruppe werden sich emotional ähnlich; die gegnerischen Fanblöcke überbieten einander mit Jubel für die eigene und Schmähungen der anderen Mannschaft. Im Gegeneinander der beiden Gruppen entwickelt sich ein bewegteres Leben als in den Kirchen unserer Tage. Bei hohen kirchlichen Ereignissen übernehmen die Gläubigen sogar Formen der Verehrung aus den Fußballarenen: Nach der Wahl des Deutschen Joseph Ratzinger zum Papst skandierten die deutschen Fans »Bene-detto, Bene-detto«, als wäre der Nachfolger Petrus' als Bischof von Rom ein Fußballstar – sehr zum Leidwesen des Bejubelten. In ihrer Parteilichkeit sind die Anhänger einer Mannschaft hemmungslos ungerecht. Von ihnen geht jedoch eine stabile, verlässliche Kraft aus, ohne die es keine Helden und großen Momente des Fußballspiels geben würde. Sie sind kein Vorbild ethischen Verhaltens; sie wollen unterstützen, indem sie mit ihrem Geschrei die Moral der eigenen Leute stärken und die der Gegner zerstören. Von »ihrer« Mannschaft verlangen sie Haltung. Wenn diese ihre Ehre verteidigt hat, verzeihen sie ihr jede Niederlage und trauern mit ihr. Vom Spiel auf dem Rasen werden unmittelbare Reaktionen der Zuschauer hervorgerufen. Ihre Wahrnehmung des Spielgeschehens ist zugleich eine Deutung und Wertung der Aktionen: Sie *sehen*, dass der Gegner Hand gemacht, ein Foul begangen hat, dass er im Abseits steht, dass ein Tor erzielt wurde. Die Unmittelbarkeit zeigt sich im gemeinsamen Triumph des Siegs und im kollektiven Leid einer Niederlage. Der Ausgang des Spiels wird von den Zuschauern als *körperlicher* Zustand erlebt – als Hochgefühl der Freude oder als totaler Spannungsabfall, der die Muskeln und die Lebenskraft erschlaffen lässt. Eine Straßenbahn voller Fans einer Mannschaft, die gerade aus der Bundesliga abgestiegen ist, fährt wie ein Leichenzug durch die Stadt.

Im Stadion lebt man in der absoluten Gegenwart. Dies scheint ein Anachronismus zu sein in einer Zeit, in der sich gemeinsame Präsenz in inselhafte Räume von Individuen auflöst, die telefonieren, ihre Mails checken oder permanent Nachrichten empfangen. In der Hochspannung eines Spiels geschieht das Unerwartete: dass die Anwesenden im gegenwärtigen Moment eingeschlossen sind. In solchen Augenblicken gibt es nichts anderes als diese eine Zeit und diesen einen Ort, wo – vielleicht – ein Tor fällt. Was in der Welt außerhalb des Spiels geschieht, und sei es noch so wichtig – Geburt eines Kindes, Tod eines Verwandten, Lottogewinn, Abschleppen des Autos –, erreicht den hartgesottenen Fan während des Spiels nicht. Der entsprechende Aufruf des Stadionsprechers, den falsch geparkten Wagen wegzufahren, wird souverän ignoriert.

Es wäre deutlich übertrieben, die Innenwelt des Fußballs als eine sympathische zu beschreiben. Vor solchen faszinierenden Spielen hat die Philosophie immer gewarnt: Im Geist des Spielers ist alles weggewischt, was nicht das Spiel ist. Alle Erinnerung an das Dasein außerhalb des Spiels ist ausgehängt. Die Zukunft jenseits des aktuellen Spielgeschehens verliert ihre Denkmöglichkeit, damit auch ihre Wirkung auf die Gegenwart. Die Spieler erfahren eine reine Präsenz.[1] Der Philosophie ist die Gedankenlosigkeit dieser Haltung suspekt: Wer im Spiel versunken ist, hat kein Bewusstsein von dem, was um das Spiel herum geschieht; er oder sie ist unfähig, das Handeln im Spiel von außen zu beurteilen. Es gibt zwar eine Erinnerung an vergangene Spiele, Tore, Szenen usw.; diese ist sogar deutlich hypertrophiert. Die soziale Zeit hingegen, die Zeit der Politik, der gesellschaftlichen Ereignisse, Gesetze und Verpflichtungen, ist aus dem Spiel ausgeschlossen.

Wer ausschließlich in der Unmittelbarkeit des Spiels lebt, fühlt selten eine ethische Verantwortung für das eigene Handeln. Was im Spiel geschieht, hat in seinen Augen nur Folgen *im* Spiel: Die Verletzung eines Gegenspielers wird mit einem Strafstoß, aber nicht juristisch geahndet und nur in Fällen brutaler Gewalt moralisch verurteilt. Ohne Bezug auf die geltenden moralischen Normen nutzt der Spieler alle Möglichkeiten, die ihm eine zufällige Spielkonstellation zuschanzt. Was mag der Gedankenkontext von Thierry Henry gewesen sein, nachdem er mit einem klaren Handspiel der französischen Nationalmannschaft den Weg zur

Fußball-WM in Südafrika 2010 geöffnet hatte? *Der Schiedsrichter hat mein Handspiel sicher nicht gesehen; er bestimmt, was im Spiel geschieht und was nicht wirklich ist – also existiert es auch nicht, also zählt mein Tor.* In der Unmittelbarkeit des Spiels tritt der ethische Hintergrund des Handelns nicht ins Bewusstsein. Er liegt jenseits des Augenblicks. Selbst bei einem ansonsten vorbildlichen Spieler wie Thierry Henry kommen die Bedenken erst *nach* dem Spiel. Wer sich eine solche Amnesie, als Spieler oder als Präsident eines Clubs, angeeignet hat und sich von diesem Gedächtnisverlust habituell bestimmen lässt, riskiert es auch, sie in anderen ernsten Spielen einzusetzen. Erst wenn ein Richter ihn mit dem rechtlichen und ethischen Hintergrund seines Handelns konfrontiert, wird er aus seinem Spiel gerissen.

Unmittelbarkeit ist ein gesuchtes Gut in unserer Gesellschaft; es gibt nur wenige Möglichkeiten, sie anderswo zu erfahren. Entlastet von den Zwängen der Gesellschaft, erfährt man die Tiefe eines Spiels. Nicht nur das Spiel wird im Fußball ausgelotet; er öffnet auch einen momenthaften Blick in den Untergrund der Sehnsüchte, Wünsche, Ängste und Widersprüche der Gesellschaft. Fußball greift in die unteren Regionen der Psyche von Spielern, Zuschauern und der eines ganzen Landes ein. Dies ist möglich, gerade *weil* er aus dem gesellschaftlichen Kontext mit all seinen Anforderungen ausgeschnitten ist. Gegenüber dieser scheinbar unschuldigen Aktivität wird der Untergrund nicht mit einem Schutzschirm abgedeckt. Im Spiel bietet er sich ohne Hemmungen den Blicken dar. Er lässt nicht nur erkennen, was die Gesellschaft zusammenhält. Er zeigt auch, was sie zerreißt. Im Fußball kommt beides zum Ausdruck: die innere

Kohärenz *und* die Zerrissenheit des gesellschaftlichen Lebens. Beides wird im Stadion erfahren, als Untertöne der gemeinsamen Erregung.

Wie jedes tiefgründige Spiel ist der Fußball ernst. Allerdings ist er kein Ernstfall. Er bleibt ein Spiel. Für dieses Buch gilt in leichter Abwandlung Albert Einsteins Bemerkung über das Lehren: Man sollte den Fußball so ernst nehmen wie möglich. Aber auch nicht ernster. Was ist am Fußball so schwer zu verstehen? Das Problem stellt sich nicht, wenn man ihn spielt oder ihm zusieht; es entsteht, wenn man über ihn nachdenkt: Das Interesse am Fußball scheint fast allen unseren kulturellen Orientierungen zuwiderzulaufen. Dennoch lieben wir ihn – oder gerade deswegen.

Über den Fußball haben in den letzten Jahrzehnten Schriftsteller und Essayisten feine Beobachtungen und Reflexionen vorgelegt, die das Gewebe des Spiels und seine Verflechtungen mit den Zuschauern subtil erfassen. Von ihnen erhalten die Leser poetische Einblicke in die Gefühle, Erlebnisse, Wahrnehmungs- und Denkweisen, die die Welt des Fußballspiels ausmachen (darüber haben F. C. Delius, Javier Marías, Moritz Rinke, Thomas Brussig, Helmut Böttiger und Albert Ostermaier geschrieben, um nur einige zu nennen). Die deutsche Autoren-Nationalmannschaft steht nicht nur für sportlichen Erfolg, sondern auch für die Anerkennung, die literarischen Texten über Fußball heute entgegengebracht wird. Bei Fußballkennern gehen sie von Hand zu Hand und bereichern ihre Freude an den Spielen (so Ostermaiers WM-Gedichte oder Rinkes erfundene Briefe des Bundestrainers an seine daheimgebliebene

Frau). So anerkannt diese Texte sind – sie haben nicht die Skepsis vertrieben, mit der die akademische Philosophie den Fußball ansieht. Auch wenn sich heute Philosophen für das Spiel begeistern, halten es die meisten von ihnen nicht für einen philosophischen Gegenstand. Die Skepsis speist sich aus der Überzeugung, dass alles Denken, um das es in der Philosophie geht, aus *bewussten* Akten besteht. Was man denkt, was man weiß, komme nur mit gleichsam angeschaltetem Bewusstsein zustande. Nach dieser Auffassung von Philosophie bleibt der Fußball unterhalb jeglichen philosophischen Interesses. Sie verrät eine Einstellung, die die Philosophie immer noch ganz traditionell beibehält; Pierre Bourdieu kennzeichnet sie als ein »scholastisches Denken«, das die soziale Praxis vom Schreibtisch aus betrachtet und sich wie durch eine Glasscheibe von der Lebenswelt abtrennt. Man kann Bourdieus Gedanken verallgemeinern: Nach den großen Umbrüchen der Philosophie im 20. Jahrhundert, durch die Phänomenologie, die Anthropologie, die Existenz- und Praxisphilosophie, sieht der Philosoph nicht mehr aus einem gedachten Nirgendwo in die Welt hinein – er gehört selbst dazu.

In diesem Buch wird nach einer aktuellen Auffassung von Philosophie gesucht, die die Besonderheit des Fußballs erfassen kann. Gemeinsam mit den Lesern und Leserinnen soll im Folgenden versucht werden, *anders zu denken.* Es gibt Philosophen, die uns dabei anleiten können – wesentliche Anregungen sollen von Ludwig Wittgenstein aufgenommen werden; an seiner Auffassung von Philosophie wird sich diese Arbeit generell orientieren. Neben ihm werden Denker einbezogen, mit deren Überlegungen seine

Konzeption – jedenfalls bei den gewählten Themen – in Gebiete hinein fortgesetzt werden kann, in die er nicht vorgestoßen ist. Immer aber wird darauf geachtet, dass die von ihnen übernommenen Aspekte mit den leitenden Grundgedanken dieses Buches vereinbar sind. Friedrich Nietzsche, Émile Durkheim, Max Weber, Pierre Bourdieu, Michel Foucault, Nassim Nicholas Taleb – sie alle denken in charakteristischer Weise anders als die philosophische Tradition. Wir werden mit ihnen das Fußballspiel unter der Frage betrachten, ob seine Praxis selbst als eine Art des Denkens verstanden werden kann. Ganz analog gehen wir vor, wenn wir in den Bühnenaktionen eines Theaterspiels einen tieferen Grund erkennen. Dass ein Theaterstück einen Autor hat, kann nicht als Argument gegen die untergründigen Bedeutungen des Fußballspiels gelten – es sei denn, man behauptete, der Verfasser des Texts habe dessen Sinn in das Stück hineingelegt. In beiden Fällen geht es um Aktionen von Menschen, die aus individuellen Absichten heraus handeln, dabei aber eine tiefere Bedeutung des Spiels insgesamt erzeugen, die keiner von ihnen beabsichtigt hat.

Eine Mannschaft geht in ein Spiel, um zu gewinnen; jeder einzelne Spieler will sich auszeichnen, seine Qualitäten zeigen, den Gegenspielern überlegen sein. Niemand von ihnen kommt auf den Gedanken, dass er sich auf dem Spielfeld einer Situation der Gefährdung aussetzt: Der Spieler muss auf den Einsatz seiner Hände verzichten; er muss weitgehend mithilfe seiner Füße kooperieren und kommunizieren. Im Vergleich zum normalen Leben ist seine Existenz auf dem Rasen fragil. Sie wird von den Spielregeln künstlich in eine schwierige Lage gebracht – der Spieler steht daher vor der Aufgabe, seine Fragilität nicht als Schwäche zu begreifen. Er bringt den Witz und die Phantasie auf, sie in einen Vorteil zu wenden: Als Antwort auf die Situation der Gefährdung macht er sich *antifragil*. Fußball zeigt uns nicht, wie oft behauptet wird, eine Idealisierung der Lebenswelt. Das Spiel zeigt uns *einen anderen Gebrauch des menschlichen Körpers*; an zahllosen Beispielen demonstriert es, was Menschen in einer solchen Lage aus sich machen können. Fußball ist ein anthropologisches Experiment.

Beginnen wir mit Wittgenstein: »Die Sprache der Philosophie ist schon eine gleichsam durch zu enge Schuhe deformierte.«[2] Die Schuhe der Philosophie sind zu eng; für ein freies Vorwärtskommen brauchen wir einen gewissen Spielraum. Der traditionellen Philosophie ist es nicht aufgefallen, dass Denker in Schuhen gehen. Sie hat sie vielmehr mit Engeln verglichen – als ob sie sich ohne Bodenberührung bewegten. Engel sind keine arbeitenden Wesen wie wir, sie sind in keine Praxis eingefügt. In einer Philosophie, die den Fußball erfasst, kommen Engel nicht vor. Sie benötigt Schuhe, die ihren Lauf nicht behindern. Die Menschen, über die sie reflektiert, sind körperliche Wesen. Sie haben Leidenschaften, die sie mit anderen Menschen teilen. Gegen die traditionelle Auffassung von Philosophie setzt dieses Buch eine Philosophie des Körpers und der Praxis – eines Körpers, der nicht nur mit dem Kopf denkt, nicht nur mit dem Mund spricht und nicht nur mit den Händen handelt; und einer Praxis, die »mehr Wirklichkeitsgehalt ... (hat) als alle übrigen Sphären«.[3] Eine Philosophie, die nicht abhebt, sondern am Boden bleibt und voller Phantasie ist, ähnlich wie die Kunst, aber doch ganz anders. Eine

Philosophie des praktischen Handelns – einer Lebensform, die von den Füßen ausgeht und einen Habitus der Moderne ausbildet.[4]

Dies ist ein Buch nicht nur über Fußball. Es ist mit gleichem Recht ein Buch über Philosophie. Es stellt die Suche nach einer Philosophie dar, der es um die heutige Lebenswelt der Menschen geht. Allerdings wird kein allumfassender Entwurf der Moderne gesucht; dies könnte keine gegenwärtige Philosophie aufrichtig anstreben. Um mit Wittgenstein zu sprechen, kann uns die Philosophie *eine Sichtweise* auf die Welt lehren. Hier ist es, eine Sichtweise auf die Welt eines Spiels: auf die verkehrte Welt des Fußballs. Am Leser und an der Leserin ist es zu entscheiden, ob die Schuhe der Philosophie in diesem Buch genügend geweitet worden sind, sodass man sich in ihnen auf einem anderen Feld als dem gewohnten Terrain bewegen kann.

Im Fußball lebt man das Leben an seiner Oberfläche; es hat keine verborgenen Bedeutungen wie ein Text, dessen Tiefenschichten wir ergründen müssen, um ihn zu begreifen. Für eine Philosophie der Oberfläche hat Nietzsche ein machtvolles Plädoyer gehalten: Ein Denken, das das Wesentliche in der Tiefe sucht, postuliert eine Welt hinter der sichtbaren Welt, eine »Hinterwelt«. Für ihn ist dies nur ein ausgestellter Tiefsinn, dem die gegebene Welt nichts gilt und der meint, man müsse hinter ihr nach Ideen oder Wesenheiten suchen, die das Eigentliche der Welt ausmachen. Tatsächlich zeigt die Oberfläche an, dass unter ihr Schichten liegen, die mit ihr verbunden sind und sich auf ihr andeuten, aber selbst nicht sichtbar sind. Ebenso verhält es sich mit unserer Erfahrung der sinnlichen Welt: Auf der sichtbaren Oberfläche des Lebens zeigen sich die unsichtbaren Tiefenschichten. Bevor wir einen tieferen Sinn suchen, sollten wir die schöpferische Fähigkeit der Sinne entwickeln: Berühren, Sehen, Hören, Fühlen und den Geschmack finden für das Leben und andere Menschen.

Wenn man spielt oder einem Fußballspiel zusieht, glaubt man nicht nur, dass das Spiel wirklich ist – man spürt sich selbst. Und nicht nur sich selbst fühlt man existieren, sondern auch die anderen, denen man den Ball zuspielt, und die Gegner, vor denen man ihn in Sicherheit bringt. In den Spielern spannt sich eine Empfindlichkeit auf, die zwischen Rohheit und Finesse changiert. Roh und fein ist das Spiel schon, weil es mit den Füßen gespielt wird – ihre Sensibilität wird beim Stoßen und Treten gleichsam ausgeschaltet, während sie, wenn sie nicht gehemmt wird, von geradezu erotischer Ausprägung ist. In der Spannung zwischen beiden Polen entsteht das Bewusstsein eines intensiven Lebens.

Das Nachdenken über ein populäres Phänomen vollzieht sich nicht im Schweben – den Fußball findet man heute in einer Verstrickung mit sehr irdischen Interessen, insbesondere ökonomischen und politischen. Das Ökonomische funktioniert im Fußball anders als in der gewöhnlichen Wirtschaft – das wirtschaftliche Denken bereichert sich um mythische Aspekte, wie auch der Mythos im Fußball nicht nur Ehre und Prestige einträgt, sondern obendrein den Geschäftsgewinn steigert. Erfolge der Nationalmannschaften und der besten Clubteams werden von den Medien und dem großen Publikum der jeweiligen Nation gutgeschrieben. Dies lässt sich schärfer am Fußball der großen Ligen und Nationalmannschaften als an Spielen durchschnittlicher Vereine erfassen. Auf ihn konzentriert sich die Aufmerksamkeit eines weltweiten Publikums; er steht auch im Mittelpunkt dieses Buchs. Er ist eines der wichtigsten Objekte der Medien in allen Ländern, in denen Fußball eine Rolle spielt. Heute wird er so intensiv durch die Medien dargestellt, dass man nicht mehr vollends zwischen einem wirklichen und einem mediengemachten Fußball unterscheiden kann – Realität und Fiktion sind ineinander verwoben. Aufgrund seiner außergewöhnlichen Rolle in der Öffentlichkeit stellt er eine eigene Macht dar, die ihre Stärke gegenüber der Politik ausspielt. Die führenden Spieler genießen ein extrem hohes Ansehen. Ihnen wird ein Status verliehen, der über dem des normalen Sterblichen steht.

Jede Nation hat ihre spezifische Perspektive auf den Fußball. Als Beobachter kann man sie nicht einfach ablegen. Ausdrücklich ist die Rede von der Sichtweise der Deutschen auf den Fußball in der zweiten Hälfte dieses Buchs; sie ist aber auch schon in der ersten Halbzeit latent präsent. In den Büchern englischer oder französischer Beobachter beispielsweise wird Fußball mit einer anderen Sensibilität als in Deutschland wahrgenommen. So wird er in englischen Beschreibungen in erster Linie sozialgeschichtlich als ein Kampf zwischen Männern im Kontext ihres sozialen Milieus dargestellt – Fußball als der bedingungslose Kampf eines Vereins gegen die Konkurrenz: eine Welt der absoluten Leidenschaft. So in den fabelhaften Büchern von David Peace, in denen fußballverrückte Trainer beschrieben werden, die tagein, tagaus über Mannschaftsaufstellungen brüten, Strategien aushecken, Spieler kaufen,

Vereinsvorstände beschwören. Seine Beschreibungen sind Psychogramme von Menschen, die in einer anderen Welt als Irrsinnige gelten müssen.[5] In der französischen Perspektive wird der Fußball bevorzugt in kulturvergleichenden Feldstudien als soziologisches Phänomen beschrieben, wie von Christian Bromberger, der die Leidenschaften in den Stadien des europäischen Südens, in Marseille, Turin, Neapel, untersucht.[6] Fußball wird hier in der Sichtweise der Praxisphilosophie und Anthropologie reflektiert, die ursprünglich aus der deutschen philosophischen Tradition hervorgegangen sind.

In der vorliegenden Arbeit wird der Fußball aus der Perspektive des Menschen betrachtet: Was bedeutet der Fußball für unser Menschsein? Er setzt die Spieler einer Situation der Unsicherheit aus; es ist aber zugleich gerade seine experimentelle Anlage, die ihr Können steigert, die Welt intensiver erleben lässt und die Zuschauer mit ihren Gefühlen untereinander verbindet. Von der Liebe zum Fußball wird den Deutschen ein Weg geöffnet, sich selbst und das eigene Land zu mögen, ohne in den Nationalismus zurückzufallen. Die Verwebungen zwischen dem Fußball und dem Gefühl, Deutscher zu sein, wird uns in vielen Einzelheiten beschäftigen.

Leben überhaupt heißt in Gefahr sein.
FRIEDRICH NIETZSCHE

1
Verkörperte Philosophie

Fußball ist das Gegenteil des Schachspiels. Alle Spielzüge werden körperlich ausgeführt. Die Materialität der miteinander und gegeneinander agierenden Körper verhindert zusammen mit den materiellen Bedingungen des Platzes und des Balls jede genauere Darstellung des Spiels. Es kann nicht realistisch am Computer simuliert, nicht einmal strategisch genau geplant werden (obwohl dies im Zeitalter der Algorithmen als modern gilt). Schach hingegen ist geistige Ordnung in Reinkultur. Wenn ein Schachzug den Gegner verwirrt, dann deshalb, weil er die Strategie, die ihn hervorbringt, nicht durchschaut. Fußball bewegt sich, selbst bei größten Könnern, zwischen Ordnung und Chaos. Erfolgreiche Mannschaften richten im Spiel die größte Verwirrung an, um sie für Treffer beim Gegner auszunutzen.

In den Schlussminuten eines Spiels, bei dem alles auf Messers Schneide steht, bringt die eine Mannschaft mit letzter Anstrengung einen Angriff zustande: Borussia Dortmund muss gegen den FC Málaga im Viertelfinale der Champions League 2013 beim Stand von 1:2 zwei Tore erzielen, um das Halbfinale zu erreichen; die Dortmunder stürmen in der Nachspielzeit mit den noch verbliebenen Kräften auf das Tor des FC Málaga zu, der sich mit allen Spielern wehrt. Die Verteidiger verlieren die Übersicht. Von den Dortmundern wird der Ball in den letzten Momenten des Spiels in den Strafraum von Málaga gepasst. Es entsteht ein unglaubliches Durcheinander: Dortmund trifft in den letzten vier Minuten zwei Mal, unmittelbar vor dem Schlusspfiff fällt das 3:2.

Wer die Geschichte des Fußballs nicht kennt, hält ihn für ein Spiel der unteren sozialen Schichten. Tatsächlich ist er um die Mitte des 19. Jahrhunderts an feinen englischen Public Schools entstanden – *außerhalb* des Unterrichts: als eine Erfindung von Sprösslingen der höchsten britischen Kreise und ihres Headmasters, der das Toben der Jungen durch Regeln einzugrenzen suchte. Dass sich die zukünftigen Herren des Empire, die hier herangezogen wurden, nicht zu sehr mit lateinischer Schulbildung beschäftigten, sondern mit ihrem wilden Spiel ein Gegengewicht, eine Art *Anti-Bildung* erfanden, war ihren Vätern durchaus recht. Körperliche Brutalität war der britischen Herrschaft nicht fremd; sie wurde schließlich nicht nur durch feine Geister errichtet.

In den *Philosophischen Untersuchungen* stellt Ludwig Wittgenstein, in den dreißiger und vierziger Jahren Philosophieprofessor am Trinity College in Cambridge, sinngemäß folgende Aufgabe: Denk dir ein Volk, das ein Spiel nach Regeln spielt, dies aber mit einer »Reihe von Handlungen ... die wir nicht gewöhnt sind, mit einem *Spiel* zu assoziieren – etwa ein Ausstoßen von Schreien oder Stampfen mit den Füßen«.[1] Kann man diese merkwürdige Praxis wirklich als Spiel betrachten – als ein Spiel, das in irgendeiner Verwandtschaftsbeziehung zum Schach steht? Wittgenstein scheint die Antwort offenzulassen. Wenn man aber weiß, dass er *sein* Modell der Sprache in Analogie zum Fußball als »Sprachspiel« bezeichnet, ist die Antwort: Ja, es ist ein Spiel, ein sehr eigenartiges Spiel, das zweifellos ungewöhnlicher als alle anderen Spiele ist, die wir kennen – geradezu das Gegenteil des Schachspiels. Fußball ist eine Welt des Niedrigen. Von der Höhe des Geistes aus gesehen, hat er etwas erschreckend Direktes, den Geschmack des physischen Kampfs und den Geruch von Körpern und Erde.

Kann ein solches Spiel, das sich so offensichtlich gegen die Zivilisation stellt, einen philosophischen Gehalt haben? Vielleicht liegt dieser gerade darin, dass es der schulischen Bildung so radikal widerspricht. Aus dieser Perspektive wäre Fußball ein kühner Gegenentwurf zur Philosophie, wie sie sich seit der Neuzeit, seit Descartes entwickelt hat – zu einer Philosophie, die sich ausschließlich mit dem Geist beschäftigt. Worum aber geht es der Philosophie, wenn man sie weiter fasst, weiter als eine Auseinandersetzung des Denkens mit sich selbst?

Die Erfindung einer Gegenkultur

Im Zentrum des anthropologischen Denkens, das in diesem Kapitel entwickelt wird, steht die Frage nach dem Menschen: Was ist das Eigene von Menschen, was ist ihr Gemeinsames, das sie bei all ihrer Vielfalt auszeichnet? Seit den antiken Philosophen wurde der Mensch als das Wesen bestimmt, das sich durch den *Besitz von Geist* über alle anderen Lebewesen erhebt. Problematisch war diese Definition, insofern lange nicht allen Menschen Geist zugesprochen wurde – nicht den Frauen, Sklaven, Kindern, Geisteskranken. Durch Herder und Nietzsche wurde ein radikaler Bruch dieser Tradition herbeigeführt: Menschen sind dennoch nicht durch ihren aktuellen *Besitz* ausgezeichnet, weder durch Besitz von Geist noch von sonst etwas, sondern durch ihre *Fähigkeit, sich selbst zu entwickeln.* Herder verweist darauf, dass der Mensch das einzige Lebewesen ist, das sich aufgerichtet hat: Er ist »der erste Freigelassene *der Schöpfung – er steht aufrecht*«.[2] Nietzsche erweitert diesen Gedanken zu der Annahme, dass Menschen sich in einem unablässigen Entwicklungsprozess befinden, in dem sie werden, was sie sind: aufrecht gehende, sprechende, kooperierende, bewusste Lebewesen. Der Mensch kann sich neu entwerfen: Er ist das »*noch nicht festgestellte Thier*«.[3]

Der Fußball *spricht* nicht selbst *über* solche Dinge. Er besitzt keine verbale Sprache, er teilt sich seinen Anhängern auf andere Weise mit. In der Erregung des Fußballs kommt etwas zum Ausdruck, das die vielen Begeisterten kennen. Wenn man sie aber danach fragt, können sie nicht sagen, was sie so erregt. Wer den Grund ihrer Begeisterung nicht begreift, schließt sich aus der Gemeinschaft in den Stadien, Arenen und vor den Bildschirmen aus.[4] Man braucht das Geheimnis des Fußballs nicht zu suchen. Es liegt offen unter dem Flutlicht der Arenen. Es genügt, die Beleuchtung ein wenig zu verändern, dann verliert das

Spiel seine Selbstverständlichkeit: Fußball ist das einzige weitverbreitete Spiel, das den Einsatz der Hände verbietet. Es bringt den spielenden Menschen um den Gebrauch seines geschicktesten Instruments und zwingt ihn zum Einsatz seines ungeschicktesten Körperteils, des Fußes. Das Greifen nach dem Ball mit der Hand wird als schweres Vergehen bestraft. Durch eine einzige Spielregel wird ein kultureller Prozess, der mit der Menschwerdung beginnt und bis in die Gegenwart reicht, weggestrichen. Dieser freiwillige radikale Kulturverzicht, den sich das populärste Spiel unserer Tage leistet, ist der tiefere Grund für die Verachtung, mit der die Feinsinnigen den Fußball lange Zeit gestraft haben. Was für ein Projekt stellt der Fußball dar, wenn er die Fertigkeiten der Hand einfach aufgibt und verlangt, dass sie vom Fuß zu übernehmen seien? Man muss sich über die Tragweite dieser Entscheidung Klarheit verschaffen und dann danach fragen, welchen Sinn sie hat.

Eine erste Antwort: Was als wildes Spiel von Schülern englischer Public Schools begann, stellt sich keine geringere Aufgabe, als die herrschende Kultur *anders* zu gestalten – als ein Handeln, ein Kooperieren und ein Verstehen aus dem Spiel der Füße heraus. Sie erhalten neue Aufgaben, die im klassischen Bewegungsprogramm des Stehens und Laufens nicht vorgesehen sind. Die Regel des Handverbots zwingt die Feldspieler dazu, sich ein völlig neues Bewegungsrepertoire anzueignen und einen neuen Kooperationsstil zu entwickeln, wenn sie sich des Balls bemächtigen und ihn für ihre Ziele einsetzen wollen. Mit den Füßen kann man den Ball nicht festhalten.[5] Wenn man ihn bei sich behalten will, muss man mit ihm laufen; man muss ihn so führen, dass die Gegenspieler ihn nicht erreichen können. Arjen Robben war in der Vergangenheit ein Spieler, der den Ball allein für sich beanspruchte. Erfolgreich wurde sein Handeln aber erst, als er gelernt hatte, sich in den Dienst der Mannschaft zu stellen. Kein Einzelner kann den Ball auf Dauer besitzen; er scheitert nach kurzer Zeit. Früher liebte man die Dribbelkünstler, die legendären »Alleinunterhalter« mit der Fähigkeit, den Ball »ins Tor zu tragen«, von Garrincha über Libuda bis Littbarski. Heute gibt es diesen Typus nicht mehr. Im modernen Fußball hat sich angesichts schneller, wendiger und im Verbund agierender Abwehrspieler die Erkenntnis herausgebildet, dass der Ball nicht von Einzelspielern kontrolliert werden kann. Ballbesitz ist die Fähigkeit einer Mannschaft geworden. Was den Einsatz von großen Virtuosen wie Robben nur noch erfolgreicher macht.

Die Schwierigkeit, im Fußball Besitz zu bilden, verlangt eine hohe Kooperationsfähigkeit der sozialen Gruppe. Nicht durch die verbale Sprache wird die Kooperation innerhalb einer Mannschaft hergestellt; vielmehr geschieht dies in einer Kommunikation ohne Worte, die in einem langen Trainingsprozess eingeübt worden ist. Der Ausfall der Hand und der verbalen Sprache für die Organisation des Miteinanders wird durch stumme körperliche Übung kompensiert, sodass zwischen den Spielern ein »blindes Verständnis« entsteht. Mit dem Ideal von Habermas' rationaler Kommunikation hat Fußball nichts zu tun; eher schon mit den »Sprachspielen«. Über sie sagt Wittgenstein zwei Dinge, die ihn vielleicht zu diesem Ausdruck inspiriert haben: dass sie aus Handeln bestehen – wozu auch stumme

Aktionen gehören – und dass sie funktionieren, weil »der Mechanismus« des Körpers und des praktischen Denkens zuvor auf eine bestimmte Funktionsweise »eingestellt« worden ist.[6] Im Fußball wird der Körper des Spielers ganz anders »eingestellt« als im normalen Leben.

Die Gefährdung und Antifragilität des Menschen

Der Fußball kann als eine Art Human-Experiment betrachtet werden: Er testet die Fähigkeit, sich in Situationen der Gefährdung neu zu entwerfen, die Feststellschrauben der bisherigen Existenz zu lösen und sich anders einzustellen. Wenn wir das Prinzip dieses Neuentwurfs erfassen wollen, müssen wir uns zuerst das Bild vom Menschen vor Augen halten, gegen das der Fußball rebelliert.

Nach der einflussreichen Anthropologie Arnold Gehlens ist der Mensch ein »Mängelwesen«, das schwächste und schutzloseste aller Tiere: ohne Haarkleid, ohne Reißzähne, ohne Klauen.[7] Überlebensfähig ist er, weil er in dieser extremen Notlage gezwungen ist, *geistige* Fähigkeiten zu entwickeln. Gehlens Behauptung kann man in zwei entscheidenden Punkten widersprechen: Zum einen sind Menschen von Natur aus keineswegs Mängelwesen. Mit der Aufrichtung bildeten sie im Prozess der Menschwerdung eine erfolgreiche Überlebensstrategie heraus. Diese beruht, zum anderen, eben nicht auf geistigen Leistungen: Sie ist ein evolutiver Umbau des Körpers, der die Vorderläufe (im Unterschied zu den Menschenaffen) von der Fortbewegung entlastet, sodass sich aus ihnen die frei bewegliche Hand bildet. Nietzsche bezeichnet diesen Vorgang als »Neuentwurf des Menschen«. Mit diesem Ausdruck meint er eben nicht ein intelligentes Design des menschlichen *Denkens*, sondern eine Umgestaltung des *Körpers* und seiner Fähigkeiten, die in der Praxis alltäglicher Lebensbewältigung entstanden ist.

Problematisch ist die Mängelwesen-These, insofern Gehlen mit ihr eine wissenschaftlich überholte Position vertritt. Sein Hauptwerk *Der Mensch* (am Ende der dreißiger Jahre des vorigen Jahrhunderts geschrieben) bestreitet die menschliche Evolution. Seine Vorstellung vom Mängelwesen gewinnt Gehlen durch eine Rückprojektion des Menschen der Jetztzeit auf die Prähistorie. Nach heutigem Kenntnisstand stammt der Mensch aber von einem evolutionären Strang ab, den er mit seinen engsten tierischen Verwandten teilt und der sich vor der Entstehung des Homo sapiens als eigene Verzweigung des Hauptstamms entwickelt hat. Vermutlich verfügten die Vorläufer der menschlichen Spezies ursprünglich über eine ähnliche natürliche Ausstattung wie die nichtmenschlichen Primaten, sodass sie nicht weniger überlebensfähig waren als diese. Sie waren also keineswegs, wie vom dramatischen Szenario Gehlens behauptet, dem Untergang geweiht.

Als einzige Spezies hat sich der Mensch aufgerichtet und Hände entwickelt. Dieses Faktum wird dann aufregend, wenn man in den Blick nimmt, wie die Verwendung der Hände überlebensdienlich wurde: Ausgehend vom freien Gebrauch der Hände mit dem differenzierten Einsatz der Finger entwickelte sich das motorische Sprachzentrum im Gehirn.[8] Anders, als Gehlen annimmt, ist die Ausbildung des Gehirns die Folge der Weiterentwicklung des Körpers. Aufgrund des intelligenten Einsatzes der Hände (zum Beispiel bei der Werkzeugherstellung) konnte der Mensch eine Umgestaltung seiner Praxis bewerkstelligen und damit einen Reichtum an neuen Handlungsmöglichkeiten erschließen.[9] Aus den erworbenen körperlichen Fertigkeiten entstanden im Lauf der Evolution neue Fähigkeiten des Gehirns. Diese Errungenschaften waren keineswegs nur Anpassungsleistungen des Menschen: Sie veränderten nicht allein sein Verhältnis zur Umwelt, sondern gestalteten diese grundlegend um. Der Mensch konnte vielfältig nach Wegen suchen, wie er seine Lage verbessern und seine Position im Verhältnis zur Umwelt stärken konnte.[10]

Welches war die Strategie, die die menschliche Spezies mit der Aufrichtung verfolgte? Wenn man die höchst anregenden Gedanken von Nassim Nicholas Taleb aufnimmt, folgte der Mensch einer allgemeinen Strategie des Lebendigen.[11] Alles Lebendige ist grundsätzlich gefährdet; es ist, mit einem Ausdruck Talebs, *fragil*. Unter ungünstigen Bedingungen kann es leicht zugrunde gehen. Wie andere Arten auch wirkte die Spezies *homo* daran, sich gegen Gefährdungen abzusichern: sich *antifragil* zu machen. Den Zustand des *Antifragilen* deutet Taleb als eine intermediäre Position zwischen gefährdeter Existenz und Unzerstörbarkeit. Die Strategie der Ausbildung von Antifragilität bedeutete: Eigenschaften, Fähigkeiten und Fertigkeiten zu entwickeln, die die Schwächen, die das Überleben der Spezies bedrohten, in Stärken umwandeln. Zu diesen neuen Möglichkeiten gehörte, dass die Menschen, nachdem sie sich aufgerichtet und die Hand ausgebildet hatten, ihre ursprüngliche natürliche Ausstattung, die sie mit den nichtmenschlichen Primaten gemeinsam hatten, allmählich verloren, also ihr Fell, ihre Reißzähne, ihre Krallen, die Vierbeinigkeit.

Im frühen Stadium seiner körperlichen Umgestaltung wirkte der Mensch aus heutiger Sicht noch nicht fertig. Mit seiner Strategie der Aufrichtung ging der Mensch zunächst ein hohes Risiko ein. Riskant war sie, insofern sie die Grundbedingungen seines Handelns veränderte: Sie machte die Füße zum alleinigen Träger seines Körpers – der Mensch gab seine ursprüngliche Stabilität auf. Vierbeinigkeit war ursprünglich ein Vorteil für die Stabilität des Gangs, für das Klettern und die Geschwindigkeit der Vorwärtsbewegung. Mit der Aufrichtung lief der Mensch Gefahr, sein Gleichgewicht zu verlieren. Seine Füße wurden von Greiforganen zu sehr kleinen, aber höchst aktiven Standflächen umgebildet. Durch den zweibeinigen Stand hatte sich der Mensch in eine gefährdete Position gebracht, sich aber auch die Möglichkeit für eine Verbesserung seiner Überlebenschancen eröffnet. Er hatte sich riskiert: Er hatte seine ursprüngliche Position verlassen und sich in einen Prozess der Umgestaltung begeben. Aus der durch die Aufrichtung entstandenen Situation der erhöhten Fragilität gewann er schließlich den neuen antifragilen Zustand.

Mit dem aufrechten Stand hatte der Mensch eine Arbeitsteilung zwischen Händen und Füßen erreicht: Hände und Füße konnten sich in unterschiedlichen Richtungen spezialisieren. Wir werden gleich sehen, welche Risiken und Vorteile ihm diese neue Situation bot. Vorher soll noch ein Gedanke erwähnt werden, den Pierre Boulle in seinem populären Roman *Der Planet der Affen* durchspielt:[12] Wie wäre es, wenn nicht nur die vorderen, sondern auch die hinteren Extremitäten zu Händen ausgebildet würden? Es würde dann keine Arbeitsteilung zwischen Händen und Füßen geben – auch die Füße hätten die Funktion von Händen. In Boulles Roman wird ein Volk von Affen auf dem fernen Planeten Beteigeuze beschrieben, das sich höher entwickelt hat als die Menschenart, die ebenfalls auf jener Parallelerde lebt. Während diese Menschen keinen Zugang zu Sprache, Verstehen, humanen Gefühlen wie Liebe, Zärtlichkeit oder Mitleid gefunden haben, kommunizieren die Affen in einer voll entwickelten Sprache miteinander, haben differenzierte Gefühle, schreiben Bücher, halten Vorträge und treiben Wissenschaft. Das Verhältnis, das zwischen Menschen und Affen auf der Erde besteht, wird auf Beteigeuze exakt umgekehrt.

Mit der Wissenschaftlerin Zira, einer Schimpansin, diskutiert der Erzähler von der Erde, der auf diesem Planeten gelandet ist, die Frage, warum sich die Affen in ihrer Welt über die Menschen hinausentwickelt haben. Zira beschreibt einen Evolutionsprozess, der der üblichen baumartigen Darstellung mit ihren Verzweigungen ganz ähnlich sieht – mit einem entscheidenden Unterschied: Der Entwicklungszweig des Menschen »endete plötzlich«, während sich der Zweig der Primaten »weiter erhob und verschiedene Arten von prähistorischen Affen ... gebar, um letztendlich zum *Simius sapiens* zu führen«.[13] Warum hat sich das Gehirn der Affen höher entwickelt als das der Menschen? »Es ist wahrscheinlich, dass der Mensch mit nur zwei Händen und seinen kurzen, ungeschickten Fingern von Anfang an benachteiligt war«, sagt Zira. »So war er nicht in der Lage, sich weiterzuentwickeln und sich genaue Kenntnisse des Universums anzueignen...« Und sie benennt den entscheidenden evolutionären Vorteil der Affen auf Beteigeuze: »Die Tatsache, dass wir vierhändig sind, ist einer der wichtigsten Faktoren für unsere geistige Entwicklung.«[14] Für die Affen ergeben sich andere Bewegungsmöglichkeiten (in der Vertikalen, durch Klettern) und höhere Fähigkeiten der Manipulation von Objekten und Werkzeugen als für die Menschen. Natürlich tragen sie an den hinteren Extremitäten (die ja auch Hände sind) feine Lederhandschuhe. Wenn man über Boulles Konstruktion nachdenkt, wird jedoch klar, warum ein Wesen, das über vier Hände, nicht aber über Füße verfügte, *keinen* evolutionären Vorteil gegenüber dem Menschen besitzen würde. Der entscheidende Motor der Höherentwicklung der Menschen (auf der Erde) war die Arbeitsteilung von Händen und Füßen, ihre unterschiedliche Spezialisierung und ihre Kooperation miteinander. In den Überlegungen zur Menschwerdung ist bisher ausschließlich der Beitrag der Hände, fast nie hingegen die außerordentliche Bedeutung der Füße beachtet worden. Mit dem Fokus auf dem Fußballspiel können wir hier einiges nachholen.

Zurück auf die Erde, zurück zum Menschen in der Situation, in der er sich gerade aufgerichtet hat: Den Gewinn der riskanten Strategie des Menschen erkennt man, wenn man ihn in der Perspektive menschlicher Gesellschaften, ihrer Organisation und internen Kommunikation betrachtet. Im Lauf ihrer Entwicklung bildet er die Hand zu einem präzisen Organ der Manipulation aus, das vielfältig eingesetzt werden kann – zur Bearbeitung und Formung von

Material, als Instrument zum Greifen und Halten, zum Zeichnen von Linien, zur Herstellung und zum Gebrauch von Werkzeugen und Zeichen. Eine zweite Einsatzmöglichkeit der Hand wird oft übersehen: Sie muss eine Tätigkeit nicht materiell ausführen, sie kann sie auch nur andeuten. Welche Folgen dieser Gebrauch hat, kann man erst richtig erkennen, wenn man die *soziale* Seite der neuen Situation des Menschen betrachtet: seine Hinwendung zu anderen Menschen. Er ist seit seiner Geburt auf andere Menschen angewiesen, in der engen Kommunikation mit anderen richtet er seine Aufmerksamkeit auf diese. Sie sind die Partner seines Handelns; mit ihnen bildet er gemeinsame Intentionen: Er bezieht sich auf dieselben Ziele und Absichten wie sie. Gemeinsam organisierte Tätigkeit einer Gruppe von Menschen führt zur Entstehung von symbolischen Gesten, mit denen sie auf Gegenstände hinweisen oder Gestalten und Handlungen nachahmen können.[15] Dinge müssen nicht berührt werden, wenn man sich auf sie bezieht. Gesten, Zeichen und Worte sind Stellvertreter von Dingen und Handlungen. Durch sie wird die materielle Welt vergegenwärtigt; sie entsteht als eine aus Zeichen gemachte Welt ein zweites Mal. Die Kulturgeschichte wurde so zur Geschichte der Hand und ihres Aufstiegs zu einem alles beherrschenden Instrument. Sie hat heute ihren vorläufigen Höhepunkt mit der Digitalisierung des Wissens erreicht. Die Hand steht repräsentativ für die abstrakte Erfassung der Welt.

Mit der Aufrichtung und der Freisetzung der Hand von der Vorwärtsbewegung hat der Mensch *selbst* seine Situation noch um einige Grade fragiler gemacht. Diese einzigartige Entwicklung hat ihm die Chance zu neuen Errungenschaften gegeben, die seine Position insgesamt stärken. In dieser Perspektive lautet das Grundprinzip der menschlichen Evolution: *Was die Fragilität des Menschen vorübergehend erhöht, macht ihn langfristig antifragil.* Die Stärkung von antifragilen Kräften ermöglicht ihm, gemeinsam mit anderen Menschen geteilte Absichten zu erzeugen und so die Grundlagen einer gesellschaftlichen Praxis zu legen. Anstatt von einem Mängelwesen zu sprechen, kann man also mit Nietzsches Gedanken der *großen Vernunft des Leibes* darauf hinweisen, dass sich das »*noch nicht festgestellte Thier*« in einer Handlungspraxis *selbst gemacht* hat. Im Gedächtnis der Menschheit scheint der Erfolg der Aufrichtung und Freisetzung der Hände aufbewahrt worden zu sein – als ein Prinzip ihrer Weiterentwicklung: Der Mensch geht das Risiko der Fragilisierung ein und erringt durch die Erfindung von neuen Handlungsmöglichkeiten einen antifragilen Zustand.

Die Umcodierung des Körpers und neue Unmittelbarkeit

Von Talebs These der riskanten Überwindung eines *fragilen* zugunsten eines *antifragilen* Zustands fällt neues Licht auf die merkwürdige Konstitution des Fußballs: Was den Menschen in seiner Entwicklung *antifragil* gemacht hat, wird im Fußball wieder aufgegeben. Mit der Erfindung dieses Spiels wurde das Rad der Menschheitsgeschichte gleichsam um etliche Umdrehungen bis zu jenem Entwicklungsstadium zurückgedreht, in dem der Mensch gerade beginnt, seine Hände frei zu gebrauchen. Gegen diese Errungenschaft spricht das Spiel sein Handverbot aus. Es trifft alle Beteiligten – bis auf den Torwart, der aber in einen Strafraum »eingesperrt« wird. Wer in das Fußballspiel eintritt, unterwirft sich freiwillig der Bedingung, dass er wieder fragil wird. Mit einer Lust am Umsturz riskiert er – im Spiel – die Sicherheit seiner Existenz in der Absicht, seine künstlich hergestellte Gefährdung zu überwinden, neue Sicherheiten und intensive sinnliche Genüsse zu gewinnen. Im Fußball wird der Dreh- und Angelpunkt der menschlichen Evolution mit einem erfundenen Szenario also noch einmal durchgespielt. Das Spiel zeigt das Grundprinzip, durch das der Mensch die Eigenschaft des *Antifragilen* und damit die Herrschaft über eine Situation der totalen Unsicherheit erringt. In dieser Sicht exploriert der Fußball wie in einem Experiment eine alternative Evolution des Homo sapiens. Gegen den Entwurf des Menschen als theoretisch denkendes Wesen nimmt er ihm seine symbolischen Fähigkeiten und zwingt ihm die Notwendigkeit auf, die Dinge mit den Füßen zu behandeln. Ist der Fußball für uns deswegen so attraktiv, weil er dem Menschen gerade die kulturellen Errungenschaften vorenthält, die durch den Handgebrauch entstehen? Kann es sein, dass er *andersartige* wertvolle Erfahrungen ermöglicht, sodass er nicht als kultureller Rückfall anzusehen ist?

Im Fußball müssen alle Aufgaben, die gewöhnlich die Hände vollziehen, von den Füßen her neu entworfen werden: Der Körper muss vollkommen umcodiert werden. Alles muss anders gemacht werden als im normalen Leben. In unendlich vielen Übungen werden die Füße trainiert, bis sie spielerisch handeln können wie die Hände. Der Fußball zeigt das Grundprinzip der Entwicklung des Menschen, die über die biologische Evolution hinaus fortgesetzt wird. Es besteht darin, sich selbst – als Individuum – zu verbessern. Was das Kind vorher erworben hat, gilt im Fußball nicht mehr: Der Körper wird umgelernt, bis er den Ball schießen, bis er ihn beim Laufen vor sich hertreiben und ihn dem angreifenden Gegner abjagen kann. Hände und Arme werden nur noch für das Ausbalancieren des Gleichgewichts verwendet. Der Fußballer benötigt für die freien Bewegungen seines Spielbeins eine außerordentlich hohe Stabilität seines Standbeins.

Ganze Körperregionen erhalten eine vollkommen andere Bedeutung, die die Kulturgeschichte missachtet: Das Gesicht spielt als Ausdruck der Persönlichkeit im Fußball keine Rolle, außer bei Spielern, die mit einem Ausdruck äußerster Entschlossenheit (wie Oliver Kahns »Fratze«) ihre Gegner abschrecken. Der Kopf ist nicht Sinnbild des Denkens; er wird eingesetzt, um den Ball aus der Luft ins Tor zu wuchten, meistens mit der Stirn, von Uwe Seeler auch mal mit dem Hinterkopf – eine Leistung, die räumliche Intuition und Finesse beim Krafteinsatz verlangt. Mit der Brust, traditionell der Sitz des Mutes und der Willensstärke, wird der heranfliegende Ball gestoppt, sodass er weich vor die Füße des Spielers fällt oder dabei wie von Robert Lewandowski gegen Werder Bremen (im März 2015) über die Torlinie gedrückt wird. Beim Freistoß wird das Bein mit größter Kraft wie ein Pendel bewegt und der Fuß so exakt eingestellt, dass die beabsichtigte ballistische Kurve des Balls mit hoher Fluggeschwindigkeit und Treffsicherheit entsteht.

Freistoßspezialisten wie Beckham oder Alaba haben die Fähigkeit ausgebildet, dem Ball einen starken Effet zu geben, sodass er um die Abwehrmauer herum- oder über sie hinwegfliegt, um dann genau im Torwinkel zu landen. Die Asymmetrie von rechter und linker Hand bildet sich auch bei den Füßen aus – auch hier gibt es einen »guten« und einen »schlechten« Fuß. Von Arjen Robben weiß jeder, dass er Tore nur mit links schießen kann – als er in der Rückrunde der Saison 2014/15 einmal mit rechts ins Netz traf, konnte er es selbst kaum glauben. Gewöhnlich schießt man mit rechts; wie wichtig aber die Leistung des linken Fußes dabei ist, sieht man an der Zahl der Fehlschüsse, die daraus resultiert, dass die Spieler keinen sicheren Stand haben – beispielsweise beim Elfmeter, wenn die Schützen »weiche Knie« bekommen oder wie Alonso und Lahm gegen Borussia Dortmund wegrutschen und den Ball weit über das Tor schießen (wie im DFB-Pokalhalbfinale 2015).

Bei großen Spielern scheint die Feinmotorik von den Fingerspitzen auf die Füße übertragen zu sein. Ihre Behandlung des Balls lässt alle Erfahrungen erkennen, die man beim Tasten, Berühren und Streicheln mit den Händen macht – Zidane ist für einen »streichelnden« Drehtrick berühmt, mit dem er gleich drei Spieler auf einmal ausspielte. Die Füße eines verlässlichen Torschützen scheinen ein eigenes Sensorium für die kommende Situation zu haben. Anders kann man nicht begreifen, warum sich der Torschütze räumlich anders orientiert hat als seine »Bewacher«, wie Gerd Müller bei seinem Schuss zum 2:1 im Endspiel der WM 1974. Wenn man das sensitive Geschehen eines Fußballers im Scanner sichtbar machen würde, könnte man sehen, wie der Fuß zukünftige Situationen vorausfühlt. Anders ist seine Instinktsicherheit, auf die er sich in der Wettkampfsituation verlässt, nicht zu erklären. Bei den grandiosen Fehlleistungen (Frank Mills und Mario Gomez' Unfähigkeit, aus kürzester Entfernung das leere Tor zu treffen) kann man – gleichsam als negative Gegenprobe – einen totalen Ausfall der Gefühls- und Antizipationszentren annehmen.

Die klassischen Sportarten machen den Menschen primitiver, als er nach dem Stand der technischen Entwicklung sein müsste. Der Fußball geht jedoch weiter als jede andere Disziplin: Er bietet unserer hoch entwickelten Zivilisation eine Erfahrung, die ohne Hand und Wort funktioniert. Sie bezieht sich nicht auf die symbolischen Stellvertreter der Dinge, sondern ist eine Erfahrung *von diesen selbst*. Was haben die Füße, dass sie eine unmittelbare sinnliche Erfahrung der Welt ermöglichen? Auf der Sicherheit der Füße, die mit feinen Reaktionen ständig in einer für andere unsichtbaren Aktivität das Gleichgewicht austarieren, basiert die körperliche Präsenz des Menschen. Beim aufrechten Gang haben wir den Blick nach vorn gerichtet, sodass wir eine Situation frontal angehen können. »Durch die Füße habe ich Gegenwart« (Johannes Wickert). Mit meinem festen Kontakt zum Boden bringe ich zum Ausdruck: Ich bin da! In den lebendigen Reaktionen meiner Füße manifestiere ich mein Leben.

Im Fußball sucht der Mensch eine Direktheit des Körperkontakts mit seiner Umgebung, die ihm das zivilisierte Leben nicht gibt. Damit ist nicht eine imaginierte Rückkehr zur Natur gemeint – Fußball ist nichts Natürliches; die

Spieler leben inmitten modernster Zivilisation. Man versteht diesen Wunsch nach Unmittelbarkeit besser, wenn man ihn mit dem Essen vergleicht. Der Ethnologe Claude Lévi-Strauss unterscheidet die Zivilisationen danach, ob sie ihre Speisen roh oder gekocht essen. Wir leben seit Jahrtausenden in einer Kultur des Gekochten. Seit einiger Zeit gibt es bei uns jedoch den Wunsch, den echten Geschmack bestimmter Pflanzen und sorgfältig ausgewählter Fische und Fleischsorten zu erfahren. Man verzichtet auf den zivilisatorischen Akt des Kochens und erschließt sich, wie beim Sashimi oder Carpaccio, den Geschmack des Rohen. Er wird intensiver in einer Zivilisation, die das Kochen für eine unverzichtbare Zubereitung von Speisen hält.

Die Aufgabe einer lange geübten Gewohnheit muss kein Rückschritt sein; sie ist vielmehr die grundlegende Neuorientierung einer wesentlichen kulturellen Praxis. Als die Kunst gegen Ende des 19. Jahrhunderts die perspektivische Darstellung aufgab und nach dem Vorbild der japanischen Druckgrafik eine flächige Malerei ausbildete, erschloss sie dem Publikum ein neues Sehen, das nicht von der Illusion eines Raums und der Vorstellung eines dargestellten Geschehens abgelenkt wurde. Die neue Kunstpraxis sprach den Sehsinn stärker an und wirkte tiefer auf den Körper der Betrachter als die verfeinerte Salonkunst ihrer Zeit.

Ähnlich wie die moderne Malerei verzichtet der Fußball freiwillig auf hoch entwickelte Mittel – der Maler auf künstlerische, der Fußballer auf verbale Ausdrucksmöglichkeiten. In *dieser* Hinsicht ist er nicht weniger radikal als die moderne Kunst: Er setzt sich der experimentellen Situation einer artifiziell herbeigeführten Notlage aus. Das Spiel wird zum Drama eines Menschen, der seine gesteigerte Unsicherheit bewältigen muss. Es zwingt ihn dazu, neue Fähigkeiten und Techniken des virtuosen und kooperativen Spiels mit dem Fuß zu entwickeln. Fußball ist eine kommunikative Praxis, aber er verzichtet auf konventionelle Zeichen, die nur Stellvertreter der von ihnen bezeichneten Dinge sind. Die Hand produziert Zeichen, »Werke der Hand«, wie Heidegger sagt, um fortzufahren: »Die Hand zeichnet, vermutlich weil der Mensch ein Zeichen ist.«[16] Der Fuß zeichnet nicht, aber er erzeugt »Werke des Fußes«. Der Mensch spielt Fußball, weil seine Füße gestalten können.

Experimentieren mit dem Zufall

Im Verhältnis zu den Händen haben es die Füße ungleich schwerer, ihre Aufgaben des Gestaltens zu bewältigen. Zwei Bedingungen sind beim Fußball dafür maßgeblich. Die erste betrifft die Kooperation der menschlichen Sinne. In der stammesgeschichtlichen Evolution wurde eine äußerst erfolgreiche Verschaltung von Handtätigkeit und Sehfeld herausgebildet. Mit den Augen kontrollieren und dirigieren wir, was die Hände tun. Von den Blicken können Tasteigenschaften von Objekten erfasst werden; so sehen wir etwa einem Glas an, dass es zerbrechlich ist. Ein Auge-Fuß-Feld kann zwar im Prinzip auch gebildet werden (zum Beispiel von Kindern, die ohne Hände geboren sind); diese zweite Bedingung aber erschwert die Kooperation von Auge und Fuß erheblich: Im Fußball bezieht sich die Gestaltung wesentlich auf den Ball.

Vom Ball wird das Prinzip Zufall zu einem entscheidenden Faktor des Spiels gemacht. Die Füße sind den Zufällen, die der Ball generiert, viel mehr ausgesetzt als die Hände in anderen Spielen. Nicht nur ist es ihnen nicht möglich, den Ball zu umgreifen. Es ist auch äußerst schwierig, ihn so genau zu treffen, dass er exakt die angestrebte Flugbahn erhält. Selbst bei einem Elfmeter misslingt dies oft genug. Nur mit großem Können ist für die Spieler die Interaktion von Ball und Fuß zu bewältigen, aber sogar den größten Spielern missraten erstaunlich viele Spielzüge: Im Spiel gegen Paris St. Germain in der Saison 2014/15 verlor der FC Barcelona über sechzig Bälle im Mittelfeld – »eine ungeheuerliche Quote für dieses ›Künstlerensemble‹«, kommentierte die *Süddeutsche Zeitung*. Über Ballverluste schlechterer Mannschaften wird gar nicht erst berichtet. Die wesentliche Aufgabe, die Fußballer zu erfüllen haben, ist die Bewältigung des Zufalls. Diese Aufgabe stellt sich für die Gesellschaft insgesamt. Ein großer Teil der Anstrengungen unserer Zivilisation ist darauf gerichtet, den Zufall im Leben der jeweiligen Gruppe und der einzelnen Menschen zurückzudrängen. Im Fußball wird durch das Handverbot der Einfluss des Zufalls im Verhältnis zu anderen Spielen deutlich gesteigert.

Tore sind im Fußball ein rares Gut; darin unterscheidet er sich von allen anderen Ballspielen: Im Handball sind Ergebnisse wie 28:25 der Normalfall, im Basketball erzielen die Mannschaften oft über 100 Punkte, im Volleyball werden drei Gewinnsätze zu je 15 Punkten gespielt, im Tischtennis ist es ähnlich. Entscheidende Fußballspiele hingegen enden oft mit den knappsten aller möglichen Ergebnisse: 1:0 oder 2:1. Die mit größter Anstrengung erworbene Überlegenheit über den Gegner kann durch eine winzige Unachtsamkeit oder durch eine ungeschickte Fußbewegung in eine Niederlage kippen. Verpasste Vorteile werden vollkommen entwertet. Es gibt hier nicht die stetige Akkumulation eines Kapitals von Punkten, das einen Fehler kompensieren kann. Daher hat auch kein anderes Spiel die Dramatik der Nachspielzeit eines Fußballmatches, in der binnen einer Minute eine siegessichere, aber ermüdete und zunehmend unkonzentrierte Mannschaft ihren gesamten Vorteil verliert – wie Bayern München im Finale der Champions League gegen Manchester United 1999. Beim Stand von 1:0 für die Bayern erhält die unbändig kämpfende Mannschaft von Manchester in der Nachspielzeit einen Eckball. Die Bayern decken nicht genau genug, Sheringham kommt zu einem Kopfball – der Ball geht ins Tor. Das Spiel steht unentschieden. Die deutschen Reporter wollen es nicht wahrhaben – sie haben den Schützen im Abseits gesehen. Während sie noch diskutieren, verlieren die Bayern Sekunden später erneut den Ball, Manchester erkämpft sich einen weiteren Eckball – und das Unfassbare geschieht: Solskjaer trifft mit einem Volleyschuss aus drei Metern zum 2:1. Der Sieg für Manchester United in der Schlussminute ist die bis dahin bitterste Niederlage der Bayern. Mit einem Schlag wird für die Spieler und ihre Anhänger die ganze Schutzlosigkeit des Menschen präsent. Es ist ein tragischer Blick in die Abgründe der menschlichen Existenz. Die Bayern mussten diese Erfahrung im Finale der Champions League 2012 noch einmal machen, diesmal noch bitterer, da im eigenen Stadion und nach einer drückenden Überlegenheit im gesamten Spiel. War es Zufall oder Versagen? Für die Fans der Bayern wurden jedenfalls ihre Überzeugungen von Gerechtigkeit infrage gestellt.

Dass ein Spielzug gelingt, ist im Fußball keine Selbstverständlichkeit; ein Tor ist fast so etwas wie das Wunderbare im Theater: Es überrascht die Zuschauer, weil es unwahrscheinlich ist, dass es eintritt. Mit der Hand ist es leicht, den Ball genau in den Torwinkel zu werfen. Das Tor mit dem Fuß zu treffen ist immer auch zufallsabhängig. Weil Tore so selten und unerwartet sind, bestimmen sie auf einzigartige Weise die Dramaturgie des Fußballspiels und rufen die Leidenschaft des Publikums hervor. In den meisten Gesellschaften gibt es Spiele, die – wie der Fußball in Deutschland – eine Tiefenschicht von grundlegenden Überzeugungen, Werten, Interessen, Wünschen und Leidenschaften freilegen. Sie erlauben einen Blick in die Konstitution des Innenlebens einer Gesellschaft: Ein *deep play*, das nationale Leidenschaften entzündet, so Clifford Geertz,[17] ist zum Beispiel in England Kricket, in Neuseeland Rugby, in den USA Baseball. In einem solchen Spiel veräußerlicht sich eine innere Haltung, die im jeweiligen Land das psychische Leben von Menschen, ihre Beziehungen untereinander und zur Welt reguliert. Spieler und Zuschauer wissen, welche Aufgaben »ihr« Spiel an sie stellt, allerdings ohne in seine Tiefendimension vorzudringen. Sie können nicht sagen, warum sie von ihm in Bann geschlagen werden.

Vergleichen wir mit dem Fußball das Lottospiel, ein zweites außerordentlich populäres Spiel in Deutschland. Hier geht es um die Aufgabe, exakt die sechs Zahlen im Voraus zu wählen, die von einem Zufallsmechanismus gezogen werden. Eine unlösbare Aufgabe; wer dies dennoch schafft, kann sich mit dem Zufall im Bunde wähnen. Dies ist kein Können – der Spieler ist ein Medium des Zufalls. Am anderen Ende des Spektrums der Möglichkeiten befindet sich die reine Leistung, zum Beispiel die Aufgabe, das schwerste Gewicht in einem Wettkampf hochzuheben oder eine kurze Strecke am schnellsten zu durchlaufen. Die Aufgaben sind vollkommen eindeutig; es kommt kein Zufall ins Spiel, keine Taktik, keine List – es ist die Explosion reinen Könnens.

Beide Arten von Spielen mit ihren Aufgaben des reinen Glücks und der reinen Leistung werden von bestimmten Gruppen der Gesellschaft hoch geschätzt: Die einen wollen ein Mal in ihrem Leben vom Schicksal auserwählt werden – der Traum insbesondere von sozialen Gruppen in prekären Verhältnissen und von alten Menschen, die schon viel ertragen haben und vermeintlich nichts mehr ändern können. Der sekundenschnelle Krafteinsatz hingegen ist eher das Ideal junger, an Höchstleistungen interessierter Menschen. Beide Aufgaben mögen faszinieren; sie sind jedoch keine komplexen Schauspiele, die einen Kampf tieferer Kräfte sichtbar machen.

Unsere Gesellschaft liebt das Spektakuläre; es ist in alle wichtigen gesellschaftlichen Entscheidungen eingebaut. Wenn es durch Inszenierung eindeutig gemacht wird, verliert es seinen Ereignischarakter; es wirkt gewollt. So ist es bei Karnevalssitzungen und nicht anders bei der Kandidatenrede auf einem Parteitag: Die Dauer der Standing Ovations ist im Voraus geplant. Bei beiden Ereignissen *soll* es nur *eine* Interpretation geben. Das Spektakuläre aber, das den ganzen Menschen packt, ist das komplexe Schauspiel eines Widerstreits. Es ist ein Kampf um die Vorherrschaft der *eigenen* Werte über jene der Gegner, bei dem der Gewinner entscheidet, was das Gute und was das Schlechte ist. Fußball ist ein erregendes Drama, wenn die Entscheidung auf Messers Schneide steht. Wenn man bis zur letzten Minute nicht wissen kann, welche Macht sich am Ende durchsetzen und die Herrschaft über das gesamte Spiel erringen wird.

Man sagt, im Fußball ist alles möglich – aber es ist viel schlimmer: Im Fußball kann das Unmögliche jederzeit wirklich werden. Sehen wir, was große Könner mit ihrem Körper zustande bringen, wenn sie die Hand *nicht* einsetzen: Ein Video zeigt Maradona bei einem seiner Kunststücke – er lupft den vor ihm liegenden Ball mit dem Fuß in hohem Bogen über seinen Kopf, der Ball fällt genau auf die leicht angehobene Hacke, wird zurückgespielt, wieder über den Kopf des nahezu bewegungslos dastehenden Spielers; er landet auf seinem Oberschenkel, der den Schwung abbremst und den Ball auf den Fuß rollen lässt; von dort wird er sanft auf die schräg geneigte Stirn befördert, mit einem Kopfball rückwärts auf die Hacke weitergeleitet und so weiter ... In Maradonas virtuosem Auftritt erscheint der glückliche Moment des Positiv-Möglichen. Es gibt jedoch auch das Gegenprinzip, das Negativ-Mögliche: Es entfaltet seine Wirkungen, wenn der Zufall ins Spiel kommt. Dies geschieht im Fußball ungleich häufiger als die glücklichen Momente. Der Zufall kann die beste Möglichkeit jederzeit vernichten. Es genügt, dass Maradona, wie es im Spiel ständig geschieht, von einem anderen Spieler angerempelt wird, und sein großartiges Virtuosenstück ist zerstört. Die Welt des Zufalls ist formlos.

Der Zufall kann im Fußball alles unmöglich machen. Die besten Spieler vergeben die größten, die »todsicheren« Chancen: Messi trifft bei einem Elfmeter gegen Milan, der das Spiel entschieden hätte, den Pfosten, Barcelona verliert; Lewandowski findet gegen Marseille frei stehend das leere Tor nicht; Borussia Dortmund vergibt in der Hinrunde der Bundesligasaison 2014/15 eine unfassbare Menge »lupenreiner« Torchancen. An manchen Tagen »geht nichts« für die Torjäger. Aber ist es immer Zufall; oder wirken hier Selbstzweifel, Nervenschwäche, Unsicherheit? Fußball scheint ein Spiel des ewig wiederholten Misslingens zu sein (Martin Seel). Auf der anderen Seite trifft Balotelli, von den deutschen Abwehrspielern kaum gedeckt, im Halbfinale der Europameisterschaft 2012 gleich zwei Mal gegen Deutschland und vernichtet die Hoffnung der vermeintlich besten europäischen Nationalmannschaft auf den Titel. Eine scharfe Linie kann zwischen Zufall und Versagen ebenso wenig gezogen werden wie zwischen Glück und genialer Aktion. Allerdings lassen oft wiederholte Erfolge beziehungsweise Misserfolge von Spielern verlässliche Handlungsmuster erkennen.

Als körperliche Wesen können und konnten sich die Menschen nie vollständig vom Zufall befreien; sie haben jedoch in der prekären Situation, die den Anfang der menschlichen Entwicklung kennzeichnet, Mittel erfunden, sich gegen äußere, oft auch zufällige Bedrohungen zu schützen. Ihre Errungenschaften im Kampf gegen den Zufall sind fast ausschließlich Leistungen der Hand. Offensichtlich ist der Fußball so organisiert, dass er *die Unsicherheit der Existenz* zeigen und den Menschen in *offene Situationen* stellen soll.

Eine Folge dieser Anlage des Spiels ist, dass er ein fragiles Schweben in Ambivalenzen herbeiführt. Ein wichtiges Merkmal der Spielsysteme, Strategien, Taktiken, Aufstellungen ist nämlich gerade, dass, wenn sich ein erfolgreiches Modell durchgesetzt hat, andere Spielweisen entwickelt werden, die es unterlaufen, auskontern, wie immer man es nennen will, die jedenfalls seine schwache Stelle entdecken und sie ausnutzen. In diesem Sinn kann man beispielsweise Guardiolas Spielkonzeption mit unterschiedlichen Formationen und Strategien verstehen, die nicht auf ein Muster festgelegt sind, sondern im Spiel selbst zwischen verschiedenen Varianten changieren.

Fußball ist keine Kunstform; er hat kein Textbuch, kein Szenario, keine Notation, er entsteht in jedem Augenblick neu, in unvorhersehbaren Szenenwechseln. Er ist wie die verrinnende Zeit eines unplanbaren Lebens – mit Routinen, Standardsituationen, Strafstößen des Schicksals. Für jeden Fan enthält er eine ungeheure Menge von Puzzleteilen seines Lebens, eine Konstellation von unvergesslichen Niederlagen und Siegen, die in späteren Zeiten nachwirken. In der Erinnerung kann er die Niederlagen und Siege herausnehmen und für sich betrachten, als einmalige Fragmente seines Lebens, die in Beziehung zu seiner Existenz stehen. Wenn Deutschland bei einem großen Turnier das Los Italien ziehen sollte, würde in seiner Einbildungskraft die Niederlage schon vorher feststehen. Auf seinen Puzzleteilen sind die Niederlagen der letzten Turniere so tief eingebrannt, dass es ihm fast unmöglich scheint, für die eigene Mannschaft ein neues Muster zu finden. Sein Aberglauben übersieht jedoch die *erneuernde Kraft* des Zufalls: Es genügt *ein* Schuss, um alles anders enden zu lassen als im Jahr zuvor. Einmal geht er an den Pfosten, ein Jahr später trifft er ins Ziel. Im Champions-League-Finale gegen Chelsea 2012 in der eigenen Arena versäumt es Bayern München trotz großer Überlegenheit, während der Spielzeit das entscheidende Tor zu erzielen. Im Elfmeterschießen muss Bastian Schweinsteiger für den Sieg der Bayern treffen: Schweinsteiger ist auf dem Höhepunkt seiner Leistungsfähigkeit; er hat ein erstklassiges Match gemacht. Niemand zweifelt daran, dass er den Ball ins Tor schießen wird. Er läuft an, zögert ein wenig, schießt hart ins Eck – der Ball trifft den Pfosten. Chelsea gewinnt den Pokal, eine weitere Tragödie für die Bayern. Ein Jahr später aber siegen sie im Finale gegen Borussia Dortmund mit 2:1 durch ein Tor Minuten vor dem Abpfiff. Diesmal sind die Dortmunder Spieler, die das ganze Match über mindestens ebenbürtig waren, in der Rolle der tragischen Helden.

Fußball stellt ein Handeln unter Unsicherheit in den Mittelpunkt des Interesses. Drückt er damit eher eine optimistische oder eine pessimistische Weltsicht aus? Er kann in beide Richtungen verstanden werden. Er stützt meist eine Weltsicht, die das Misslingen hervorhebt. Er kann aber auch den optimistischen Aspekt eines funktionierenden Kollektivs oder eine heroische Sichtweise hervorheben. Der Pessimismus verweist auf die Schwierigkeit, die komplexen Aufgaben des Fußballs zu bewältigen. Im Fall des Gelingens demonstriert das Spiel einen kollektiven Habitus – die kollektive Arbeit der Füße, die gemeinsam geteilte Absicht, die funktionierende Kooperation. Auf sich allein gestellt hingegen kann man im Fußball selten etwas ausrichten. Die Feier des heroischen Spielers drückt eine naive Auffassung dieses Spiels aus, die sich nicht selten auf einen Glauben an Magie verlässt. Aber auch ein Heroe ist auf seine Mannschaft angewiesen.

Ambivalenz und Unsicherheit

Aus der Ethnologie weiß man, dass bestimmte Objekte oder Lebewesen, denen Ambivalenz zugeschrieben wird, mit Berührungsverboten belegt sind. Der Fußball darf nur mit den Füßen berührt werden – dies spricht für seine Gefährlichkeit: Er gehört in die untere, als unrein geltende Sphäre des Menschen.

Du sprichst gerade so, als sei der Ball ein ganz besonderes Objekt.

Ja, weil er aus dem Status des neutralen Objekts herausgehoben ist. Anders als in den anderen Ballspielen entwickelt er, weil er nicht festgehalten, nicht gefangen, nicht zielgenau geworfen werden kann, eine eigene Dynamik. Die Kunst des Fußballers besteht darin, ihn ohne Berührung der Hände zu kontrollieren. Der Ball ist es, der die Spieler dazu zwingt, eine außergewöhnliche Geschicklichkeit mit den Füßen und ein möglichst genaues Zuspiel zu ihren Mannschaftskameraden zu entwickeln. Diese Eigenständigkeit fordert von den Spielern eine ständige Kooperation. Bei Einzelaktionen rechnen sie jederzeit damit, dass ihnen der Ball vom Gegner abgenommen wird; sie sind ständig auf der Suche nach Anspielstationen. Wohin sie den Ball spielen, ob nach vorn oder zurück zur Abwehr, ob zu ihrem Nebenmann oder auf die Flügel – dies alles lassen die Spielregeln offen, sodass die Spieler kreative Lösungen finden müssen. Die Notwendigkeit zu kollektiven Aktionen verbindet sich mit der Möglichkeit zu individueller Auszeichnung.

In einer Bemerkung sagt Jean Genet: Es ist das Seil, das den Seiltänzer zu seiner Kunst zwingt. Peter Sloterdijk, der diese Überlegung zitiert, fügt hinzu: Das Seil macht aus einem motorisch begabten Menschen einen Seiltänzer.[18] Man kann ergänzen: Der Ball ist es, der den Fußballer erschafft – den Spieler, der seine Absichten auf die Füße überträgt. Ebenso sind es die Diskusscheibe und der Wurfring, die den Diskuswerfer hervorbringen – die flache, schwere Scheibe und der glatte, betonierte Kreis, in dem er sich um die eigene Achse drehen muss, wenn er das Gerät weit werfen will. Die Scheibe und der Ring zwingen den Athleten, seinen Kraftimpuls aus einer Drehung heraus statt durch einen Anlauf zu gewinnen.

Aber hat der Schütze bei einem Freistoß nicht wenigstens die Möglichkeit, sich die Ecke auszusuchen und den Ball ungestört kontrolliert zu schießen? Er hat sogar die Zeit, sich zu konzentrieren.

Wie oft trifft ein Freistoßschütze? Wir haben natürlich die Bilder von fabelhaften Freistößen in Erinnerung; tatsächlich aber ist die Chance, dass der Schütze den Ball genau trifft, relativ gering. Auch fußballbegeisterte Physiker haben es bisher nicht geschafft, die physikalische Struktur eines gelungenen Schusses in einer Formel darzustellen. Als Liebhaber des Spiels erwartet man den perfekten Schuss. Daher gerät das ganze Stadion jedes Mal in Aufregung, wenn ein Freistoß in der Nähe des Strafraums gegeben wird. Hätte man diese Erwartung nicht, würde man den Ball hassen. Das tut kein Fußballer und kein Fan – sie glauben an den Zauber des Balls. Er lässt uns einfach vergessen, dass er die meisten Handlungen im Spiel zerstört. Man braucht aber nur daran zu denken, dass er mit seinen Eigenbewegungen, mit seinem Flattern und Wegdrehen, mit den unberechenbaren Flugeigenschaften der neuen Bälle fast immer von der beabsichtigten Flugkurve abweicht. Er ist auf dem Fußballfeld der Agent des Zufalls. Es ist nicht zuletzt *sein* Werk, wenn alles unmöglich wird – *er* ist es, der das Gelingen vereitelt. Alle seine Eigenschaften verhindern die Vorhersagbarkeit seines Verhaltens.

Der Ball spielt beiden Mannschaften gegenüber eine unabhängige Rolle, als sei er eine Kraft *zwischen* ihnen. Mit dem Ball geschieht eine symbolische Verwandlung: Solange der Gegner ihn hat, ist er »vergiftet«, ein höchst gefährliches Objekt, besonders in der Nähe des eigenen Tores. Sobald er bei der eigenen Mannschaft ist, hört er auf, ein feindliches Objekt zu sein. Er ist überhaupt kein Objekt mehr; er wird zu einem Mitspieler, der in der Kommunikation mit den anderen Mitgliedern der Mannschaft symbolische Bedeutungen transportiert. Von ihm geht eine Kraft aus, die unsere Wahrnehmung beeinflusst und uns Dinge sehen und glauben lässt, die in der unmittelbaren Zukunft eintreten könnten.

In der Mythologie kennt man eine solche Figur des ambivalenten Spielers, der die anderen bezaubert oder hereinlegt: der *Trickster*. Nach C. G. Jung ist er »ein ›kosmisches‹ Urwesen *göttlich-tierischer* Natur, dem Menschen einerseits überlegen vermöge seiner übermenschlichen

Eigenschaften, andererseits unterlegen vermöge seiner Unvernunft und Unbewußtheit«.[19] In der Mythologie gilt er als Gestaltwandler. Die Kugelgestalt des Balls ist ein idealer Ausdruck seiner Ambivalenz, die ihn weder gut noch schlecht erscheinen lässt. Sein Einfluss auf das Spiel besteht darin, dass er eine Situation umkehren kann. So kann der *Trickster* sein Geschlecht umwandeln; seine jeweilige sexuelle Konstitution lässt ihn einmal negativ, einmal positiv erscheinen. Auch dieses Merkmal findet man beim Ball – Spieler sprechen von ihm mit Metaphern der Gewalt (»Granate«, »Kanone«, »Explosion«, usw.) oder, wie wir noch sehen werden, in der Sprache der Liebe.

Wenn man den *Trickster* als Komplizen hat, kann man mit ihm den Gegner locken, ihn einlullen und den Ball in scheinbarer Passivität hin und her spielen, um die Abwehr plötzlich mit ein, zwei entschlossenen Steilpässen zu »überfallen«. Allerdings sehen die Kritiker der militärischen Sprache im Fußball die Sache zu eindeutig: Der Ball ist keine Waffe, sondern ein Beteiligter an einer Kommunikation. Er zwingt die Mannschaft dazu, das Spiel gemeinschaftlich zu gestalten. Durch kooperatives Spiel wird er »in den eigenen Reihen gehalten«; ihm wird gemeinsam ein Lauf gegeben, der ihn ins gegnerische Tor treibt.

Große Könner haben ein geheimes Verhältnis zum Ball. Günter Netzer beschreibt es mit Worten, die auch auf andere Beziehungen zutreffen könnten: »Da war ein sinnliches Verhältnis zum Ball, meinem Objekt, das bei jedem Fußtritt anders reagiert, das stets anders behandelt werden wollte.« Dieses Verhältnis voller Widersprüche befeuert die Gefühle des Publikums nicht weniger als eine Prinzenhochzeit die

Michel Platini küsst den Ball vor dem Elfmeter (WM 1986).

Phantasie der Liebhaber von Königshäusern. Der Vergleich ist nicht weit hergeholt; in beiden Fällen handelt es sich um eine Liebesgeschichte. Im Fußball geht es um die Liebe zwischen einem Mann und einem Ball. In der brasilianischen Version ist dies klarer als in anderen Kulturen: Der Ball ist kapriziös; man muss ihn verführen oder ihn, je nach Situation, unterwerfen. Im Portugiesischen heißt er *a bola*, ist also weiblichen Geschlechts; er oder, wie wir korrekt sagen müssen, *sie* wird mit weichen Bewegungen geführt, gestreichelt, sanft geschoben; wenn es geboten ist, wird sie aber auch hart behandelt, scharf geschossen oder rüpelhaft gedroschen. Von brasilianischen Spielern wird berichtet, dass sie den Ball nachts neben sich auf das Kopfkissen legen.

Die deutsche Spielweise ist inzwischen weiter entwickelt als die deutsche Fußballsprache. In jener Zeit, als die deutschen Spieler als »Rumpelfüßler« bis in die Endspiele der Weltmeisterschaften vordrangen, hatten die meisten von ihnen offenkundig ein feindseliges Verhältnis zum Ball – er war ihr »Übungsgerät«, er musste ihre Kraft erleiden. Immerhin zeigten deutsche Spieler in der Vergangenheit, dass man ihn einfach ganz prosaisch ins Tor knallen konnte. Manchmal kann man den Zufall auch zwingen. Das heutige Fußballverständnis scheint eher einen getanzten Fußball zu bevorzugen. So zeigt die Spielweise der spanischen Nationalmannschaft eine Strategie und Perfektion, die dem Ball seine zufallsgenerierende Kraft nehmen. Durch unablässige Kooperation des Teams auf engstem Raum wird der Ball mit sehr kurzen, flachen Pässen permanent hin und her gespielt. Mit diesem *Tiki-Taka* wird dem Ball die Fähigkeit entzogen, Unvorhergesehenes zu bewirken. Dem Gegner wird jede Chance auf Balleroberung und damit auf Beteiligung am Spiel genommen. Die schwerelos wirkenden Stafetten und Kombinationen wirken wie von einem höheren Wesen choreographiert. Das Spiel verliert jedoch die offene Auseinandersetzung – es wird zum einverständigen Gemurmel einer Ingroup. Zufallsvernichtung kann auf lange Sicht das Interesse am Fußball mehr stören als der Zufall selbst.

Im Hin und Her des modernen Kombinationsfußballs wird eine besondere Objektbeziehung sichtbar dargestellt, die einer Struktur des Begehrens entspricht: Der Ball, den ein Spieler einem anderen zugepasst hat, wird von diesem aufgenommen und weitergeführt. Wenn der erste Spieler sieht, wie der andere mit ihm umgeht, wird er so begehrenswert, dass er ihn sich zurückwünscht. Die Lust, den

Ball fortzuschicken, ruft das Begehren nach seiner Rückkehr hervor. Die Freude, ihn abzuspielen, wird von der Lust übertroffen, ihn zurückzuerhalten, wenn möglich über eine ganze Kette von Spielern.

Das Denken vom Kopf auf die Füße gestellt

Seit der Wendung der Philosophie hin zu Praxis und Verkörperung (*embodiment*) hat sich unsere Sicht der Beziehung von Handeln und Denken verändert. Praktisches, körperliches Handeln kann man als eine Art des Denkens auffassen. Damit sind auch einfache, ehemals als niedrig erachtete praktische Handlungen in den Fokus der Philosophie gerückt. Wittgenstein diskutiert die Frage: Wo findet der Denkvorgang statt, wenn wir rechnen? Nicht nur im Kopf, sondern auch in der Hand. Wir alle haben das Rechnen mit Bewegungen der Finger gelernt, mit dem Abzählen, mit einfachen Aktionen des Hinzufügens und Wegnehmens. Aus den Bewegungen des Rechnens werden im Lauf der kindlichen Entwicklung abstrakte Schemata gebildet, sodass wir sie nicht mehr in Form von Handlungen vollziehen müssen. Aber die Fingerbewegungen bleiben in unserem Körper erhalten. Auch bei komplexeren Rechenleistungen wird das motorische Zentrum der Hand aktiviert. Der Körper ist durch Bewegung und Übung intelligent gemacht worden.

Denken wir etwa auch mit den Füßen? Wie sollte das möglich sein?

Schau auf die Bewegungen, mit denen die Spieler den Ball in eine bestimmte Richtung spielen oder ihn stoppen, ihn am Gegner vorbeilenken, eine Lücke suchen und aufs Tor schießen. Die Spieler setzen hier eine Intelligenz ein, die wir als Zuschauer instinktiv erfassen. Die Spielsituation wird augenblicklich gedeutet, der Spieler nimmt vorweg, was in den nächsten Momenten geschehen wird. Er vollzieht eine intelligente körperliche Praxis, ohne sie durch sein Bewusstsein zu steuern. Dennoch handelt er nicht aus Instinkt oder Intuition heraus. Wichtige Spielzüge werden im Training eingeübt, bis sie automatisiert sind; Spielverhalten wird anhand von Videoaufnahmen und Statistiken analysiert. Da aber nicht – im Unterschied zu den Videogames, die bei den Spielern sehr beliebt sind – Avatare auf dem Platz agieren, sondern das analytisch formulierte Programm sich in körperlichem Handeln während materieller Situationen vollzieht, sind den Bemühungen um Theoretisierung enge Grenzen gesetzt.

Alle wichtigen Spiele unserer Kultur verändern etwas an der traditionellen Ordnung. Sie erweitern lustvoll die Freiheitsmarge, die den Handelnden gewöhnlich zugestanden wird. Sie erlauben ein Verhalten, das normalerweise verboten ist. Kein Spiel aber geht so weit wie der Fußball. Er stellt den Menschen vom Kopf auf die Füße. Der Mensch ist hier kein engelsgleiches Wesen wie beim Schachspiel, das man im Kopf spielen kann. Eine solche Verkehrung hat Karl Marx etwa zur gleichen Zeit, als der Fußball entstand, mit Hegels Philosophie des Geistes unternommen. Den Ausdruck »Auf-die-Füße-Stellen« versteht Marx als Neusituierung des Denkens. Aus dem Flug des Geistes wird es in die soziale Praxis, in der es entstanden ist, zurückgeholt und wieder mit den materiellen Verhältnissen der Lebenswelt verbunden. In dieser konkreten Wirklichkeit gewinnt das Denken seine Ordnungen und Bedeutungen zurück, die es im praktischen Leben hat. Es wird wieder geerdet.

Aus der Sicht der Philosophie des Geistes gelten Erdung und Lebensnähe als Makel: Die soziale Praxis führe von der Klarheit und Ordnung des Denkens weg; es ziehe dieses hinunter in die Niederungen der Lebenswelt. Aber ist das Denken jemals fähig gewesen, der Wirklichkeit seine erdachte Ordnung aufzuzwingen? Für einen Geist-Philosophen ist Fußball vielleicht ein abstoßendes Schauspiel. Wenn man aber einsieht, dass sich das Denken nicht autonom aus sich selbst bestimmen kann, sondern tief in die menschliche Existenz eingebunden ist, ruft gerade die Verstrickung des Fußballs eine philosophische Lust hervor. Eine Verstrickung, die dadurch vergrößert wird, dass es sich im Fußball um eine verkehrte Welt handelt: Man sieht mit Lust dem Menschen dabei zu, wie er sich in den Knoten seiner Existenz windet.

Der Mensch in seiner Situation (*in situ*) – das ist das Thema der Anthropologie, die die Conditio humana, die Bedingung menschlichen Lebens, unter der wir leben und handeln, reflektiert. Auch sie stellt den Menschen vom Kopf auf die Füße. Allerdings ist der Spieler in der Situation des Fußballs Bedingungen und Zwängen ausgesetzt, die weitaus dramatischer sind als alltägliche Lebenssituationen: In ihr steht man ständig unter Anforderungen, Erwartungen, Handlungsdruck, Gegnerschaft und der Notwendigkeit, sich vor einem großen Publikum darzustellen. Was schon in den Situationen des Alltags schwer erträglich ist, verschärft sich im Spiel zu Kämpfen zwischen hoch trainierten

Mannschaften um den Sieg. Im Fußball wird eine angespannte Existenz ausgelebt, die keine Welt des Als-ob ist, sondern unbezweifelbar *wirklich*. Es ist eine Welt, in der jede Mannschaft darum ringt, *wirklich* die beste zu sein. Für den überzeugten Fan geht es nicht nur um Leben und Tod – Fußball ist, wie der legendäre Bill Shankly sagte, sehr viel ernster als das.[20]

Was heißt es, dass der Fußball unsere Weltsicht vom Kopf auf die Füße stellt? Gewöhnlich sehen wir unseren Handlungspartnern ins Gesicht. Wir achten auf ihre Augen, ihren Mund, ihr Mienenspiel; wir nehmen die Gestik ihrer Hände wahr. In der Interaktion mit einem anderen, ob freundlich oder feindlich, konzentrieren wir uns auf die obere Hälfte seines Körpers. Die schnellen Bewegungen der Füße hingegen kann der Gegenspieler nicht beobachten; er kann sie aber antizipieren. Die Aufmerksamkeit des Spielers ist auf den ganzen Körper seines Gegners gerichtet, auf den er mit dem Ball zuläuft. Er kann den Verteidiger mit einer simulierten Bewegung der Schulter und der Hüfte täuschen und ins Leere laufen lassen. Er kann einen Haken schlagen; er kann seinen Gegner »tunneln« oder den Ball über seinen Fuß heben.

Das Fußballspiel ist ein Konflikt ohne Waffen, ohne Fäuste, ohne Sprache – ein Konflikt, der mit dem ganzen Körper geführt wird, dessen Aktionszentrum die Beine und Füße sind. Wer hier bestehen will, muss vollkommen umdenken. Der erfahrene Thriller-Autor Lee Child (zum Beispiel in *Never go back)* lässt seinen Helden dem Schlägertrupp, der ihn verprügeln will, ein Angebot für den unvermeidbaren Kampf machen: Wir alle kämpfen ohne

Waffen, nur mit dem Körper. Ich halte meine Hände auf dem Rücken, ihr dürft mit Fäusten zuschlagen. Die Gegner finden den Vorschlag gut. Kurz darauf liegen sie niedergestreckt am Boden. Sie hatten mit ihren Blicken die Hände ihres Gegners gesucht – die blitzschnellen Fußstöße des Helden hatten sie nicht erwartet; sie waren unfähig, auf sie zu reagieren. Auch im Fußball wird der Gegner ausgespielt, wenn er auf das Falsche achtet. Es ist sehr schwer, sich in der verkehrten Welt richtig zu verhalten. Andere Sportarten schließen oft an gewöhnliche Alltagspraktiken an, erhöhen ihren Schwierigkeitsgrad und geben ihnen einen Wettkampfcharakter. Im Fußball aber spielt man mit einem Ball, der zwischen den Beinen läuft – die gewöhnliche Alltagspraxis verliert ihr Selbstverständnis. Die Dinge sind nicht mehr »zuhanden«, wie Martin Heidegger sagt. Wir greifen im Fußball nicht auf die Dinge zu – wir gebrauchen sie anders. Ein anderer Gebrauch verändert die Bedeutungen der Dinge. Das ist der Kern von Ludwig Wittgensteins Gebrauchstheorie der Bedeutung.

In Heideggers und Wittgensteins Denken erschließt der Körper[21] die Welt mit seinen Sinnen, seinen Gewohnheiten, Gebrauchsweisen und Techniken. Wenn er dies auf ganz andere Weise als gewöhnlich tun muss, verändert er sein gesamtes Weltverhältnis.

Warum? Der Körper oder Leib ist doch im Fußballspiel immer noch derselbe?

Unser Weltverhältnis ist von der Alltagspraxis geprägt. Sie beeinflusst das Denken des Körpers, wie auch dieses seine Praxis beeinflusst. Die gegenseitige Verschränktheit von Praxis und Körper-Wissen macht die menschliche

Situation aus. In der verkehrten Welt leben wir in einer *anderen* Praxis: Wir verhalten uns anders, und wir »denken« anders mit dem Körper. In der Erregung über eine Spielsituation trat Heidegger, der Spiele der deutschen Nationalmannschaft bei Nachbarn vor dem Fernsehgerät verfolgte, einmal ein Teetischchen um. Offensichtlich ließ er sich von der Dominanz der Füße im Spiel so weit hinreißen, dass er selber zutrat. Wittgenstein war zweifellos von der Verständigung ausschließlich mit körperlichen Mitteln beeindruckt, die er bei Fußballspielern in Cambridge beobachtet hatte. Die andere Praxis verlangt auch eine andere Art des Philosophierens. Zwei der größten Denker des 20. Jahrhunderts konnten der Verkehrung der Welt einen philosophisch-praktischen Gehalt abgewinnen: Im Fußball zeigt sich, wie man sich in der Welt – auch in einer ganz anderen Welt – zurechtfindet, wie man eine neue Art der »Zuhandenheit« bildet, wie man den Sinn eines Spiels erschließt und wie aus Spielen ein Verstehen der Welt entsteht.

Der Fußballer muss eine neue Haltung zur Welt einüben. Aus dem Bewegungsrepertoire des Tanzes kann er sich nicht bedienen – es ist ein vollkommen anderes Register. Die einzige aus der Tradition bekannte Geste mit dem Fuß ist der Fußtritt. Er ist eine Geste des Verletzens. Sie ist zutiefst antikommunikativ – mit dem Getretenen oder Fortgestoßenen will man keine Gemeinsamkeit haben. Im Fußball ist sie verboten. Das Spiel ist zwar als Konflikt angelegt; im Gegeneinander beider Mannschaften gibt es aber immer auch eine Übereinstimmung, eine Gemeinsamkeit. Insbesondere messen beide dem Sieg im Spiel höchste Bedeutung zu. Mit dieser Grundstruktur wird der Mensch in eine Situation der Auseinandersetzung gestellt, in der er sich der eigenen Gruppe anpassen und sich gegen eine andere behaupten muss. In der antrainierten Vertrautheit mit der Lebenswelt seiner Gruppe versteht er unmittelbar, was die Mitspieler tun, wie sie handeln, was sie von ihm verlangen, wie er seinen Körper einzusetzen hat. Wichtig ist aber, dass er auch die *andere* Gruppe versteht. Wäre sie ihm total fremd, könnte er nicht auf sie reagieren; er wäre unfähig, ihre Spielzüge zu antizipieren. In eine solche Situation muss man sich einüben. Reines Denken hilft dabei wenig; der Spieler muss einen *Habitus* für das Spiel ausbilden.

Wittgenstein hat am Fußball vermutlich noch ein weiterer Aspekt interessiert: die Spannung zwischen gegenwärtiger und zukünftiger Situation. Jeder Spieler kennt die Bedeutung von »Standards«, von Ecken, Freistößen, also von bestimmten Spielzügen, die immer wieder vorkommen. Zugleich können in jedem Spiel neue Varianten der Standards entstehen. Erfahrene Spieler können sie blitzschnell entschlüsseln und ihre Gefährlichkeit erfassen. Es sind Konstellationen, die sich aus dem Spielgeschehen bilden und völlig neue Bedeutungen erzeugen. Dies ist die kreative Seite des Spiels: Die Spieler sehen der Situation an, was kommen wird. Auch im Alltag leben wir immer einen halben Schritt im Voraus, sehen die unmittelbar kommenden Situationen vorher. In der verkehrten Welt des Fußballs ist es schwerer als beim gewöhnlichen Handeln zu antizipieren, was in der direkt bevorstehenden Zukunft geschehen wird. Dem Fuß sieht man seine Absichten nicht in gleicher Weise an wie dem Gesicht, auf das man bei gewöhnlichen Interaktionen den Blick richtet.

Spielen ist Experimentieren mit dem Zufall.
NOVALIS

2
Denken und Glauben mit dem Körper

Alle Bedeutungen, die der Fußball hat, werden in öffentlichen Handlungen sichtbar gemacht. Seine Oberfläche reflektiert viele Facetten unserer Kultur. Bei rechter Beleuchtung lässt er mehr über unsere Lebenswelt erkennen als die meisten Texte, die über sie geschrieben worden sind. Als Auslöser von Leidenschaften vieler Menschen zeigt er ihre emotionalen Verbindungen miteinander. Wenn ich selbst zu ihnen gehöre, erfahre ich, in welchem Verhältnis ich zu ihnen stehe. Nicht nur zu ihnen, auch zu unserer gemeinsamen Kultur. Kaum eine Praxis in der Gegenwart aktiviert so viele intensive Impulse, die mich die Welt, meinen Körper, die anderen, unsere Gemeinschaft fühlen lassen. Und die den Spielern und Zuschauern so viel Spielraum geben, ihr Inneres nach außen zu kehren. Die Wirklichkeit des Spiels ist weit mehr als die physischen Akte des Tretens; sie besteht darin, dass *Tore* geschossen, *Fouls* begangen, *Strafstöße* ausgeführt werden. Tore, Fouls, Strafstöße werden erst dadurch zu bestimmten Akten im Spiel, dass sie vom Schiedsrichter so bezeichnet und von allen Spielern (mehr oder weniger bereitwillig) anerkannt werden. Wie sich zeigen wird, ist die Voraussetzung dieser Anerkennung ein von allen Beteiligten gemeinsam geteilter Glaube an das Spiel: an seine Regeln, an die Autorität des Schiedsrichters und des Verbands, von dem er eingesetzt wird. Von diesem Glauben wird die Wahrnehmung und das Denken der in das Spiel eingetauchten Sportler, Zuschauer und Journalisten gelenkt: Sie sehen und fühlen, dass ein Ball »ins Tor geht«, dass ein Verteidiger einen Angreifer zu Fall bringt und dass es sich um ein Vergehen handelt. Vor allem glauben sie daran, dass sie es sehen und fühlen.

Der Glaube an das Spiel

Was befähigt die Menschen, eine eigene Realität wie die Welt des Fußballs zu erschaffen? Auch Tiere haben Lust am Spielen. Der Biologe Jaak Panksepp rechnet diese zu den Basisemotionen, die man bei allen Säugetieren findet.[1] Spielende Tiere vergnügen sich mit Herumtollen; sie bringen aber kein bestimmtes Spiel hervor. Man kann seinem Hund recht gut Bälle zupassen, er stoppt sie mit den Vorderläufen. Aber man kann nicht mit ihm auf ein Tor spielen, wie es schon kleine Kinder tun. Menschen haben die sozialen Fähigkeiten der Kooperation und des Handelns nach Regeln. Für die Erfindung eines Spiels wie Fußball braucht man aber noch eine weitere sehr wichtige Fähigkeit: die *Fähigkeit zu glauben*. Tiere können denken, sich erinnern und Wissen bilden; bestimmte Tierarten haben vermutlich sogar Bewusstsein von sich selbst. Aber Tiere können nicht glauben.

Menschen glauben, dass sie existieren und dass es die Welt gibt, in der sie leben.

Warum sagst du »glauben« und nicht »wissen«? Wissen wir denn nicht, dass wir existieren und dass es die Welt gibt?

Ein Wissen kann sich als falsch herausstellen. Wesensmerkmal des Wissens ist, dass man es falsifizieren kann; es muss dann korrigiert werden. Der Glaube hingegen, dass es mich gibt wie auch die Welt, in der ich lebe, kann sich nicht als falsch erweisen.[2] Er ist die Grundlage von allem, was ich mache, denke, entwerfe und plane.

Und wenn ich doch den Verdacht habe, dass es alles dies nicht gibt?

Wenn du das bezweifelst, kannst du auch die Bedeutung der Worte bezweifeln, mit denen du deinen Zweifel ausdrückst. Dann hat er keinen Sinn und kann dir kein Argument liefern.

Was hat Glauben um Himmels willen mit dem Fußballspiel zu tun?

Dass man durch den Glauben eine Wirklichkeit erzeugen kann, zeigt sich gerade am Fußballspiel: Es ist für die Spieler wirklich. Alles, was im Spiel geschieht, gibt es tatsächlich: Wir glauben an das Spiel und verleihen ihm durch unseren Glauben Wirklichkeit.[3] Wir glauben, dass ein Tor erzielt worden ist, wenn es offiziell anerkannt wird. Wir glauben daran, dass es einen Elfmeter gibt, wenn der Schiedsrichter ihn anzeigt, auch wenn er in der Situation nicht richtig entschieden hat. Dass er sich geirrt hat, spielt *innerhalb* des Spiels keine Rolle. Allein seine Entscheidung bestimmt den Spielverlauf. Wenn der Elfmeter verwandelt wird, gehört das Tor zur Wirklichkeit des Spiels. Es ist ein unumstößliches Faktum, weil wir an das Spiel glauben, selbst wenn es uns ungerecht erscheint.

Allerdings ist der Glaube an das Spiel anders als der Glaube an unsere Alltagswirklichkeit. Er hat nicht dieselbe Verbindlichkeit wie jener an unsere Existenz und an die der Welt: Er wird nicht von allen Menschen geteilt – wir können ihn von anderen nicht einfordern. Einer Person, die nicht glaubt, dass ein Tor erzielt wurde, obwohl der Schiedsrichter es gerade anerkannt hat, ist die Welt des Fußballs grundsätzlich verschlossen. Sie begreift nicht, dass das Spiel eine legitime, in unserer Kultur anerkannte *Möglichkeit der Welt* ist, in der durch Schiedsrichterpfiffe Tatsachen geschaffen werden. Es ist wie die Kunst eine *andere Version* der für alle am Fußball Beteiligten verbindlichen Welt.[4] So sagt man auch, wenn sich jemand vom Fußball abwendet, er habe seinen Glauben verloren.

Neben dem *einen* grundlegenden Glauben an die Welt und unsere Existenz (den nur Phantasten infrage stellen) gibt es eine Reihe von Versionen des Glaubens, die von Religionsgemeinschaften, von Kunstkennern oder vom Theaterpublikum geteilt werden. Der Glaube an den Fußball hat mit den Spielern und den Fans einen harten Kern von Fanatikern. Sie sind wesentlich daran beteiligt, dass er weltweit so viel Erfolg und Resonanz hat. Die Macht des Fußballs kommt nicht aus ihm selbst – sie entsteht in der Wechselwirkung zwischen dem Spiel und den Gesellschaften, in denen es gespielt wird. In dieser Alternativwelt werden Konflikte, Kämpfe, Kooperationen durchgespielt. Ihre Siege und Niederlagen, Triumphe und Enttäuschungen sind zwar anders als jene unserer Alltagswelt, weisen aber ganz ähnliche Strukturen auf. Sie sind verfremdet *und* ähnlich zugleich. Einerseits sind sie uns aufgrund ihrer Ähnlichkeit vertraut; andererseits verhüllt der verfremdete Charakter ihren Bezug zu unserer Alltagswelt. Aber gerade unter der Hülle zeichnen sich Bilder ab, die unsere soziale Wirklichkeit tiefer erfassen, als es eine realistische Darstellung vermag.

Im Fußball wird eine für alle Beteiligten einheitliche Welt geschaffen. Bisher war man der Meinung, dass ihre Verbindlichkeit durch die Entscheidungen des Schiedsrichters entsteht. Heute wird dessen realitätssetzende Kraft von mehreren Seiten her angegriffen: vom Fernsehen, das mit seinen scheinbar objektiven Bildern problematische Schiedsrichterentscheidungen infrage stellt (zum Beispiel durch »Videobeweise«), von neuen Technologien, die präzise Informationen darüber liefern, ob ein Ball die Torlinie überquert hat (»Torlinientechnik«), von Journalisten und Vereinsfunktionären, durch gelungene Täuschungsversuche von Spielern und schließlich durch krasse Fehlentscheidungen der Schiedsrichter selbst. Nicht zuletzt unter dem Druck der ökonomischen Bedeutung von Niederlagen werden die Entscheidungen des Schiedsrichters zu einer Frage der Wahrheit stilisiert, einer Wahrheit, die durch technologische Mittel bestimmt werden soll.

Um eine Wahrheit kann es im Fußball allerdings nicht gehen. So bestechend der Gedanke zu sein scheint – entscheidende Fragen sind mithilfe technischer Mittel nicht zu klären: die Beurteilung der Schwere eines Fouls, von Spielverzögerung, Unsportlichkeit, die Entscheidung über einen möglichen Spielabbruch, Zweifelsfälle bei Abseitsentscheidungen. Selbst bei Entscheidungen, die aus dem Spiel ausgelagert werden, wie bei der Torlinientechnik, ist es letzten Endes doch der Schiedsrichter, der das Tor *anerkennen* muss, damit es wirklich ist. Dass der Ball die Torlinie überquert hat, ist das eine; ein anderer, viel komplizierterer Sachverhalt ist die Frage, ob das Tor *regulär* erzielt worden ist, ob kein Foul begangen wurde, der Schütze nicht im Abseits stand, das Spiel nicht unterbrochen war. Die während des Spiels getroffene Entscheidung kann im Nachhinein nicht mehr korrigiert werden. Adi Preißlers berühmter Satz: »Die Wahrheit ist auf'm Platz« ist zweideutig. Wenn die Wahrheit auf dem Platz ist, kann von Wahrheit zugleich nicht mehr die Rede sein. Es geht dann nur um die Feststellung des Schiedsrichters dessen, was *während des Spiels* geschieht. Seine Macht ist notwendig, um das Geschehen im Fluss und den Glauben an das Spiel aufrechtzuerhalten. Längere Unterbrechungen, die technische Lösungen erforderlich machen, könnten die Zuschauer aus der Illusion des Spiels (aus der *il-lusio*, nach der Formulierung Bourdieus) herausreißen. Für die Wirkung des Fußballs, der sich in der Nähe des Showbusiness befindet, ist dieser Zauber heute jedoch unverzichtbar.

Im Spiel geht es also nicht um Wahrheit, sondern um die Wirklichkeit, *wie sie der Schiedsrichter sieht*. Allerdings kann er nicht selbst seine Wirklichkeitsbestimmung garantieren. Dies kann nur der Verband. Er ist die entscheidende Instanz, die die Macht über das Spiel hat und die Geltung der Schiedsrichterentscheidung durchsetzt. Er gibt sich auch das Recht, den Schiedsrichter bei katastrophalen Leistungen abzulösen. Die Macht des Schiedsrichters, ein Spiel zu leiten und seine Wirklichkeit zu bestimmen, ist ihm vom Verband verliehen worden. Sie kann ihm vom Verband wieder genommen werden. Im Fall des »Phantomtors« von Thomas Helmer (im April 1994 im Spiel des FC Bayern München gegen den 1. FC Nürnberg) hat er entschieden, dass das Spiel zu wiederholen sei, obwohl dies gegen seine Statuten war. Der Verband agiert als höchste Auslegungsinstanz seiner Regeln und – im Fall der Verlegung der WM in Katar vom Sommer in den Winter – seiner eigenen Beschlüsse.

Weil die Entscheidungen des Verbands unbezweifelbare Tatsachen schaffen, kann es im Fußball anders als in der Justiz oder in der Wissenschaft keinen Kampf um die Wirklichkeit geben. Wie überall, wo autoritäre Wirklichkeitskonzepte herrschen, entstehen im Fußball ausufernde Diskussionen darüber, ob die Autorität richtig entschieden hat. Was aber *richtig* ist, entscheidet in letzter Instanz der Verband. Kontroverse Meinungen ändern nichts an seiner offiziellen Version der Wirklichkeit – das Spielergebnis geht in die Tabellen ein und erzeugt so Folgewirkungen, die von allen Beteiligten hingenommen und irgendwann anerkannt werden. Der Kopfball von Bayer Leverkusens Stefan Kießling (in der Bundesligasaison 2013/14), der für Zuschauer und Fernsehkameras erkennbar nicht die Torlinie von Hoffenheim überquerte, sondern durch das Außennetz flog, wurde vom Schiedsrichter als Tor gewertet. Auf den Protest der Hoffenheimer hin entschied der DFB, dass er das Spielergebnis anerkennt und anders als bei Helmers Phantomtor einer Spielwiederholung nicht zustimmt.

Einsprüche waren nicht mehr zugelassen. Der Leverkusener Sieg ging in die Bundesligatabelle ein und beeinflusste bis zum Abschluss der Saison den Tabellenstand, den am Ende niemand mehr als irregulär ansah. Auch dass beim »Wembley-Tor« der Ball hinter der Linie war, wird in Deutschland immer noch bezweifelt. Dennoch steht das Ergebnis für die Ewigkeit fest: England *ist* der Weltmeister von 1966. Ob der Gewinn des WM-Titels durch Deutschland 1954 gerecht war, ob der Schiedsrichter einen Treffer der ungarischen Mannschaft kurz vor Schluss zu Recht nicht anerkannt hat, steht wiederum zumindest für die Ungarn infrage; dies ändert jedoch nichts am Resultat. Die Wirklichkeit ist im Fußball eine Sache der Autorität. Die Entscheidung des Schiedsrichters über die Wirklichkeit des Spiels steht höher als der Gerechtigkeitssinn der Mannschaften und Zuschauer.

Unabhängig davon, welche Standpunkte in den kontroversen Diskussionen über Schiedsrichterentscheidungen eingenommen werden, sind sich alle Diskutanten darüber einig, dass *entschieden werden muss*, was im Spiel wirklich ist. Technische Verfahren können dabei höchstens gewisse Hilfen geben. Dass die Wirklichkeit des Fußballs in letzter Instanz vom Verband entschieden wird, ist eine Feststellung die Machtverhältnisse betreffend, keine Huldigung. Ob man andere Instanzen an der Festlegung der Wirklichkeit beteiligen sollte, ist eher fragwürdig. Das Verfahren würde dadurch nicht transparenter. Von Gerechtigkeit kann im Fußball ohnehin nicht die Rede sein. Die einzige Möglichkeit, die Erzeugung der Wirklichkeit im Fußball einsichtiger und vernünftiger zu machen, besteht darin, den Verband und seine Rolle zu verändern – zugegeben, eine recht unwahrscheinliche Perspektive.

Die Wirklichkeit des Fußballs wird nicht durch Erkenntnis erfasst. Ein Cartesianismus, der auf intellektuelle Einsicht setzt, greift im Fußball nicht. Jeder an einem Spiel Beteiligte versteht seine Wirklichkeit *unmittelbar*: Alle haben den Glauben an das Spiel verinnerlicht und inkorporiert, in ihren Körpern verankert. Ein Spieler muss sich nicht ständig ins Bewusstsein rufen, dass die Hand ein verbotener Körperteil ist und er also nicht mit ihr den Ball berühren darf: Sein Handeln und Fühlen ist so eingestellt, dass er – abgesehen von seltenen Ausnahmen – seine Hand im Spiel nicht einsetzt. Er hat in seinem Handeln, Wahrnehmen, Fühlen und Denken den Habitus eines Fußballers ausgebildet. Würde er den Ball mit der Hand berühren, hätte dies unmittelbar emotionale Folgen für ihn – er würde seinen Fehler sofort *fühlen* und begreifen, dass er einen Regelverstoß begangen hat. Wenn sein Schuss über die Torlinie geht, zeigt er im selben Augenblick eine freudige emotionale Reaktion – ohne darüber nachzudenken, *sieht* er, dass er ein Tor erzielt hat. Durch das Einüben des fußballspezifischen Handlungssystems gehen den Spielern die konstitutiven Bedingungen des Spiels in Fleisch und Blut über.

Ebenso wie das Spiel beruht die Autorität des Fußballverbands mit seinen Vorschriften und Sanktionen auf dem Glauben an seine Wirksamkeit. Der DFB und die FIFA verfügen wie andere Institutionen auch über die notwendigen Mittel, um ihre Mitglieder durch Auszeichnungen (zum Beispiel Meistertitel, Pokal) und Bestrafungen (zum Beispiel Spielsperren, Punktabzüge) gefügig zu machen. Wenn wir uns an einem Fußballspiel beteiligen, müssen wir die negativen Folgen seiner Regeln ertragen. Ähnlich verlangt auch die Wissenschaft einen Glauben an ihr Spiel und an ihre Rationalität. Wer seine Arbeit dem Urteil der Wissenschaftsgemeinschaft aussetzt, glaubt an die Überlegenheit des besseren Arguments. Dass ein Argument stärker ist als ein anderes, beruht jedoch nicht auf der *ihm innewohnenden* Vernunft, sondern auf dem *Glauben an die Institution* Wissenschaft, die dieses Spiel beherrscht. Ohne *diesen* Glauben könnten wir uns nicht sinnvoll an wissenschaftlichen Auseinandersetzungen beteiligen und nicht auf eine universitäre Karriere hoffen.

Neben der Anerkennung der Institution durch alle Beteiligten entsteht im Spiel auch ein Glaube, der sich auf die eigene Person bezieht: Ein professioneller Fußballer glaubt an die Position, die er im Gefüge seiner Mannschaft einnimmt; er glaubt an sich als Inhaber dieser Position. Was *er* auf seiner Position *ist*, ist er im Raum des Fußballs ausschließlich aufgrund seiner persönlichen Qualitäten, seines Könnens und seines Werts für seine Mannschaft. Es kann jedoch Diskussionen darüber geben, ob er auf einer anderen Position vielleicht noch wirkungsvoller spielen könnte, wie bei der Frage, auf welcher Position Philipp Lahm bei der WM 2014 am besten einzusetzen war. Die Identität eines Spielers hängt nicht in erster Linie von seiner Selbst-Wahrnehmung ab. Vielmehr entsteht sie im Kontext des Spiels und der Kooperation mit dem Trainer und der Mannschaft. *Außerhalb* des Spiels ist der Spieler ein anderer. Es ist ähnlich wie bei einem Theaterschauspieler: Zu Hause muss er seine Rolle, die ihm auf der Bühne noch vom Stück vorgegeben wurde, selbst entwerfen. Wie er dies fertigbringt, ist jetzt *seine* Sache. Im Spiel glaubt er an ein Ich, das nur dort wirklich ist. In dieser Differenz zwischen dem Innen und dem Außen des Spiels entstehen den professionellen Fußballspielern oft Probleme mit ihrer personalen Identität. Sie sind es gewohnt, in ihrer beruflichen Existenz ein von anderen hoch anerkanntes und für wertvoll gehaltenes Ich zu besitzen. Dieses ist jedoch auf die Welt des Spiels beschränkt. Nur einer kleinen Anzahl bekannter Athleten gelingt es, ihre fußballerische Persönlichkeit in ein Alltagsleben zu transportieren, in dem man sie gleichermaßen wertschätzt.

Die Innensicht der Spieler

Fußballer sind emotional in ihr Spiel eingebunden. Die Handlungen, der Raum und die Zeit des Spiels werden von ihnen gefühlsmäßig wahrgenommen: Handlungen werden beispielsweise als knochenhart empfunden, ein Spiel wird als verbissen angesehen. Der Raum erscheint durch die geschickte Verteidigung der gegnerischen Mannschaft als verengt, oder er weitet sich für Konterangriffe, wenn die nach vorn aufgerückte Mannschaft die eigene Spielhälfte entblößt hat. Das gegnerische Tor mit einer gut stehenden Abwehr wirkt zugestellt oder, wenn die Verteidiger nicht zugeordnet sind, »offen wie ein Scheunentor«. Handlung, Raum und Zeit sind nicht nur die objektiven Dimensionen des Spiels, sondern auch von der subjektiven Wahrnehmung der Beteiligten abhängig. Sie werden von den Emotionen der Beteiligten geformt; dies ist der Kern von Sartres Philosophie der Emotionen.[5]

Nach Sartre erscheinen die äußeren Dinge dem Bewusstsein als Erzeugungen der emotionalen Zustände des Subjekts. Räumliche und zeitliche Strukturen ändern ihre Form, je nachdem ob die Spieler erregt, nervös, übermotiviert oder kühl, überlegen, selbstsicher sind. Einem ängstlichen Angreifer erscheint das Tor, selbst wenn er frei vor dem Torwart steht, sehr klein und schwer zu treffen. (Den algerischen Angreifern oder auch Karim Benzema dürfte es in den WM-Spielen gegen Deutschland so ergangen sein angesichts eines übergroß erscheinenden Manuel Neuers.) Ein eingeschüchterter Elfmeterschütze hat ein enges Tor mit einem übermäßig großen Torwart vor sich, während der kühle Schütze nüchtern die Ecken anvisiert, die für den Torwart unerreichbar sind. Der Spieler nimmt nicht Objekte wahr, die unabhängig von ihm existieren, sondern in gewisser Hinsicht *sich selbst*. Die Gegenstände seiner Wahrnehmung[6] sind abhängig von seinen Perspektiven und Dispositionen. Mit seiner Existenz ist er das Zentrum der Welt, in der er handelt – die gesamte Raum-Zeit-Konstruktion *est ramassée dans un seul point*, ist auf einen einzigen Punkt zusammengedrängt.

Mit der Dauer eines Spiels verändert sich das Bewusstsein der Spieler: Wo vorher ein bewegliches Bollwerk errichtet war, das kein Durchkommen ermöglichte, tun sich gegen Ende des Spiels Lücken auf. Abstimmungsfehler und Unsicherheiten des Stellungsspiels werden beim Gegner erkennbar, vor allem in der Nachspielzeit und in der Verlängerung. Eine solche Veränderung kann von Ermüdung und Konzentrationsschwächen herrühren. Erklärungen dieser Art, die man üblicherweise gibt, sind bei hochklassigen Mannschaften jedoch einseitig. Als wichtigster Faktor kommt hinzu, dass die angreifende Mannschaft mit zunehmender Entschlossenheit und Wucht zu Werke geht. In der Zeit vor der Schlussoffensive haben die Angreifer die raumzeitliche Situation, mit der sie konfrontiert sind, eingehend körperlich erfahren, sie mental und emotional verarbeitet. Dasselbe gilt auch für die Verteidiger – sie haben sich ebenfalls auf die Angreifer eingestellt. Alles kommt jetzt darauf an, wessen Einstellung den Handlungen des Gegners nicht nur körperlich, sondern auch mental und emotional überlegen ist. Die stärkere Mannschaft lotet mit besser abgestimmten Angriffen die Schwachstellen der Abwehr aus und erkennt die sich öffnenden Lücken vor dem gegnerischen Tor. Ihre feinere Wahrnehmung des Gegners führt dazu, dass sie dessen Reaktionen im Voraus spürt und wirkungsvoller darauf reagieren kann.

Wie Sartre annimmt, entsteht eine unauflösliche Verbindung zwischen dem Spielgeschehen und dem Ich des Spielers. Seine Emotionen und seine Wahrnehmung der Situation sind nicht voneinander zu trennen: Was das Ich sieht und spürt, wie es handelt, wie es Raum und Zeit strukturiert – all dies bildet ein Ganzes. *Im* Spiel selbst kann der Handelnde keinen von seiner Subjektivität unabhängigen Standpunkt gewinnen. Einzig der Trainer hat, wenn er einen kühlen Kopf behält, von seiner Position am Rande des Spielfelds aus eine Chance, einen Überblick über das Geschehen zu gewinnen und als Korrektiv der eingeschränkten Wahrnehmung der Spieler zu wirken. Einen

Standpunkt *über* den Dingen kann er während des Spiels nicht einnehmen; dafür ist er zu nah am Geschehen.

In Sartres Deutung hat der Spieler im Fußball eine totale Weltsicht. Nicht nur ist er in das Spiel eingetaucht – das Spiel ist mit all seinen Qualitäten in ihn selbst eingedrungen: Er wird vom Spiel beherrscht. Der glückliche oder unglückliche Verlauf des Spiels lässt ihn sich selbst als Glücklichen oder Unglücklichen erleben. Mit dem Ende des Spiels kann er diese Weltsicht nicht einfach ablegen. Sie besetzt sein Inneres so sehr, dass er seine Emotionen aus dem Spiel in die Zeit danach mitnimmt. Nur unter Aufbietung beträchtlicher selbstsuggestiver Kräfte kann es ihm gelingen, negative Erlebnisse des letzten Spiels zu bewältigen. Abstiegsbedrohte Mannschaften kämpfen nicht nur gegen ihre Gegner, sondern auch gegen das schlechte Spiel in ihnen selbst. Von der emotionalen Haltung *ihrer* Mannschaft zum Spiel werden ebenfalls die Zuschauer ergriffen. Ihr körperliches Verhalten, ihre Art zu spielen, sich einzusetzen, Erfolge oder Misserfolge anzuhäufen führen beim Publikum zu emotionalen Resonanzen. Engagierte Zuschauer erfassen, was in den Spielern geschieht – ihr inneres Spiel, ihre Mutlosigkeit, ihre Überzeugung von der Vergeblichkeit ihrer Anstrengungen oder, umgekehrt, ihre Hoffnung auf die Chance, das Spiel doch noch für sich zu entscheiden.

Das Band zwischen der Innenperspektive der Mannschaft und der emotionalen Verfasstheit ihrer Fans ist die Empathie. Sie erzeugt eine *gemeinsam geteilte Emotionalität*, die sich in einer Gleichartigkeit der Wahrnehmung fortsetzt. Die Empathie kann so weit gehen, dass sich ein Publikum von der Hilflosigkeit seiner Mannschaft anstecken lässt. Im Berliner Olympiastadion verabschiedeten 2012 die Zuschauer eine gegen Schweden brillant aufspielende deutsche Nationalmannschaft mit Jubel in die Halbzeit. Deutschland führte 4:0. Als Schweden, von einem krassen Abwehrfehler begünstigt, das 4:1 schoss und gleich darauf das 4:2 erreichte, begann sich unter den deutschen Spielern Unsicherheit auszubreiten, die in eine rätselhafte Verzagtheit umschlug. Im Stadion entstand eine unheimliche Stille. Die Lähmung, von der Mannschaft wie Trainer befallen waren, übertrug sich auf die Zuschauer. Von den Rängen kam keine Trotzreaktion, kein Aufbäumen, keine Anfeuerung; das Publikum war zutiefst geschockt. In diese lähmende Stimmung hinein fielen das 4:3 und schließlich der Ausgleich für die schwedische Mannschaft. Eine Welt der Mutlosigkeit ist im Fußball eine kalte, traurige Welt – sie ist die Welt des Unglücklichen, von der Wittgenstein im *Tractatus* sagt, dass sie eine andere Welt ist als jene des Glücklichen. Glücklich-Sein und Unglücklich-Sein unterscheiden sich nicht durch unterschiedliche Beleuchtungen der Welt – es sind zwei fundamental verschiedene Welten. Für eine Mannschaft ist es gefährlich, sich dem Gefühl auszuliefern, in einer Welt des Unglücklich-Seins zu leben. Die Auswirkungen negativer Emotionen sind dann ein Fall für den Vereinspsychologen; von ihm wird die Rede vom »Abhaken« ausgegeben und ein entsprechendes Psychoprogramm des Verarbeitens des Misserfolgs in Angriff genommen. Nach der Niederlage der Bayern im Finale der Champions League 2012 waren die Spieler in ihren Kommentaren nur damit beschäftigt, »den Blick nach vorn zu richten«, während ihre Fans in Schockstarre verharrten und sich mit »ihrer« Mannschaft im gemeinsamen Unglück vereinigen wollten. Unter den Bedingungen des rein erfolgsorientierten Fußballs darf es bei den Spielern aber keine Trauerphase geben.

In einer Subjekt-Philosophie wie jener Sartres wird der Fußball ausschließlich aus der Innenperspektive des erlebenden Subjekts wahrgenommen. Es gibt aber auch, wie das Beispiel des Schweden-Spiels zeigt, die *gemeinsam geteilte Welt* von Spielern und Zuschauern. Der emotionalen Welt im Inneren der Beteiligten entsprechen Geschehnisse in der äußeren Welt: Das Innere wird sichtbar gemacht, und das Sichtbare verweist auf das Innere. So verursacht ein Fußtritt des Gegners heftige Schmerzempfindungen beim verletzten Spieler. Gleichzeitig werden sie durch die körperlichen Reaktionen des Verletzten für die Zuschauer sofort sichtbar – er krümmt sich am Boden, rollt sich wie um ein imaginäres Zentrum in seinem Inneren zusammen; im nächsten Moment weist er mit wilden Gesten auf sein verletztes Bein und zeigt den Ort des Schmerzes an. Von Ewald Lienen gibt es ein eindrucksvolles Foto; sein Gegenspieler Norbert Siegmann hat ihm gerade mit seinen Stollen die Haut seines Oberschenkels der Länge nach aufgerissen. Das Bild erinnert an einen Schlachtvorgang. Lienen hebt anklagend den Arm und zeigt als Beweis seine Wunde vor: Seht her, das hat *er* mit mir gemacht! Der Spieler ist ganz und gar auf den anderen gerichtet: Die Wut drängt nach außen, will den Täter überwältigen und mit dieser Bewegung den Schmerz betäuben.

Neben der völligen Verinnerlichung des Geschehens, die Sartre beschreibt, gibt es also die Gegenbewegung der totalen Veräußerlichung. Beides sind extreme Zustände des

Ewald Lienen am Boden nach dem Foul durch Norbert Siegmann

Menschen, in denen er seine Individualität zu verlieren droht. Sie zeigen, dass ein Spieler im Fußball zwischen Innensicht und Außenperspektive ständig hin und her wechselt. Während des Spiels kann er unmöglich in sich eingeschlossen bleiben. Er ist vielmehr aufmerksam gegenüber dem Spiel und den Mitspielern; er hört die Anweisungen des Trainers, die Anfeuerungen der Zuschauer: Ohne Öffnung auf das soziale Geschehen um ihn herum könnte er kein effizienter Mitspieler sein. Ein Torjäger antizipiert die Situation, die kommen wird; er löst sich von den Verteidigern, bewegt sich gegen deren Laufwege, ahnt im Voraus, wohin der Ball fliegen wird, schießt in die Ecke, die der Torwart nicht erwartet. Es gibt keinen biologisch verbürgten Torinstinkt oder gar ein Torjäger-Gen – die Fähigkeit des Schützen beruht auf einer hohen sozialen Sensibilität, Einfühlung und einem Sinn für räumliche Verhältnisse. Er besitzt, mit einem Ausdruck von Pierre Bourdieu, einen ausgeprägten *praktischen Sinn*. Im Fußball entfaltet sich dieser in gemeinsamer Tätigkeit mit den Mitspielern, auf die der Torschütze angewiesen ist. Der Spieler befindet sich in einem sozialen Kontext, den er kennt; er spürt genau, was die anderen tun werden. Er ist weder ganz draußen noch ganz bei sich – er ist mit den Sinnen zwischen außen und innen. Die innere Haltung wird von seinem äußeren Verhalten gezeigt. Nach einem verschossenen Elfmeter vergräbt sich der unglückliche Spieler in zusammengekauerter Stellung am Boden, der glückliche Schütze reckt dagegen einen Arm mit geballter Faust nach oben. Bei Freistößen aus günstiger Position stellt sich der Scharfschütze herausfordernd in Position, was bei Ronaldo an das Spektakel einer Wildwestshow erinnert. Beim Spiel gegen Schweden in Berlin trieb Ibrahimovic seine Mitspieler mit herrischen Gesten an und schüchterte mit einem wilden Einsatz seines mächtigen Körpers die deutsche Abwehr nachhaltig ein.

Kommunikation zwischen Redundanz und Chaos

Man kann das Zusammenspiel zwischen den Spielern einer Mannschaft als eine Kommunikation ohne Worte ansehen. Einen Ball zu einem Mitspieler oder in Richtung des gegnerischen Tores zu spielen ist ein Akt, mit dem man etwas übermitteln will: ein Sprechakt ohne Sprechen. Jedes Zuspiel ist ein versteckter Imperativ: Spiel den Ball weiter! Lauf in den freien Raum! Weiche auf den ungedeckten Flügel aus und bringe den Ball in eine gefährliche Situation vors Tor! Das sind sehr einfache Mitteilungen – es ist aber schwierig, ihre kommunikative Struktur in praktischen Handlungen zu verwirklichen und gegen eine andere Mannschaft zu behaupten. Auch die Gegner antizipieren die Handlungen, nicht weniger als das eigene Team, und sind fähig, die Übermittlung zu stören und der anderen Mannschaft den Ball abzujagen.

Kommunikation durch fußballerische Handlungen ist kein Austausch von Inhalten, sondern ein Durchsetzen von Handlungsstrukturen gegen eine andere Mannschaft. Sie lässt erkennen, wie Sprache funktioniert, wenn sie ausschließlich auf hinweisende Gesten angewiesen ist: Der Ball wird zum Übermittler von Aufforderungen. Er hat jedoch andere Wirkungen als die Körpergesten; er öffnet eine andere Dimension des kommunikativen Austauschs. Von seinen Bewegungen wird etwas Eigenes erzeugt, das nicht von Menschen hervorgebracht wird – *eigene* Strukturen in Form von Flugkurven, Aufsetzern, Abprallern, die nur schwer unter Kontrolle gebracht werden können. Ein Ball, der durch Zufall irgendwohin rollt, wo ihn niemand erwartet, *muss* sinnvoll weitergespielt und für den Aufbau eines neuen Spielzugs genutzt werden. Daraus entstehen die spannendsten Situationen, wenn beispielsweise der Ball vom Rücken eines Verteidigers in Richtung Tor zurückprallt, sodass sich für die gegnerischen Stürmer eine unerwartete Einschussmöglichkeit bietet.

Fußball gehört in die Sphäre des Ringens um Herrschaft: Man muss den Gegner *und* den Ball beherrschen. Er ist ein *symbolischer* Kampf und eine *reale* Auseinandersetzung um die Herrschaft der einen Gruppe über die andere.

Macht und Herrschaft zu erringen ist für beide Gegner im Profisport existentiell: Vom Sieger werden alle Vorteile, die sich aus dem Kampf ergeben, für seine Herrschaft genutzt. Er strebt danach, sie auf Dauer auszuüben. Der Sieger versucht, dem Verlierer für eine gewisse Zeit die Chance auf Rückgewinnung seiner verlorenen Position, auf jegliche Reproduktion seiner Machtmittel überhaupt zu nehmen. Er ergreift die Chance, das von ihm dominierte soziale Feld möglichst autonom zu gestalten und dauerhaft sein Gesetz zu errichten. Im Fußball der höchsten Spielklasse vollzieht sich in der Form des Spiels eine ähnliche Entwicklung wie in den ökonomischen und politischen Bereichen unserer Gesellschaft, in denen die großen »Player« ihre Dominanz zur Festigung ihrer Vorherrschaft und zur langfristigen Schwächung ihrer unterlegenen Gegner nutzen. Exemplarisch für diese Tendenz war die rabiate Strategie des FC Bayern, seinen schärfsten Rivalen die herausragenden Spieler wegzukaufen. Die Tatsache, dass der Fußball von Elementen aus der Unterhaltungswelt durchzogen ist, spricht nicht gegen seinen Ernst. Sie spricht vielmehr für eine weite Verbreitung des aktuellen Herrschaftsmusters.

Im Spiel können wir Herrschaft leichter ertragen als im Alltagsleben. Wir können Freude daran haben, sie entstehen und sich entfalten zu sehen; ihre Ausübung begeistert die Anhänger der Sieger. Dies ist möglich, weil der Sport kein *survival of the fittest*, sondern eine kulturelle Form ist, die, wie Friedrich Nietzsche schreibt, von den Griechen erfunden wurde, um dem Neid zwischen den Bürgern einer Polis eine geregelte produktive Struktur zu geben.[7] In der Moderne kommt ein weiterer Gedanke hinzu: Die im Fußball ausgeübte Macht ist nicht repressiv; sie wird den Menschen nicht von äußeren Mächten aufgezwungen. Bereits im Nachwuchstraining verinnerlichen die jungen Spieler das von ihren Trainern erwartete Verhalten. Den Druck, der zu dem erwünschten Handeln führt, üben sie sich selbst gegenüber aus. Im Jugendalter besteht Training nicht allein aus der Entwicklung motorischer und taktischer Fähigkeiten; es werden auch gut funktionierende Selbstzwänge (Norbert Elias) angelegt. Wer die mannschaftsdienlichen Mechanismen nicht annimmt, fällt aus der Nachwuchsförderung heraus. Macht wird in der sportlichen Schulung indirekt ausgeübt. Sie packt die Nachwuchsspieler bei ihrem Ehrgeiz und ihrem Wunsch, dem Trainer zu gefallen.

Kommunikation ist im Fußball ein Konflikt, bei dem beide Parteien gezwungen sind, ihr Handeln ständig auf seine Qualität hin zu prüfen. Zwischen den Mitgliedern eines Teams wird ein Verständnis darüber hergestellt, auf welche Weise sie angreifen und verteidigen wollen: ob sie den Ball in den eigenen Reihen halten, ein dichtes Netz aufziehen, in dem sie ihn mit kurzen Pässen kreiseln lassen; oder ob sie überraschende Angriffe starten, in Zweikämpfen die Gegner zu überwältigen oder durch scharfe Fernschüsse ein Tor zu erzielen versuchen. Diese Spielweisen stellen zwei verschiedene Arten der Verständigung dar: Die eine ist eingespielt, auf Routine beruhend, die andere riskant, auf Überrumpelung setzend. Sie sind zwei unterschiedliche Stile der Kommunikation; mit den von Vilém Flusser entwickelten Begriffen können sie genauer beschrieben werden.[8]

Der Vorteil von Flussers Kommunikationstheorie ist, dass sie auf alle möglichen Arten symbolischen Handelns angewendet werden kann – die Symbole müssen nicht notwendig begriffliche Bedeutungen haben. Man kann sie problemlos auf den Fußball übertragen. Flusser unterscheidet zwei verschiedene Arten von Spielen, *redundante* und *informative*. *Redundante* Spiele beruhen auf Routinen. Sie folgen genau eingeübten Regeln und lassen möglichst wenige Elemente zu, die sie stören oder verändern könnten. Eine klare Abgrenzung gegenüber der Umgebung ermöglicht ein weitgehend sicheres Zusammenspiel der Mannschaft und damit eine störungsfreie »kommunikative Übermittlung« des Balls. Ihr Nachteil ist, dass sie nur geringe Möglichkeiten der Weiterentwickelung hat, weil sie sich gegenüber Einflüssen von außen abschließt. Für ein sicheres »Ballhalten« ist dies von Vorteil, nicht aber für ein einfallsreiches Spiel. *Informative* Spiele sind hingegen Veränderungen gegenüber durchlässig; dadurch sind sie viel flexibler als die redundanten Spiele. Sie können zu offenen Spielen werden, wenn sie neue Elemente aus ihrer Umgebung oder aus anderen Spielen übernehmen. Ihre Offenheit kann so weit gehen, dass sie im Verlauf des Spiels ihre Struktur verändern. Sie können um neue Möglichkeiten erweitert werden; bestimmte Spielvarianten können durch andere ersetzt werden, wenn sie nicht erfolgreich sind. Die Fähigkeit, ein Spiel zu spielen und es dabei zu verändern, ist für Flusser keine geistige Eigenschaft; sie ist in den Körpern der Spieler verankert. Ihre Körper sind »so programmiert, dass sie über verschiedene Spielmöglichkeiten verfügen«,[9] die für Innovationen genutzt werden können. Allerdings besteht dann die Gefahr, dass sich die festen Strukturen auflösen und aus der Offenheit Chaos entsteht.

Spiele bewegen sich zwischen Redundanz und Chaos. Redundanz kann zu Starrheit, Chaos zu Zerstörung des eigenen Spiels führen. Redundanz ist im Fußball ein hohes Gut. Sie ermöglicht einen beherrschten Spielstil und eine sichere Ballführung. Dies wird auch von den Befürwortern des informativen Spiels angestrebt; insofern bilden redundante Elemente die Grundlage auch ihres Spiels. Wenn die Redundanz allerdings über ein gewisses Maß hinaus gesteigert wird, fügt sie der Sicherheit der Übermittlung nichts mehr hinzu; sie beginnt dann den Erfolg des Spiels zu gefährden. So geschieht es bisweilen im System des *Tiki-Taka*, wenn der Ballbesitz nicht mehr zum Toreschießen dient, sondern zum Selbstzweck wird. Die Störung von Routine ist hingegen ein wirkungsvolles Mittel, Situationen schlagartig neu zu organisieren und das Spiel zu verändern. Dies zeigt das Rückspiel der deutschen Nationalmannschaft gegen Schweden (2013) nach dem schon erwähnten Unentschieden in Berlin: Wie bei jenem blamablen Auftritt spielte die deutsche Mannschaft einen schönen Fußball; sie erwarb wieder spielerische Überlegenheit, schoss aber kein Tor. Als die schwedische Mannschaft mit 2:0 in Führung ging, veränderten die Deutschen ihre Spielweise grundlegend. Anstatt die Schönspielerei fortzusetzen, entschlossen sie sich zu kraftvollen, mutigen Einzelaktionen, zu Fernschüssen und energischen Dribblings. Die Änderung des Stils gab nicht nur dem Spiel die entscheidende Wende – sie zeigte den Spielern *und* dem Trainer auch, welches gestalterische Potential von der Mannschaft umgesetzt werden konnte.

Ob ein Spiel redundant oder informativ ist, wird von der *Spielkompetenz* des Trainers und der Spieler bestimmt. Fußballer werden vom Trainer auf eine bestimmte Art des Spielens eingestellt. Ihre Kreativität beweisen sie dadurch, dass sie die Einstellung veränderten Kontextbedingungen anpassen können: So wechseln sie etwa von einem Spiel, das den Ballbesitz favorisiert, zu einem geradlinigen Stürmen auf das gegnerische Tor. Durch den Bruch mit dem kreiselnden Spiel und durch das unvermittelte Umschalten in eine andere Spielweise rufen sie beim Gegner Verwirrung hervor. Bis dieser die Veränderung begriffen und darauf reagiert hat, können schon entscheidende Tore gefallen sein. Ein Trainer wie Guardiola verordnet seiner Mannschaft in der zweiten Halbzeit oft einen ganz anderen Spielstil als in der ersten. Die Entscheidung, ob man mit Redundanz weitermacht oder den Stil verändert, ist nach Flusser eine Entscheidung »zwischen Banalität und Wahnsinn«.[10] Die Banalität vergleicht er mit der »Idiotie des Stotterns«, den Wahnsinn mit einem Lallen. Was kann im Fußball als »Lallen« gelten? Man könnte an jene unberechenbaren Spieler denken, die auf allen möglichen Positionen auftauchen und die gegnerische Abwehr im Chaos untergehen lassen, an Stürmer wie Garrincha, Helmut Rahn, George Best oder Thomas Müller. Man weiß nicht, wohin sie laufen werden; man sieht nicht, wie sie an den Ball kommen; ihren Torschuss erkennt man erst, wenn der Ball im Netz zappelt. Was sie fertigbringen, passt in kein Fußball-Lehrbuch; niemand könnte sie jemals imitieren – ihr Spiel ist ein fußballerischer »Wahnsinn«. Sie sind die wahren Erfinder eines sich immer wieder erneuernden Fußballspiels.

Garrincha umspielt im Endspiel der WM 1958 einen schwedischen Abwehrspieler.

»Stottern« ist hingegen Redundanz, die verhindert, dass der Sprecher sagt, was er ausdrücken will. Die Wiederholungen der immer gleichen Silben beschädigen seine beabsichtigte Botschaft. Sie muss von den Hörern aus Wortbruchteilen zusammengesetzt werden. Wenn jemand etwas Wichtiges sagen will und stottert, ist dies eine Erregung, die nicht von der Stelle kommt. Für die Hörer ist der Anblick der großen physischen Anstrengung des Stotterers schwer aushaltbar. Im Fußball ruft eine Mannschaft, deren Spiel nicht funktioniert und wie ein defekter Motor »stottert«, bei den eigenen Fans Verzweiflung und manchmal selbst bei den gegnerischen Zuschauern körperliches Unwohlsein hervor – es ergibt sich einfach kein Spiel, dem man zuschauen mag.

Vergleichen und Begehren

Im Fußball treten die auf sich selbst bezogenen verborgenen Wünsche einer Nation an die Oberfläche. An der Spielweise ihrer Nationalmannschaft zeigt sich in glücklichen Momenten, wie die Bürger ihr Land sehen und wie sie selbst sein möchten. Wenn ihre Mannschaft so spielt, wie sie es wünschen, zeigt sie das *Ich-Ideal der Nation*.

Warum geschieht dies gerade beim Fußball?

Das Spiel mit den Füßen ist genügend weit vom Realismus des Alltagslebens entfernt, sodass man jederzeit den Gedanken zurückweisen kann, es habe eine reale Bedeutung für die nationale Selbst-Sicht: Da die Handlungen in einer verkehrten Welt vollbracht werden, könnten wir sie als irrelevant für uns und unser Land ansehen. Dennoch enthält der Fußball so viel von unserem Alltagsleben, dass seine Dramatik jedem *Tatort* überlegen ist. Während in einem Kriminalfilm der Mord am Ende aufgeklärt wird, bleibt eine Katastrophe im Fußball wie Brasiliens 1:7 oder Bayerns 0:4 bei Real Madrid in der Champions-League-Saison 2013/14 letztlich so unerklärlich wie manche unserer »realen« Erlebnisse.

Der Titel des Weltmeisters gibt den Deutschen die Gewissheit, dass sie endlich *das* sind, was sie seit Langem sein wollen – was sie in ihrer Selbst-Sicht eigentlich schon waren, ganz im Sinne von Nietzsches Forderung: »Werde, der du bist!« Der Erfolg zeigt nicht nur die Mannschaft, sondern in unserer kollektiven Sicht *auch uns selbst* im Zustand der Erhöhung, allerdings nicht in Wirklichkeit, sondern in unserer Vorstellung, und auch dies nur für kurze Zeit. Der

Motor unserer Imagination ist das geheime Begehren, so zu sein wie andere wichtige Nationen, nur noch ein wenig besser. Unser Begehren funktioniert über Vergleiche mit den anderen. Gerade Fußballer wollen den Wettkampf, wo immer er möglich ist. Ständig messen sie sich an anderen Spielern und Mannschaften.

Wer seine Wahrnehmung nach dem Wettkampf-Schema strukturiert, wird immer wieder verunsichert: Du denkst vielleicht, du könntest so spielen wie die Italiener. Sie aber haben ein feines Taktikverständnis, mit dem sie das Spiel beherrschen, selbst wenn sie eine andere Mannschaft scheinbar gewähren lassen. Ihre Gegner begreifen gar nicht, dass sie in dem Moment, in dem sie angreifen, selbst die Gejagten sind. Wenn sie glauben, sie bringen mit ihrem Angriff die italienische Mannschaft in Gefahr, laufen sie in Wahrheit ins Verderben. Denn bei einem Fehlpass, der unweigerlich einmal kommen wird, spielen die Italiener mit einem langen Pass (Pirlo!) den Ball vor das gegnerische Tor, in eine Zone, die von der angreifenden Mannschaft entblößt worden ist. Du hast dies im Halbfinale der Europameisterschaft 2012 schmerzlich begreifen müssen – jedes Tor hat sich dir eingebrannt. Mit der Folge, dass du dich danach insgeheim für einen Tölpel gehalten hast, den man leicht reinlegen kann. Du hast die Veränderung der italienischen Taktik nicht bemerkt: wie die Mannschaft mit einem Mal nach vorn in den freien Raum gerückt ist, den deine Abwehr vernachlässigt hat. Erst als sie schon das zweite Tor erzielt hatte, ist dir dein Fehler klar geworden. Immer wieder sind dir solche Dinge passiert, wenn du geglaubt hast, du seist viel stärker als sie. Wie konnte es geschehen, dass Pirlo, der Spielmacher, sich der Bewachung entzog, während du munter angegriffen hast? Pirlo, der gefährlichste, raffinierteste Spieler, der *das Italienische* in Reinkultur verkörpert, mit dem die Ehefrauen der Deutschen durchbrennen würden, wahrscheinlich aber doch nur in ihren Träumen. Auch wenn dies eine Phantasie deiner Einbildungskraft ist, gibt sie dir jedes Mal, wenn sie aus dem dunklen Grund deines Inneren aufsteigt, einen Stich ins Herz. Und da die Einbildungen wie eine wilde Schar vor den Ereignissen herspringen, bevor diese überhaupt angefangen haben einzutreten, siehst du der Begegnung mit den Italienern mit größter Sorge entgegen. Sie wächst so schnell, dass am Tag des Spiels deine Schwäche von ihr überzeichnet wird und deine Vorstellung dich deiner besten Fähigkeiten beraubt. Von den Franzosen wiederum hättest du gern die kraftvolle Eleganz ihrer Bewegungen. Jahrzehntelang hat man eure Art der Ballführung und des Dribbelns als »rumpelfüßig« denunziert. Schon wie die Franzosen auf den Platz kommen, ihre gestylten Erscheinungen, ihre Lässigkeit, ihre Trikots! Die französische Presse hat dir zu verstehen gegeben, dass euer Aussehen – jedenfalls früher – keine Gnade vor ihren Augen gefunden hat. Dir haftet das Deutsch-Provinzielle an. Wenn du sie geschlagen hast, haben sie dir hinterher eine Liste ihrer Chancen entgegengehalten, die dir demonstrieren sollte, dass du Hinterwäldler deinen Sieg einem unverdienten Glück zu verdanken hast. Es gab eine Zeit, da sogar kleine Nationen dich vorgeführt und dir gezeigt haben, wie unvollkommen dein Spiel im Vergleich zu dem ihrer smarten jungen Männer war. Holland, immer wieder Holland,

Dänemark, Portugal – demütigende Erfahrungen, die dir deutlich vor Augen geführt haben, welcher Mangel bei dir herrschte. Ihr Lauf war leichter, schneller, ihre Kombinationen intelligenter, überraschender, ihre technischen Fähigkeiten höher. Hat es euch nicht viele Jahre lang geärgert oder sogar provoziert, dass Deutschland 1954 zwar Weltmeister wurde, aber trotzdem Ungarn als die bessere Mannschaft galt? Ebenso dass die Holländer 1974 als die moralischen Sieger angesehen wurden, als durchweg talentierter, moderner, eleganter?

Alle professionellen Fußballer haben den Habitus von Wettkämpfern; sie gehen begeistert in Konkurrenzen jeder Art. Sie tun alles mit größter Leidenschaft, wenn man es nur als Wettkampf organisiert. Woher kommt dieser Wunsch, die anderen zu übertreffen, dieses Begehren, es mit den Stärken *der anderen* aufzunehmen? Auf diese Frage gibt Nietzsche eine komplexe Antwort, wie sie typisch für ihn ist, wenn er eine gefährliche Konstellation analysiert: Der Wunsch kommt aus dem Neid, schreibt er in seinem frühen Aufsatz *Homer's Wettkampf*. Es ist ein Neid, der durch den Wettkampf fruchtbar gemacht wird. Wie er wirkt und warum er positiv zu bewerten ist, erläutert Nietzsche anhand von dessen sozialanthropologischer Funktion. Selbst wenn seine Überlegungen eine frei phantasierte Entstehungsgeschichte entwerfen, geben sie Aufschlüsse über die gesellschaftlichen Wirkungen des Wettkampfs. Auf den Fußball von heute übertragen erhalten sie eine Aktualität, die Nietzsche nicht voraussahnen konnte.

In seinem Essay skizziert Nietzsche eine grundlegende Einsicht: Der zerstörerische gesellschaftliche Kampf jedes gegen jeden und das ernste Wettspiel sind eng verwandt. Oft werden sie miteinander vermischt; dies geschieht auch heute noch, wenn man beispielsweise den Fußball für eine andere Art von Krieg hält. Tatsächlich ist die Fußballsprache mit kriegerischen Metaphern aufgeladen. Jedem soll damit klargemacht werden: Fußball ist ein unerbittlicher Kampf. Aber ist er ein Krieg? Nietzsches Antwort geht in eine andere Richtung: Athletische Kämpfe finden im Modus des Spiels statt. Anders als der Krieg kann das Spiel für die Gesellschaft nutzbar gemacht werden. Als gesellschaftlich eingeführtes und institutionalisiertes Spiel bindet der Wettkampf die um Vorherrschaft ringenden Sportler durch Regeln. Wenn an die Stelle des Kriegs ein Spiel tritt, ermöglicht dieser Übergang die Entstehung von Kultur.

Nietzsche geht genealogisch vor; das heißt: Er (re)konstruiert die Entstehung des Wettspiels. Seine Darstellung wird uns zunächst etwas vom Fußball entfernen. Nietzsche entwickelt seine Thesen am Beispiel von athletischen Wettkämpfen wie den Olympischen Spielen, aber seine Einschätzung der kulturschaffenden Kraft des Wettspiels wird uns mit neuen Einsichten zu unserem Thema zurückführen. Den Prozess seiner Entstehung verlegt Nietzsche in die Frühzeit der griechischen Antike. Unter der Göttin des Neids, Eris, tobten zwischen den Griechen unerbittliche Kämpfe. In der Epoche, in der die homerischen Epen entstanden sind, erhält Eris eine neue Deutung: In einen sozialen Kontext gestellt, wird der Neid gebändigt und für die Gesellschaft nutzbar gemacht. Eris wird als Göttin des Wettstreits zu einer »guten Eris«, die »zur That des Wettkampfes« auffordert. Nietzsche betrachtet die Entstehung des Wettspiels als eine zivilisatorische Leistung ersten Ranges: Aus dem Stadium der primitiven gegenseitigen Zerstörung entstand eine kulturelle Form, die fähig war, die destruktiven Energien in einen *Agon*, einen Wettkampf nach Regeln, umzuwandeln, das heißt: in eine *kulturelle Institution*. Wo vorher die triebhafte Begierde danach trachtete, sich des Besitzes der anderen zu bemächtigen, herrscht jetzt ein Kampf um eine *symbolische Auszeichnung*, die von allen anerkannt wird.

Im antiken Griechenland wurde der Wettkampf zur Grundmatrix kultureller Werke. Er gestaltete den bösen Neid zu einem zivilisierten Handlungsantrieb um.[11] Von dieser Matrix wurde das Handeln von Athleten, Politikern und Künstlern organisiert. Sie gab den Antrieb zum Streben nach Ehre und Ruhm, zu einer Konkurrenz der Überbietung um das höchste Ziel, schuf Hierarchien innerhalb der Polis und erzeugte mythische Erinnerungen an die herausragenden Sieger. Das agonale Streben der Athleten nach einem Herausragen wurde so reguliert, dass es sich in das Gemeinwesen integrierte. Auch im Wettspiel werden die Athleten von Neid angetrieben; hier aber wird ihnen ein Handlungsfeld angeboten, in dem sie ihn legitimerweise entfalten können. Ein solches Spiel ist ein ernstes reales Geschehen; mit seiner Dramatik wirkt es auf die Athleten *und* die Zuschauer. Es ruft bei ihnen Emotionen, Einbildungen und Vorstellungen hervor, die in ihrer Psyche lange Nachwirkungen haben können und indirekt die Gesellschaft verändern: Es kanalisiert die negativen Gefühle, die gegen die anderen gerichtet sind, und codiert sie in kulturell legitimen Handlungsweisen um. Auf dieses griechische Erbe haben sich die Begründer der athletischen Wettspiele im 19. Jahrhundert ausdrücklich berufen.

In seinem kleinen Aufsatz entwickelt Nietzsche eine eigene Auffassung über das Verhältnis von Kultur und Natur: Von den natürlichen Anlagen des Menschen führt kein direkter Weg, keine Brücke zur Kultur. Dennoch spielen sie für die Herausbildung kultureller Formen eine wesentliche Rolle – allerdings nicht in dem Sinn, dass sie von der Kultur einfach überformt werden. Mit der Entstehung einer kulturellen Form werden sie in einer *neuen Struktur* des Handelns *symbolisch nachgebildet*. Die kulturelle Form des Wettkampfs hat den großen Vorteil, dass sie die natürlichen Eigenschaften des Menschen nicht leugnet. Im Kontext des Wettkampfs funktionieren sie anders als in der früheren, ungeregelten Existenz: Das Handeln und Erleben im Spiel werden zu *symbolischen* Leistungen und Erfahrungen in einem genau umgrenzten gesellschaftlichen Kontext. Eine grundlegende Bedingung des Agon ist, dass er *nicht Ernstfall* ist. Anders als Kriege werden Wettkämpfe nicht auf Leben und Tod betrieben.[12] Der Athlet richtet seinen Ehrgeiz nicht *gegen die Person* seines Konkurrenten; er bekämpft ihn nicht persönlich. Mit dem Gewinn des Titels vermindert der Sieger nicht die Lebenschancen des Verlierers. Die Folgen einer Niederlage können die symbolische und materielle Position des Athleten in seiner Gesellschaft verändern, aber sie tangieren nicht seine Rechte und seine Würde als Mitbürger. Aufgrund der Distanzierung vom Ernstfall und ihrer Symbolhaftigkeit können Erfolge in Wettspielen auf den Selbstwert der Gemeinschaft zurückwirken, der der Sieger entstammt. Das symbolische Gut, das er erringt, hat einen weitgehend imaginären Charakter.

Von Nietzsches Gedanken aus lässt sich der Wert ermessen, den der Titel eines Weltmeisters für die direkt *und* indirekt Beteiligten hat. An der Imagination des Sieges, seiner Auszeichnung und Medaille können die Bewunderer, Anhänger und Landsleute der Gewinner gemeinsam mit ihnen teilhaben. Zugespitzt gesagt: Weil das Wettspiel selbst ohne Sinn ist, kann es der ganzen Gemeinschaft Sinn geben. Tatsächlich gewinnt die Symbolik des Sieges eine umso größere Bedeutung, als sie mit den Wünschen und dem Begehren aller real *und* imaginär Beteiligten gefüllt wird. Der größte Titel mit der mächtigsten Imaginationskraft ist jener, den die meisten Menschen in ihren Wünschen begehren. Er befindet sich in einem Raum, in den alle realen Teilnehmer und emotional Beteiligten von der *eigenen* Position aus hineinblicken. Gleichzeitig erfassen sie den Sinn, den der Triumph für die *anderen*, die Gegner, hat: Sie begreifen, was sie mit den anderen gemeinsam haben, was sie mit ihnen vereint.[13]

In der Frühzeit des Fußballs strebten die Spieler nichts anderes als symbolische Gewinne an. Allerdings begann man schon im 19. Jahrhundert, den symbolischen Triumph des Sieges materiell zu vergüten. Auch heute ist die Höhe des Geldes, das ein Spieler im Fußball verdienen kann, in den oberen Ligen wesentlich von seinem symbolischen Wert abhängig: Ein Fußballer verdient nicht Geld, weil er spielt. Es ist anders als bei einem Maurer, der seinen Lohn erhält, weil er arbeitet. Vielmehr verdient der Fußballer sein Geld, weil er gut spielt. Ein sehr guter Spieler verdient sehr viel Geld, unverhältnismäßig viel mehr als ein guter Fußballer. Bei den Stars geraten solche Proportionen aus dem Gefüge – ihre Gehälter und Einnahmen entsprechen keiner realen Leistung mehr. Sie werden aufgrund der Phantasievorstellungen von Clubpräsidien, Fernsehkanälen und Werbefirmen festgelegt, ähnlich wie die Gagen von erfolgreichen Showstars. Aus dem ursprünglich sinnfreien Wettkampf ist seit dem Ende des 19. Jahrhunderts eine bedeutende soziale Struktur entstanden. Den Weg dorthin werden wir im nächsten Kapitel verfolgen.

When shall we three meet again?
WILLIAM SHAKESPEARE, *MACBETH*

3
Macht und Mythen

Der Fußball wurde im 19. Jahrhundert erfunden, um den Tobereien und Kämpfen von Schülern an elitären Public Schools einen Raum zu geben, in dem sie ihre Wildheit legitim ausleben konnten – unter der Bedingung, dass sie dabei die neu formulierten Regeln respektierten. Die Transformation der bösen Eris in eine gute wurde von einfallsreichen Pädagogen angeleitet. Der pädagogische Raum ist wesentlich symbolisch strukturiert. In der Schule sind die Handlungen der Jugendlichen nicht auf praktische Zwecke gerichtet, sondern dienen dem Lernen symbolischer Techniken – Lesen, Schreiben, Rechnen, Grammatik, Fremdsprachen, auch der Sportunterricht besteht aus »Strukturübungen« (Pierre Bourdieu), die innere Haltungen und mentale Techniken produzieren. Von seiner schulischen Herkunft hat der Fußball eine Tendenz zur Regulierung des Verhaltens und eine Affinität zu symbolischen Strukturen erhalten, die man bis heute erkennen kann. Im Lauf seiner Entwicklung hat er innerhalb kurzer Zeit eine imaginative Komponente aufgebaut und sie, ähnlich wie es im antiken Agon geschah, zu einer Mythologie weiterentwickelt.

Als der Fußball entstand, nahm er sich die Räume, die er brauchte. In der ersten Zeit waren es große Felder – die Rasenflächen von Internaten, die nicht genutzten Räume von Industriebrachen, Exerzierplätze, die Freiflächen am Rande der Stadt wie das Tempelhofer Feld in Berlin. Das Fußballspiel drang sehr schnell in die inneren Bereiche der Städte und Häuser ein; es wurde auf Straßen und Höfen gespielt, in Turnhallen, in Hauseingängen, in den Korridoren von Wohnanlagen, in den Wohnungen selbst.

Aber beim Fußball braucht man doch Platz zum Spielen!

An diesen Gedanken haben wir uns gewöhnt, weil die Fußballplätze große Abmessungen haben. Man kann ihn aber auch auf engstem Raum spielen, sogar mit größtem Vergnügen – die Virtuosität steigt, die Geschicklichkeit, die Reaktionsschnelligkeit, die räumliche Orientierung, das Gefühl für den Ball und die Mitspieler. Die Weite des Feldes wird dabei gleichsam eingefaltet.

Wie kann man sich dann auf dem Feld zurechtfinden?

In der käfigartigen Enge des Spiels auf kleinstem Raum wird zugleich das große Feld imaginiert. Natürlich kann man sich danach nicht gleich auf den großen Fußballplatz einstellen, aber die Fähigkeiten der Ballbehandlung: die räumliche Orientierung, der Blick für die offenen Räume, die Antizipation zukünftiger Möglichkeiten bleiben. Denke daran, dass Mario Götze seine außergewöhnliche Reaktionsschnelligkeit und seine Fähigkeit, die Bewegungen anderer Spieler vorherzusehen, beim Fußballspielen mit seinem Bruder im Kinderzimmer erworben hat.

Vom freien Feld zum Stadion

Das Merkmal des Fußballs im 19. Jahrhundert war ein offener Raum. Am Anfang hatte er noch kein durch Seitenlinien begrenztes Spielfeld. Sein volkstümlicher Vorläufer, der *folk football*, fand auf offenen Feldern statt.[1] Dies waren Volksspiele, die seit dem Mittelalter in England gespielt wurden, zwischen zwei Dörfern, quer über die abgeernteten Felder. Es ging darum, einen Ball (oder seinen Vorgänger, eine Schweinsblase) über das Land zu treiben und mit dem Einsatz des ganzen Körpers gegen den Widerstand der anderen Mannschaft in das Dorf der anderen zu spielen und ihn dort durch ein symbolisch wichtiges Tor zu schießen – beispielsweise durch das Stadttor oder den Eingang zum Rathaus.

Es war ein Spiel von Männern und Jungen jeder Altersklasse, weitgehend ohne Regeln. Es entwickelte sich ungeordnet, je nach lokalen Besonderheiten, und ließ einen ebenfalls nicht begrenzten Spielraum körperlicher Gewalt zwischen den Mannschaften zu. Dabei kam es aufgrund der vielen Verletzungen zu geradezu sprichwörtlichen Auseinandersetzungen, die die Obrigkeit und ihre Verbote auf den Plan riefen. Die Entwicklung des *folk football* zu einem Spiel an englischen Internaten markiert einen Bruch zwischen den Spielen auf dem Land und in den schulischen Institutionen:[2] Man legte Regeln fest, die die Dauer des Spiels, die Zahl der Mitspieler und ihre Altersklassen bestimmten. Im Prozess der Regulierung des Fußballs umgrenzte man das freie Feld. Als Spielfeld wurde es aus seiner Unendlichkeit und Unbestimmtheit in den gesellschaftlichen Raum geholt.[3]

Das unbegrenzte Feld ist eine Vorstellung, die den Anfang des Fußballspielens in der Lebensgeschichte vieler Spieler prägt. Seine Symbolik wirkt bis heute in ihrer Einbildungskraft nach. Welche Assoziationen verbinden wir mit diesem Ort? »Freies Feld« findet man als Szenenangabe in der Dramatik; in Shakespeares *Macbeth* ist es der Ort, wo sich die drei Hexen treffen (»ein verlassener Ort«). Die Bedeutungsassoziationen des »Freien Feldes« sind äußerst unbestimmt – wie es dargestellt wird, ist der Phantasie des Lesers oder des Regisseurs überlassen. Was stellen wir uns vor, wenn wir an das Freie Feld denken? Einfacher ist es, zu fragen, was *nicht* in unserer Phantasie vorkommt: Begrenzungen, eine klare Horizontlinie. Hier gehen Himmel und Erde ineinander über; die Fläche des Feldes ist mit Gras oder anderen Pflanzen bewachsen, die ihre Wurzeln in der Erde haben; so erhält auch die Tiefe der Erde auf dem Feld sichtbaren Ausdruck. Das Feld hat keine Umgebung, keine internen Markierungen, keine Gebäude oder Höfe stehen darauf. Es ist ein offener Raum, der keine Merkmale hat, die für die Zivilisation typisch sind. Das Freie Feld liegt außerhalb der Ordnung unserer Zivilisation – ein Raum wie vor unserer Zeit, vor unseren Normen, Standards, Grenzen, Besitztiteln. Vergleichbare Räume, die einen ähnlich vorzivilisatorischen Stand ausdrücken und die Phantasie der Autoren des 19. Jahrhunderts nicht weniger angeregt haben, sind die Steppe, die Prärie, die Savanne, die Pampa, die Wüste – es ist eine Welt vor Entstehung der Gesellschaft.

In einer solchen Umgebung hat sich Rousseau die Menschen in ihrer Frühzeit vorgestellt:[4] Die Welt war leer und frei; sie gehörte niemandem. Auf der Weite der Felder und

Steppen bewegten sich vereinzelte Menschen, trafen einander zufällig, pflanzten sich fort und trennten sich wieder. Das Freie Feld war gekennzeichnet von Besitzlosigkeit, ständiger Bewegung, dem Zufall der Begegnungen, der Abwesenheit von Streit und Macht; es gab keine Akkumulation von Gütern oder anderen Werten. Es war Rousseaus genialer Einfall, das Freie Feld als Ausgangspunkt seiner imaginären Zivilisationsgeschichte zu nehmen. Von einem entscheidenden Moment an wird die Historie in Bewegung gesetzt: durch die Umzäunung eines Stücks Land. Mit diesem Akt der Grenzziehung wird aus der Unendlichkeit des Freien Feldes eine kleine Parzelle herausgetrennt und von einem einzelnen Menschen in Besitz genommen – ein Akt willkürlicher Machtanmaßung. Die Schaffung von Besitz durch einen Einzelnen muss den Widerspruch aller anderen Menschen erregen, die das Feld bewohnen: Die gewaltsame Aneignung ruft eine Gegengewalt hervor, die dem Täter den Besitz entreißen will. Mit der Umzäunung entstehen Macht, Gewalt, Konflikt und Konkurrenz.

Rousseaus Imagination wird vom Fußball als Spiel aufgeführt: Das Fußballfeld erhält Seiten- und Auslinien; es wird geschlossen. Im Fußballspiel geht es um Herrschaft über ein Territorium. Wie in der Gesellschaft wird der Kampf bestimmten Regeln oder Gesetzen unterworfen.[5] Auch nach der Eingrenzung des Fußballs auf ein Spielfeld bleiben einige wichtige Verbindungen mit der Vorstellung des Freien Feldes erhalten. Daran erinnern, wenn auch in rudimentärer Form, bestimmte Spielweisen, die man überall auf der Welt findet: Fußball findet auf Rasenflächen, in Parks, auf Straßen, Plätzen, zwischen Wohnblöcken statt, ohne dass Grenzlinien gezogen und Tore markiert werden: Man spielt, so weit man laufen kann; man holt den Ball unter Autos, hinter Zäunen, aus Gärten hervor und kickt einfach weiter, als habe es keine Unterbrechung gegeben. Der Fußball braucht Raum, aber er erzeugt auch Raum, indem man die Spielwege durch Drehen, Schlängeln, Umspielen, Vor- und Zurückpassen verlängert. Es entsteht ein Raumkonzept, wie es Leibniz entwickelt hat: als einen in sich gefalteten Raum. Dieser bietet dem Spiel eine ungeheure Möglichkeitsdichte. Zidane hat mit seinen Freunden in den langen Korridoren der Sozialwohnungsbauten von Marseille das Fußballspielen gelernt; Maradona war Anführer von Jungenbanden, die sich auf den Freiflächen am Stadtrand von Buenos Aires zum Fußballspielen trafen; Beckenbauer und Netzer halten den Straßenfußball ihrer Jugend für eine unverzichtbare Lehrzeit. Bis heute ist das Freie Feld der Generator ursprünglicher Spielfreude.

Dass es im Fußball um Besitzansprüche auf das Feld geht, sieht man schon daran, wie das Ergebnis festgestellt wird. Wenn der Ball von der angreifenden Mannschaft über die Torlinie gebracht wird, erhält sie ein »Tor«: Sie hat aus dem materiellen Gehäuse ein *symbolisches* Tor geraubt und dadurch im Geiste ihren Besitz vergrößert. Der Besitz von Teilen des Feldes ist eine flüchtige Angelegenheit. Er kann rasend schnell auf den Gegner übergehen, wenn dieser den Ball erobert und einen langen Pass vor das andere Tor spielt. Über weite Strecken ist das Fußballspiel ein Spektakel von wechselnden Raumgewinnen und -verlusten. Der permanente Wechsel ist keineswegs ein belangloses Geschehen – jedes vorandringende Ausbreiten des Raum-

René Burri, Tuilerien, Paris, 1967 – Fußball in den Gärten des Louvre, der Pfarrer als Organisator des Spiels

besitzes lässt auf den definitiven Gewinn eines Tores hoffen. Gelungene Angriffe sind wie Raubzüge. Bei einer stabilen Abwehr ist es unwahrscheinlich, dass ein Tor gleich mehrere Male hintereinander symbolisch beraubt wird. Denn der Schock eines Gegentors ist meistens so groß, dass die verteidigende Mannschaft alles tut, um mit dem Verlust des symbolischen Eigentums nicht auch noch die Ehre zu verlieren.

Die Umgrenzung eines Stücks Land schneidet nicht nur eine Parzelle aus dem Freien Feld heraus. Über der Fläche des grünen Rasens wird im Fußball zugleich ein *symbolischer* Raum errichtet. In ihm gelten die Regeln des Fußballspiels. Sie stellen eine Liste von Verboten auf, die für die Identität des Spiels besonders wichtig sind: neben dem Handverbot etwa die Verbote, den Gegenspieler festzuhalten, zu stoßen, zu treten, ihn umzurennen, hinter dem Tor weiterzuspielen, in die Zuschauerränge einzudringen … Der Raum wird in unterschiedliche Zonen gegliedert, für die verschiedenartige Verhaltensregeln gelten – der Strafraum mit der Elfmeter-Markierung, der Fünfmeterraum, der Bereich für die Trainer, die Ersatzbank. Über den physischen Raum des Spielfelds wird ein symbolisches Netz gelegt, das den Aktionen der Spieler in diesen Zonen bestimmte Bedeutungen gibt. Ganz ähnlich geschieht es in Ritualräumen wie in jenen der Kirche. Auch dort gibt es Verhaltensvorschriften, Verbote, eine Raumordnung und ein symbolisches Netz, das allerdings grundlegend anders als im Sport beschaffen ist.

Mit dieser Beobachtung erschließt sich die Eignung des Fußballs für symbolische Deutungen: Nicht nur das

Spielfeld wird in symbolischer Perspektive betrachtet – über den Raum des Fußballs werden *mehrere* verschiedene Symbolnetze gelegt. Eines ist das der Klassen- und Gruppenzugehörigkeit, ein anderes das der regionalen Identität. Seit seinen Anfängen wird Fußball von Menschen unterschiedlicher sozialer Zugehörigkeit gespielt. Zu Beginn waren es nicht nur Schüler und Studenten von elitären Institutionen, sondern auch Arbeiter, also Vertreter der gesellschaftlichen Unterschicht. Erst später beteiligten sich auch die mittleren Schichten am Spiel. Die einen wie die anderen schlossen sich zu Vereinen zusammen, in denen sie unter ihresgleichen waren. Mit ihren Anhängern, Zuschauern und Mäzenen fühlten sie sich in ihrer Gemeinschaft zu Hause. In den Spielen zwischen Mannschaften aus verschiedenen sozialen Klassen hatten Symbole der sozialen Zugehörigkeit und der regionalen Identität eine äußerst wichtige Rolle inne. Mit ihnen zeigten die Spieler ihren Stolz auf ihre gesellschaftliche Herkunft und lokale Verankerung. Im Fußball wurde schon sehr früh ein besonderer Raum aufgespannt, in dem Unterschiede und Antagonismen zwischen sozialen Klassen ausgedrückt wurden. Wie der formale Konsens zwischen beiden disparaten gesellschaftlichen Gruppen mit ihren unterschiedlichen Symboliken möglich wurde, zeigt ein Blick auf die Frühgeschichte des Spiels.

Das wilde Spiel wird reguliert

Der Raum des Fußballs wurde dadurch errichtet, dass eine von den Vereinen und Spielern anerkannte Institution die Macht erhielt, die Spielpraktiken zu vereinheitlichen und mithilfe von Regeln zu normieren. An der Vorgeschichte der drei miteinander verwandten Spiele Fußball, Rugby und American Football lässt sich erkennen, dass es bereits vor ihrer Entstehung besondere Institutionen gab, die im Gründungsprozess ihre Macht auf diese Spiele ausdehnten, wie die elitären Public Schools von Harrow, Eton und Rugby. Als Internate waren sie in der Lage, in das Freizeitverhalten ihrer Schüler gestaltend einzugreifen.[6] Schon in der Aufklärungszeit hatte eine Reihe von Erziehern begriffen, dass das Spiel als ausgezeichnetes pädagogisches Instrument eingesetzt werden konnte, wenn die Schüler von den Lehrern dazu gebracht werden sollten, sich selbst zu regulieren. Es kam darauf an, die Zöglinge dazu anzuleiten, die ihnen vorgegebenen Prinzipien freiwillig in ihr Verhalten zu übernehmen. Von den Public Schools wurden für dieses Unternehmen keine philosophischen Motive beansprucht; es wurden nicht Rousseau, Kant und Schiller bemüht (wie in der deutschen Pädagogik) – sie hatten ganz pragmatische Gedanken. Es ging zuerst einzig darum, ein Spiel nach einheitlichen Regeln zu organisieren, sodass die Schüler wussten, woran sie sich zu halten hatten.[7] In der ersten Zeit war dies alles andere als klar – jede Schule hatte ihre eigenen Regeln; hinzu kam ein Regelwerk von Studenten der Universität Cambridge, das im späteren Verlauf der Debatten zwischen den regulierenden Institutionen eine wichtige Rolle spielte.

Die Regelstruktur, die sich allmählich durchsetzte, traf wichtige Vorentscheidungen: wer gegen wen spielen durfte (zuerst nur die Schüler der eigenen Anstalt untereinander, dann gemeinsam gegen Zöglinge einer anderen Schule), welche Handlungen erlaubt und welche verboten waren, welche Strafen bei Regelverstößen ausgesprochen wurden und wie die Sieger zu ermitteln waren. Damit war ein neues Spiel mit exklusivem Charakter entstanden. Es schloss all jene aus, die nicht der regelsetzenden schulischen oder universitären Institution angehörten. Andere Schulen mit ähnlichem Rang wurden zu Wettkämpfen herausgefordert. Zugelassen wurden auch Vereine, die von den Ehemaligen der Schulen und Universitäten gegründet worden waren. Bei jeder Begegnung zwischen Mannschaften verschiedener Schulen stellte sich die Frage, nach wessen Regeln gespielt werden sollte. Eine übergeordnete Instanz, die die unterschiedlichen Regeln der verschiedenen Erziehungsanstalten vereinheitlichen konnte, gab es noch nicht.

Kurze Zeit später entstanden auch außerhalb der elitären Bildungseinrichtungen, am anderen Ende des sozialen Spektrums, ähnliche Arten des Fußballspiels. In den englischen Industrieregionen ging diese Entwicklung von den Arbeitern aus. Erstaunlicherweise kam es zu Spielen zwischen Arbeitern und ehemaligen Schülern der Public Schools. Statt der Berührungsängste oder Abstoßungsreaktionen, die bei den gewaltigen Unterschieden des sozialen Status und der Lebensverhältnisse von Arbeitern und Angehörigen der Oberschicht zu erwarten gewesen wären, setzte sich die Leidenschaft des Spiels gegen die Klassenunterschiede durch. Dass dies schon in der Frühzeit des

Fußballs möglich war, kann als eine seiner größten Leistungen angesehen werden. Schließlich machte es einen entscheidenden Unterschied aus, ob man das Spiel als Schüler oder Student aus der britischen Führungsklasse nach dem Unterricht oder als Industriearbeiter in arbeitsfreien Stunden betrieb. In *einem* Punkt führten die Gegensätze der materiellen Verhältnisse allerdings zu Konflikten: In den Arbeitervereinen erhielten einige Fußballer Geld für ihr Spiel. Nach längerem Zögern nahmen die Clubs der Oberklasse dies hin, verlangten aber nach einer Kontrolle der Spielergehälter durch eine unabhängige Instanz.

Notwendige Bedingung für die Verbreitung des Spiels in der englischen Gesellschaft war die Vereinheitlichung von Regeln und Kontrolle. Eine von den Bildungsinstitutionen unabhängige autonome Instanz wurde 1863 eingerichtet, ein Verband mit Aufsichtsbefugnissen, die Football Association (FA). Auf der konstituierenden Versammlung beschloss er ein verbindliches Regelwerk. Die Mehrheit entschied sich für die »Dribblingsvariante des Spiels« und gegen die härtere Spielweise der Rugby-Schule. Treten, Beinstellen und Laufen mit dem Ball in der Hand wurden verboten.[8] Die Anhänger der Rugby-Variante verließen die Versammlung und gründeten später einen eigenen Verband. In der ersten Zeit erlaubte die FA noch das Fangen des Balls mit der Hand, untersagte es aber später. Mit diesem Verbot hatten sich zwei unterschiedliche »Football-Codes« gebildet. Die Fußballregeln galten als weniger grob als jene des Rugbys, jedoch nicht als weniger männlich. An der Demonstration von Männlichkeit waren Eliteschüler wie Arbeiter in gleicher Weise interessiert.

Fußball und Rugby entwickelten sich in verschiedene Richtungen und bildeten ihre je eigene Geschichte. Die FA gab sich liberalere Statuten als die übrigen Verbände, sodass der Fußball seinen elitären Charakter verlor. Eine ihrer wichtigen Funktionen war die Aufsicht über den korrekten Verlauf der Spiele. Angesichts der zahlreichen und hohen Wetten im englischen Sport war dies möglicherweise das entscheidende Motiv für die Gründung der FA. Sie nahm auch die Aufsicht über die Bezahlung der Spieler wahr und konnte so wesentlich zur Entschärfung des Konflikts zwischen Amateuren und Berufsspielern beitragen. 1888/89 wurde eine überregionale englische Liga eingeführt, die Leistungsvergleiche zwischen den verschiedenen Landesteilen und Städten möglich machte.

Unabhängig vom englischen Fußball hatte sich in den USA an den angesehenen alten Ostküsten-Universitäten (der »Ivy League«) das Footballspiel entwickelt. Auch im American Football gab es zunächst eine Auseinandersetzung um die Gestaltung der Spielregeln: ob nach den Regeln von Rutgers, Harvard oder nach denen von Yale gespielt werden sollte.[9] Auch hier setzte sich *eine* Variante durch. Von einem neu gegründeten Verband wurde ein einheitliches Regelwerk festgelegt und seine Einhaltung überwacht. Eine Übernahme der Fußballregeln von der ehemaligen Kolonialmacht England stand in den USA nie zur Debatte. Als der Fußball seine Expansion von England aus begann, existierte in den USA bereits eine etablierte Football-Kultur.

Kollektive Einbildungskraft

Bereits in der Entstehungszeit des Fußballs erhielt der Gemeinschaftsaspekt eine symbolische Funktion: In vielen englischen Regionen entstanden Vereine, die schon sehr früh integrative Wirkungen entfalteten. Sie stellten lokale Zugehörigkeit sinnlich dar und drückten soziale und kulturelle Eigenheiten aus, die im Leben ihrer Anhänger eine bedeutende Rolle spielten. Die Namen, Farben, Wappen, Hymnen der Clubs nahmen traditionelle regionale Motive auf. Die Werte, die sich mit einer Stadt oder Region verbanden, wurden in einer *éducation sentimentale* (»Erziehung der Herzen«) von den Anhängern der Vereine angenommen.[10] In den Auseinandersetzungen im Umfeld der Spiele spiegelten sich die Differenzen und Spannungen zwischen Vororten und Zentrum, östlichen und westlichen Stadtteilen, zwischen reichen und armen Clubs, Norden und Süden, Arbeiter- und Mittelschichtvereinen.

Mobilisierende Kraft entfaltete die regionale Symbolik vor allem in den englischen Pokalwettbewerben. Von der Saison 1878/79 an organisierte die FA Spiele um den englischen Fußballpokal, die von Anfang an die Identifizierung und Loyalität mit der jeweiligen Region anfachten. Wohlhabende Geschäftsleute beteiligten sich großzügig an der Unterstützung lokaler Vereine. In der Arbeiterschaft gab es die Bereitschaft, Eintritt für die Spiele zu bezahlen. Bekannte Clubs mussten nach Losverfahren gegen unbekannte antreten – die Kleinen konnten plötzlich gegen die Großen gewinnen. Die Aussicht auf einen solchen Prestigeerfolg mobilisierte den Stolz und die Einbildungskraft der

Fußballfreunde jeder Region. So konnte es geschehen, dass ein kleiner Verein aus einer der unteren Ligen in das Pokalfinale einzog. Bei der traditionellen Austragung des Pokalfinals in London, später im Wembley-Stadion, war regelmäßig ein Vertreter des Königshauses anwesend. Der Fußball erhielt sowohl »von unten« als auch »von oben« den Status einer Nationalkultur.

In manchen prominenten Fällen stärkten Triumphe im Fußball das Selbstbewusstsein der Bevölkerung von Regionen, die sich in Zeiten wirtschaftlicher Schwierigkeiten befanden. Mit der Hinwendung der Mannschaft zum Publikum und mit ihrer Spielweise, die dem typischen Verhaltensstil der Einwohner einen fußballerischen Ausdruck verlieh, gab sie diesen den Stolz auf ihre lokale Zugehörigkeit zurück. An der Handlungsweise, am Stil und am Charakter »ihrer« Mannschaft zeigt sich bis heute sinnlich erfahrbar, was eine Region und ihre Bewohner ausmacht. Eine solche symbiotische Übereinstimmung des Vereins mit den Eigenheiten der Bevölkerung wird in der Einbildungskraft seiner Anhänger hergestellt. Ihre Wirkungen auf die Selbstwahrnehmung der Beteiligten sind jedoch real. In den Augen des Publikums erscheint die Region als *eine Kraft*, die das erfolgreiche Auftreten der Mannschaft möglich gemacht hat. Man kann hier eine zweifache Verwandlung erkennen: die Transformation der Merkmale einer Region in eine fußballerische Kraft *und* die Verwandlung dieser Kraft in das (von den Anhängern geglaubte) *Wesen* eines Vereins.

Auch auf dem europäischen Kontinent findet man seit Langem Wirkungen dieser Art. Manchmal geht der Erfolg auf die Arbeit eines in der Region verankerten Trainers oder Managers zurück, auf die effiziente Förderung durch einen ansässigen Industriepatron (wie bei Juventus Turin, in Wolfsburg oder Leverkusen), die bedingungslose Unterstützung durch reiche lokale Mäzene und Banken (wie bei Real Madrid) oder eine erfolgreiche Nachwuchsförderung (wie bei der legendären »Fohlenmannschaft« Borussia Mönchengladbachs). Herausragende Beispiele sind Borussia Dortmund und der FC Barcelona, die als Symbole des Ruhrgebiets beziehungsweise Kataloniens angesehen werden. Beide Vereine tragen durch eine Art Künstlertum ihres Spiels zur Erhöhung des Regionalstolzes bei. Auf der anderen Seite wird die ökonomische Stärke eines großen städtischen Einzugsgebiets (FC Bayern ist dafür ein Beispiel) wie in einem Brennglas gebündelt durch die Erfolge des Vereins sichtbar gemacht.

Transformationen dieser Art haben *mythischen* Charakter. Sie sind, wie wir noch sehen werden, typisch für den Fußball. Die mythische Beschaffenheit entfernt den Blick auf die Vereine von einer realistischen Sichtweise auf die realen Verhältnisse. So stellen sich Schalke 04 und Borussia Dortmund bevorzugt als Arbeitervereine dar. Schon in der Zeit der legendären »Schalker Knappen« in den dreißiger Jahren wurden die bekannten Spieler illegal bezahlt; ihre Arbeit in der Zeche verrichteten ihre Kollegen, während sie auf dem Fußballplatz wie Profis trainieren konnten. Heute ist der Trikotsponsor Schalkes die russische Oligarchenfirma Gazprom. Dortmund war nie eine Arbeiterstadt; der Geschäftsführer der Borussia ist Mitglied der CDU; ihre Spieler sind hoch bezahlte Profis; der Verein ist an der Börse notiert. Die Klage über das Wegkaufen der besten

Spieler durch Bayern München ist berechtigt, hindert den BVB aber nicht daran, das Gleiche zu tun (zum Beispiel Marco Reus' Transfer von Mönchengladbach nach Dortmund). Lokale und regionale Zugehörigkeit beruht zu einem nicht geringen Teil auf Imagination.[11] Das Besondere des Fußballs ist jedoch, dass er, wie im Fall von Schalke 04 und Borussia Dortmund, einen besonderen Stil erfolgreich ausprägen kann und der lokalen Gemeinschaft ein Idealbild mit Zügen der sozialen Wirklichkeit vorhält. In diesem erkennt sie wiederum Ähnlichkeiten mit sich, die sie in ihr eigenes Selbst-Bild übernimmt. Es ist ein Prozess, in dem sich beide Mythen einander anpassen.

Um zutiefst gegensätzliche Lebensstile und Überzeugungen geht es oft bei den »Derbys« zweier Städte oder Stadtteile. Als Fehden wahrgenommen, sind sie an die jeweilige städtische Kultur gebunden und vereinnahmen alte lokale Symboliken. Ihr Hintergrund sind in der Stadtgeschichte tradierte Spannungen zwischen verschiedenen Vierteln, Einwohnergruppen, Konfessionen, sozialen Klassen oder Konflikte mit Nachbarstädten. Exemplarisch stehen die kulturellen Gegensätze des HSV vom noblen Rothenbaum und des FC St. Pauli mit der Nähe zur Reeperbahn, die Opposition von Köln und Düsseldorf, die sich in der »Feindschaft« des 1. FC und der Fortuna ausdrückt, die tiefe innerbayerische Spaltung zwischen den Bayern und den Münchner Löwen. Die Sympathie für den einen Verein ist total inkompatibel mit positiven Gefühlen für den jeweils anderen – wer für den einen Verein ist, kann unmöglich einen Hauch Sympathie für den anderen empfinden. Dies ist keine Frage der Entscheidung, sondern beruht auf Weltanschauung, Lebensstil, Herkunft, Familie. Diese unbedingte Haltung erscheint wie ein Überrest vergangener Fehden; sie wird im zyklischen Kalender des Fußballjahrs regelmäßig erneuert und vom Fan-Nachwuchs begeistert übernommen. Die jungen Fans erinnern Fahnen schwingend, regionale Hymnen singend, ewige Rache schwörend an unvergessene Helden und Siege, die tief im regionalen Gedächtnis verankert sind. Ihre wesentlichen Träger sind fußballverrückte Gruppen und Originale, die sich an alles erinnern, was jemals die Besonderheit des Vereins ausgemacht hat – an Altspieler wie »Ente« Lippens, Jimmy Hartwig, Uwe Seeler, »Radi« Radenković, an Fans, Betreuer, Masseure, Maskottchen aus vergangenen Zeiten. Ihre Erzählungen verleihen den komischen Käuzen unter den Zuschauern und den verrückten Spielern Kultstatus. Der regional bezogene Fußball hat seine traditionellen Orte des Versammelns, des Feierns, Gedenkens und des Trauerns, seine Mythen von symbolischen Kriegen und Heldentum, die von Generation zu Generation weitergegeben werden. Es ist eine typisch männlich geprägte Kultur, was die Beteiligung von Frauen und Mädchen jedoch keineswegs ausschließt.

Der Blick von außen – die Mythologie

Was unterscheidet die Innensicht der am Fußball Beteiligten und die Betrachtung von außen, von den Zuschauersitzen, dem Redaktionsschreibtisch und den Bildschirmen aus? Spieler, Trainer und Betreuer stehen unter hohem Handlungsdruck; sie müssen das Geschehen in der Unmittelbarkeit des Handelns praktisch verstehen und blitzschnell auf Chancen und Gefahren reagieren. Journalisten, Kritiker, Zuschauer hingegen projizieren ihre eigene Sichtweise aus der Außenperspektive auf das Spiel. Sie begehen einen Fehler, den Pierre Bourdieu den »scholastischen Irrtum« nennt.[12] Er besteht darin, dass man die *eigene* Betrachtung und Einschätzung des Spiels aus der Perspektive desjenigen, der *nicht im Spiel* handelt, für diejenige hält, die der Spieler auf dem Platz hat oder haben sollte. Problematisch ist die »scholastische Sicht«, weil die Beobachter sich nicht bewusst sind, dass ihre Perspektive nicht mit der Sichtweise der Spieler übereinstimmt. Aus der Perspektive der am Spiel Beteiligten sieht das Geschehen ganz anders aus als von außen.

In der Innensicht des Fußballs dominieren praktische, technische und spielstrategische Aspekte: Kondition, Koordination, Taktikvariationen, Eckball- und Freistoßverhalten, Zusammenspiel der einzelnen Mannschaftsteile, medizinische Behandlung. Das hochkomplexe Spiel wird in der Vorbereitung analytisch in Übungseinheiten zergliedert, in den Einzelteilen immer wieder eingeübt und am Ende zusammengesetzt. Das Training hat den Anschein, wie eine Produktionsmaschinerie zu funktionieren, bei der alle Elemente so lange bearbeitet werden, bis sie reibungslos funktionieren und zusammenpassen. Es werden aber keine Gegenstände hergestellt. Vielmehr werden die Spielerkörper gelehrig gemacht; sie werden mit dem Ziel trainiert, einen höherwertigen Könnensstand zu erreichen.

Mit Industrieproduktion hat dies nicht das Geringste zu tun. Minutiöses körperliches Üben wird überall dort vollzogen, wo es um Kultivierung des menschlichen Körpers geht, wie im Tanz, beim Erlernen eines Musikinstruments, in der Theaterausbildung oder der Sprecherziehung. Beim Fußballtraining lernen die Spieler, sich auf das Handeln ihrer Mitspieler einzustellen, ihre Reaktionen zu antizipieren, gemeinschaftliche Aktionen zu vollziehen, sodass ein »blindes Verständnis« in der Mannschaft entsteht. In diesem Prozess bilden die Körper eine Sensibilität für die Handlungen der Nebenspieler aus. Ihre Wahrnehmung entwickelt sich weiter, sodass sie eine Spielsituation unmittelbar deuten und die kommenden Züge vorwegnehmen können. Jeder einzelne Spieler ist darauf vorbereitet, in entscheidenden Situationen blitzschnell das Richtige zu tun. Dies ist nur möglich, wenn er sich einer umfassenden Disziplinierung aussetzt, die die Wahrnehmungs- und Entscheidungsfähigkeit des Körpers ausbildet.

Aus dem Training kleiner Gruppen entsteht ein arbeitsteiliger Verbund, dessen Glieder selbstständig handeln können. Sie verinnerlichen die vom Trainer vorgegebenen strategischen Grundsätze, taktischen Regeln und Ziele des Handelns. Michel Foucault nennt das Ergebnis von komplexen Prozessen praktischen Übens »Disziplinen«.[13] Erfolgreiche Mannschaften bestehen aus Spielern, die jahrelang die Inkorporierung disziplinärer Handlungsfähigkeit eingeübt haben. Schon als Assistent von Jürgen Klinsmann gab Jogi Löw 2006 die Devise aus: »Högschte Disziplin!« (im WM-Film von Sönke Wortmann). Im Rückblick auf seine Arbeit am deutschen WM-Team von 2014 sagte er: »Es begann schon 2004 zusammen mit Jürgen Klinsmann. Wir standen damals vor der Frage, wie wir es schaffen können, eine Mannschaft so weiterzuentwickeln, dass sie irgendwann mal um einen Titel mitspielen kann ... Mit einigen (Spielern) bin ich ja schon einen langen Weg gegangen. Mit Miroslav Klose, Per Mertesacker, Philipp Lahm ... und auch mit Bastian Schweinsteiger, Lukas Podolski habe ich zehn Jahre lang zusammengearbeitet.«[14]

Im Fernsehen und auf den Sportseiten der populären Presse wird selten über das Einüben von Disziplinen berichtet. Es gibt überhaupt ein geringes Interesse daran, wie Höchstleistungen vorbereitet werden. Offensichtlich will das Publikum einzig das fertige Produkt genießen und sich der Illusion hingeben, dass es schlichtweg der Genialität der Akteure entspringt. Ihre wesentliche Arbeit sehen Journalisten meist darin, die dramatischen Situationen eines Spiels durch ihre Kommentare zu verstärken. Für die Spieler stellen sich solche Momente meistens ganz anders dar: Sie stehen vor der Aufgabe, die Dramatik einer kritischen Phase zu beherrschen und nach Wegen zu suchen, wie sie die gegnerischen Angriffe abwehren und ihren eigenen Attacken mehr Wirkung verschaffen können. Für sie beginnt die Vorbereitung auf ein neues Spiel unmittelbar nach dem letzten; in der Bundesliga bedeutet dies meistens: Bereits am Sonntag wird ein Lauftraining absolviert, dann tägliches Technik- und Taktiktraining, Üben des Zusammenspiels im Mannschaftsteil, Spiel der Mannschaftsteile gegeneinander. Auf keinen Fall verschwenden die Spieler irgendwelche Gedanken an die Vergangenheit oder daran, welchen Eindruck sie gerade auf das Publikum machen. Wenn sie überhaupt an etwas anderes als das aktuelle Spiel denken, dann daran, dass sie im Turnier oder in der Liga weiterkommen wollen und dass es ein nächstes Spiel nach dem aktuellen Match gibt.

Auf diese eingeschränkte Wahrnehmung haben die deutschen Spieler bei der WM 2014 nach dem wenig überzeugenden Sieg gegen die algerische Mannschaft hingewiesen. Ein Spiel gegen einen Außenseiter, der hoch motiviert mit allen mobilisierbaren Energien und erstaunlichen Fähigkeiten aufspielt, ist für eine favorisierte Mannschaft wie Deutschland eine sehr schwer zu lösende Aufgabe. Anstatt des erwarteten leichten Siegs entsteht dann schnell eines jener »schmutzigen« Spiele, die für den Teammanager Oliver Bierhoff zu jedem Turnier gehören.[15] Aus der Sicht vieler deutscher Fernsehzuschauer ging es jedoch nicht darum, die erstaunliche Stärke des Außenseiters zu würdigen – sie wollten die deutliche Überlegenheit ihres Turnierfavoriten erkennen. Sie wollten *mehr* sehen als nur ein mühsam gewonnenes Fußballspiel. Ganz anders beschreibt einer der Spieler, Per Mertesacker, seine Gedanken, die ihm am Ende des Spiels gegen Algerien durch den Kopf gingen, als er ein wegen seiner Schroffheit legendär gewordenes Interview gab:[16] »Ich wusste ja selbst, dass nicht alles geklappt hatte in diesem Spiel. Aber ich wollte das Positive, das wir aus diesem Sieg ziehen konnten, vor den Leuten draußen beschützen. Nichts gegen Kritik an sich, aber in einem Turnier denkt man als Spieler: Ich muss in drei Tagen wieder ran. Und will mir jetzt kein Gefühl der Schwäche einreden lassen.«[17]

TV-Journalisten betrachten das Spielgeschehen aus einem anderen Raum. Ihre Kommentare stellen die vor ihren Augen ablaufenden Aktionen in einen Zusammenhang mit unvergessenen Spielen der Vergangenheit. In dieser Konstellation wird das aktuelle Spiel wie eine Variation früherer Ereignisse gesehen: Es wird aus der unmittelbaren Gegenwart herausgehoben und verliert im Kontext einer mythologisch aufgeladenen Geschichtlichkeit seinen Charakter der Einmaligkeit. In der Sicht der Beteiligten ist das Spiel aber eine körperlich, technisch und strategisch zu bewältigende Aufgabe in der *gegenwärtigen* Situation.

Das Problem der »scholastischen Sicht« ist, dass sie die Bedeutung, die ein Match für die Akteure hat, in einen Kontext stellt, der sie systematisch verzerrt: Kommentatoren wollen in einer Begegnung »Rache«, »Revanche«, ein »Schicksalsspiel«, eine »Wiedergutmachung« für irgendein früheres Spiel erkennen. Bei den Spielern kommen solche Kennzeichnungen kaum vor. So gilt die Niederlage der deutschen Nationalmannschaft gegen Österreich bei der WM 1978 in Argentinien, als sie durch das 3:2 von Hans Krankl aus dem Turnier geworfen wurde, hierzulande als »Schmach von Córdoba«. Über den »historischen« Sieg gegen die Deutschen, denen sie lange Zeit unterlegen waren, haben sich die Medien und das Publikum in Österreich wiederum mehr als herzlich gefreut. Fragt man die Spieler, sieht es ganz anders aus. »Das war nichts Besonderes«, sagte der ehemalige österreichische Nationaltrainer Josef Hickersberger, der als Spieler dabei war, in einem persönlichen Gespräch, »es war halt ein Sieg wie jeder andere auch. Wir kannten uns ja fast alle aus der Bundesliga, wir hatten schon so oft gegeneinander gespielt.« Der Graben zwischen den Beteiligten und den Kommentatoren in den Medien ist unüberbrückbar. Vielleicht aber befördert gerade dieses Missverhältnis die Popularität des Fußballs, vielleicht ist er schon deswegen so beliebt, weil er sich für Verklärung, Überhöhung und Projektionen so gut eignet.

Wichtige Fußballspiele werden von Journalisten mit Vorliebe als Ausdruck gleichzeitiger politischer und ökonomischer Ereignisse erklärt. Wenn sich der Eindruck aufdrängt, es müsse eine Brücke zwischen beiden Ebenen geben, dann entsteht dieser in der subjektiven Wahrnehmung und Erinnerung der Beobachter. Im Erleben der Einzelnen steht ein aufregendes Spiel mit seinem dramatischen Geschehen, seiner Spannung, Leidenschaft, den glücklichen Gefühlen, die ein Sieg auslöst, in Beziehung zu ihren aktuellen Lebenssituationen, die wiederum eingebettet sind in den politischen Kontext, in dem sie gerade leben. Ein Fußballspiel ist ein *einmaliges* Ereignis in einer besonderen *zeithistorischen Konstellation.* Die Höhepunkte im Leben eines Fußballbegeisterten bilden einen Konnex des individuellen Erlebens der Gegenwart mit der *subjektiv erfahrenen* Geschichte des eigenen Landes. Verstärkt wird die Verbindung dadurch, dass diese Erfahrungen nicht vereinzelt sind, sondern mit anderen geteilt werden. Auch wenn man sich absondert und ein Spiel in der Einsamkeit verfolgt, ist man doch nicht allein. Sobald man mit anderen zusammentrifft, kommuniziert man seine Emotionen mit ihnen und verleiht so den gemeinsamen Gefühlen Dauer.

Durch das Teilen von Emotionen im gemeinsamen Erleben, Erzählen, Kommentieren entstehen kollektive Gefühle. Allerdings unterscheiden sie sich von den emotionalen Ereignissen in großen Menschenmassen, von denen aus der Geschichte berichtet wird. Sie erzeugen kein alle Beteiligten umfassendes Einheitsgefühl, das von traditionellen Massentheorien behauptet wird. Bei Gemeinschaftsgefühlen im Fußball wird das individuelle Erleben nicht aufgegeben: Jeder Beteiligte hat seinen eigenen *Hintergrund* des Erlebens, der sich in seiner Lebensgeschichte gebildet hat. Der Hintergrund stellt Bezüge zwischen einmaliger Handlungssituation und dem Komplex aus Kenntnissen, Erinnerungen, Deutungen her, über die jeder Handelnde verfügt. Situationen mit neuartigen Anforderungen werden oft dadurch bewältigt, dass man nach Ähnlichkeiten, Analogien oder vergleichbaren Strukturen im Hintergrund sucht und für die Problemlösung aktiviert. Bei gemeinsamem Interesse an einem Fußballspiel beziehen sich die Beteiligten auf vergleichbare Elemente ihres individuellen Hintergrunds. Das dabei entstehende Wir-Gefühl ist nicht undifferenziert und überindividuell, sondern summiert die Gefühle der vielen Einzelnen zu einer gemeinsamen Struktur. Die Emotionen werden vom Spiel ausgelöst und beziehen sich auf einen Hintergrund, der bei allen Beteiligten ähnlich ist, sodass er *von ihnen geteilt* werden kann. Alle Anhänger einer Mannschaft haben in Bezug auf den Fußball einen vergleichbaren Hintergrund, der ihre Begeisterung strukturiert und der Situation Bedeutung gibt. Das Zentrum des Hintergrunds bilden die Mythen des Fußballs. Das Spiel selbst wird zu einem Symbol, das diese komplexe Emotion zusammenfasst.

Fußballmythen werden nicht nur mit einer Gruppe geteilt, sondern bilden auch eine gemeinsame Struktur des Erlebens: In meinen positiven Gefühlen sind auch die anderen Anhänger »meiner« Mannschaft eingeschlossen. Selbst beim einsamen Zuschauen vor dem Fernseher zu Hause hört man auf den Straßen Reaktionen anderer Menschen auf das Spiel; oder man tauscht sich mit Freunden am Telefon oder per SMS aus. Ich bin es dann nicht allein, der das Spiel genießt und es zu einem Kristallisationskern seiner zukünftigen Erinnerung macht. Wenn man in Verhalten, Gefühlen und Gesprächen einen Mythos mit anderen teilt, gibt es eine grundsätzliche Bereitschaft, sich ihnen zu öffnen für einen Austausch von Meinungen und Erinnerungen, für eine temporäre Vertrautheit, die sich um den Mythos herum bildet. Es entsteht ein Moment der Nähe aufgrund von ähnlichen Gefühlslagen, der eine episodische Übereinstimmung hervorrufen kann. Es kommt zwar nicht zwangsläufig ein überwölbendes Gefühl der Verbundenheit zustande, aber doch eine Stimmung, die soziale Unterschiede mühelos zu überbrücken vermag. Die körperliche und soziale Entfernung zwischen Fremden kann spontan aufgelöst werden.

Die wichtigsten und beharrlichsten Mythen stammen aus einer lange zurückliegenden Vergangenheit. Oder sie werden so erzählt, als kämen sie aus einer Vorzeit (wie die Siege in der Champions League der Bayern oder die BVB-Saga). Jeder Mythos im Fußball hat einen Kern: ein Geschehen, das sich einmal abgespielt hat und das alle Beteiligten für wirklich halten. Über dieses Ereignis wird von vielen Quellen berichtet. Die Zeugnisse reichen bis in die Gegenwart; immer wieder geschieht Neues, das seine Existenz bezeugt und den Glauben an ihn erneuert. In der Gegenwart lebt etwa der Fußballmythos von der deutschen Mannschaft wieder auf. Alle, die an den Mythos glauben, haben ihn auf eine bestimmte Weise vor Augen; mit ihren Erzählungen verleihen sie ihm neue Präsenz. Er ist wie ein gesunkener Kahn auf dem Grund eines Flusses. Auf der Wasserfläche geben Bojen seine Lage an; bei klarem Wasser kann man ihn schattenhaft durch die Wellenbewegung hindurch wahrnehmen, wie er mit Algen und Muscheln überwachsen im Flussbett liegt. In seinem Inneren hat eine üppige Fauna von Fischschwärmen ein eigenes Leben entwickelt. Aus der Tiefe des Flusses steigen Bilder von ihm an die Oberfläche – er selbst wird auf immer auf dem Grund bleiben und Raum geben für das vielfältige Leben, das ihn überwuchert. Von Zeit zu Zeit wird sich mancher fragen, ob es ihn in der Tiefe wirklich gibt und ob er überhaupt jemals so ausgesehen hat wie sein Bild auf den Wellen. Mit dem Glauben an ihn ist man aber nie allein. Andere sehen ihn ebenso und erzählen ähnliche Geschichten wie jene, die man früher schon gehört hat. Sie kommen aus der Erinnerung, haben sich aber von den prüfenden Instanzen gelöst.

Der gesunkene Kahn bleibt an seinem Ort im Flussbett liegen; die in unregelmäßigen Abständen auftauchenden Bilder aktivieren unseren Glauben an ihn immer wieder von Neuem. Als zentrales Areal des gemeinsam geteilten Hintergrunds wird der Mythos in unzähligen Gesprächen, Diskussionen, Reportagen, Zeitungsartikeln, TV-Kommentaren, durch Erzählen, durch Nachvollzug in Computerspielen gebildet und erneuert. Er wird durch Bilder, Filme, Videos und vor allem durch Sprache repräsentiert. Eine wichtige Funktion hat er als Ressource in Situationen, in denen der Boden der Gegenwart brüchig wird und nachzugeben droht. In solchen Situationen gibt er ihm neue Festigkeit. Im Leben westeuropäischer Nationen spielt der Glaube an die politischen nationalen Mythen heute keine große Rolle mehr. Die übliche Geschäftigkeit trägt sie über die Irritationen durch Schwächeperioden hinweg (zum Beispiel bei steigender Inflationsrate oder abnehmenden Exporten). Anders ist es, wenn man tiefer geht und sich zu fragen beginnt: Hat unser Land wirklich die Bedeutung, die wir ihm zusprechen? Sind unsere Wirtschaft und Wissenschaft international konkurrenzfähig? Ist unsere Kultur auf dem Weg, unbedeutend zu werden?

Nationale Selbstzweifel dieser Art haben Frankreich Mitte der fünfziger Jahre heimgesucht, als Roland Barthes seine *Mythen des Alltags* schrieb.[18] Oder auch Deutschland im Jahr 2014, als es erkennen musste, dass es von dem großen Verbündeten, dem wir vertraut haben, nicht ernst genommen wurde. In einer Situation, in der alte Gewissheiten nicht mehr tragen, in der die Selbstachtung der Nation verlieren zu gehen drohte (Abhören des Handys der Kanzlerin), haben die Mythen des Fußballs eine stabilisierende Wirkung. Unter den vielen Mythen, die sich ein Fußball-Liebhaber im Lauf der Zeit aneignet, gibt es eine ganze Reihe, die sich sowohl mit besonderen Momenten der politischen Geschichte als auch mit seinem Leben verbinden. Eine Aufzählung solcher Momente wäre einerseits zufällig, andererseits würde sie die Mythologie einer Generation widerspiegeln: das unvergessliche Spiel gegen Italien im Halbfinale der WM 1970, das Spiel gegen Belgien bei der EM 1972, »Katsche« Schwarzenbecks Fernschuss zum Ausgleich für die Bayern in der 120. Minute des Europacup-Finales 1974 gegen Atlético Madrid, das Jubeljahr des Ruhrpotts 1997, als Schalke den UEFA-Cup und Dortmund die Champions League gewann, und vieles anderes mehr.

Symbolische Werte

Roland Barthes hat die Mythen des Alltags als Naturalisierung von Dingen und Ereignissen dargestellt: Sie werden als *von Natur gegeben* missverstanden, während sie in Wirklichkeit Ergebnisse gesellschaftlicher Prozesse sind. So scheint es eine natürliche Tatsache zu sein, dass Franzosen durch Steak und Rotwein neue Kraft gewinnen – ihr Organismus ist offenbar so veranlagt, dass das schiere Muskelfleisch und der blutrote Wein ihre Lebensgeister animieren. In Zeiten der Krise mag es daher angezeigt sein, auf diese essentiellen Lebensmittel als quasibiologische Ressource zurückzugreifen. Barthes' Grundidee lässt sich gut mit unserer Überlegung verbinden: Fußball wird als Äußerungsform natürlicher Triebe angesehen. Die Nationalmannschaft gilt als natürliche Repräsentation der Menschen ihres Landes. In dieser Sichtweise kommt im Fußball die natürliche, das heißt biologische Stärke und Überlegenheit eines Landes zum Ausdruck. Auf den ersten Blick hat dieser Mythos so viel Überzeugungskraft, dass sich alle möglichen Nationen daran klammern, insbesondere jene, die sich abgedrängt, bevormundet, nicht richtig wahrgenommen fühlen. Für sie ist der Fußball *das* symbolische Feld, auf dem sich ihre Stärke beweisen kann. Die Glaubwürdigkeit des Mythos wird scheinbar dadurch erhöht, dass er wiederum auf anderen nationalen Mythen gründet.[19] Bei Spielen der Nationalmannschaft geht es in dieser Sichtweise um den symbolischen Wert der Nation. In Deutschland, wo man sich nach der Naziherrschaft lange der mythologisierenden Sicht der Nation gegenüber verschlossen hat, ist das breite Publikum seit einiger Zeit bereit, sich emotional am Fußballmythos zu beteiligen. Beteiligung ist eine Manifestation des Glaubens an diesen Mythos. Er fordert von uns, jedenfalls für die Dauer des Spiels, ein kollektives Wir-Bollwerk zu bilden. So haben es bei der WM 2014 auch andere Nationen gehalten, die Schweizer, die Holländer und noch stärker alle lateinamerikanischen Mannschaften, insbesondere die Brasilianer, die nicht nur ihre Hymne gesungen, sondern anschließend noch eine Liebeserklärung an ihr Land geschmettert haben.

Das Bild, das eine Mannschaft von sich erzeugt, verstärkt ihren Glauben an sich selbst. Es kann sich jedoch auch als eine trügerische Spiegelung herausstellen. Ob der Mythos *Wirklichkeit* besitzt, kann man an dem Bild, das sich auf der Wasseroberfläche des Flusses zeigt, nicht erkennen. Manchmal liegt es wie ein Glanz, manchmal wie ein Schatten auf den spielenden Wellen. Im gesunkenen Kahn lagern nicht nur die Fußballspiele der Vergangenheit – um ihn herum schweben viele Partikel, aquatische Nahrungsmittel, die wir für eine Antwort auf die Frage mitverwenden, was wir sind und was uns ausmacht. Er ist ein veritables Nährstoffreservoir, dessen sich insbesondere die männlichen Zuschauer unter den Gesichtspunkten von Stärke, Rang, Ansehen und des Respekts der anderen »vor uns« bedienen. Die Fans lieben Phrasen wie »X geht in die Legende ein«, lieben die Sprache eines idealistischen Heldentums, das zweckfrei, also zu keinem Nutzen bestimmt ist und bei keiner praktischen Angelegenheit der Welt weiterhilft. Gerade aus diesem Grund statten sie die Spieler mit dem Gefühl von Größe und Ehre aus.

Was den Fußball gegenüber anderen symbolischen Handlungen auszeichnet, ist das ständige Auf-die-Probe-Stellen des Mythos. Er muss, um seinen hohen Rang und seine Kraft zu erhalten, immer wieder von Neuem bestätigt werden. Wie ein Held in den griechischen und mittelalterlichen Mythen muss er jeden neuen Gegner besiegen; mit jedem besiegten Gegner, mit jedem neuen Ehrentitel vermag er sich in der Konkurrenz der Helden wieder eine Zeit lang zu behaupten. Ronaldo wurde zum Weltfußballer des Jahres 2014 gewählt, ein sportlich wertloser Titel, zumal er bei der WM im selben Jahr wirkungslos blieb. Aber er hat damit aufgeschlossen zu Messi; bei der Wahl im Jahr darauf zog dieser jedoch uneinholbar davon. Bereits in den Epen ist die Figur des mythischen Helden auf unbegrenzte Steigerung hin angelegt. Der Mythos gönnt dem Helden keine Ruhe.

Mit seinen vielen Querverbindungen zum wirtschaftlichen und politischen Leben des Landes verstärkt der nationale Fußballmythos zunehmend die Gewissheit des kollektiven Hintergrunds. Dies geht so weit, dass in der internationalen Berichterstattung der deutsche WM-Sieg 2014 als Folge der »erfolgreichen« deutschen Politik ausgegeben wurde. Das symbolische Gewebe des Mythos wurde also in eine kausale Verbindung mit den politischen Kräften des Lands gebracht. Tatsächlich können sich Symbole auf soziale Zusammenhänge auswirken; sie können das Selbstbewusstsein, den Stolz, den Optimismus eines Gemeinwesens bestärken. Allerdings vermögen sie nicht in das Kräftespiel der *materiellen* Ursachen einzugreifen – diese bilden ein ganz anderes Register. Symbole können die Stimmung in einem Land beeinflussen, können Mut geben, die Risikobereitschaft erhöhen, die Zuversicht und damit die Konsumfreude steigern. All dies kann aber auch im Gefolge einer Niederlage wieder zusammenbrechen. Was jedoch nicht so schnell verfliegt, ist das von den Begeisterten erfahrene Wir-Gefühl eines gemeinschaftlichen Handelns. Damit es im Feld der Politik und Ökonomie wirksam wird, muss es in eine Kraft des politischen und ökonomischen Feldes *transformiert*, also nach den Gesetzen dieser Felder gestaltet werden. Der enthusiastische Schwung muss in politisches und ökonomisches Handeln umgewandelt werden.

Mythen sind beharrend. Wenn sie nicht bestätigt werden, leben sie als Enttäuschung weiter, die das Selbstbewusstsein der Anhänger verletzt. Ein mythischer Held bewahrt im Fußball seinen Rang nur, wenn er die Eigenschaften, die ihm während seiner Karriere zugeschrieben wurden, beibehält. Als Pelé, der wohl größte Fußballspieler aller Zeiten, im Herbst 2014 in die Intensivstation eingeliefert wurde, reagierten die brasilianischen Fans »eher unterkühlt«. Sein Auftreten als geldgieriger Geschäftsmann hatte ihn »der Basis des brasilianischen Fußballs ... der überwiegend bettelarmen Bevölkerungsschicht«, entfremdet. Ganz anders war es 2004 bei Diego Maradona, der selbst als reicher Spieler – scheinbar – den Lebensstil normaler Leute beibehielt. »Hunderte, wenn nicht Tausende Fans umlagerten ein Krankenhaus in Buenos Aires, sie beteten um das Leben Diego Maradonas, der mit dem Tode rang. In ganz Argentinien wurden Gottesdienste für den Fußball-Nationalhelden gefeiert, und als er wieder auf die Beine kam, brach kollektiver Jubel aus.«[20]

Alle Mythen des Fußballs kann man als Kombinationen von Redundanz und Innovation im Sinne Flussers kennzeichnen. Redundanz sichert als Prinzip der Wiederholung und Kontinuität eine fiktive Nähe zu den Helden. Die Forderung nach immer neuen Erfolgen, das Prinzip der Innovation, ist jedoch gefährlich: Sie treibt die Athleten an die Grenzen des Menschlichen. Selbst bei größter Anstrengung und Überwindung können sie nicht auf die andere Seite, *jenseits* des Menschseins, gelangen. Sie werden niemals zu gott*gleichen* Wesen. Nach antiker Vorstellung treibt die immer weiter gesteigerte Erneuerung und Verbesserung den Menschen in die *Hybris*, in die Herausforderung der Götter, damit in eine Überforderung und in den Verlust jeglicher Orientierung: Er entfernt sich vom menschlichen Maßstab, ohne sein Ziel erreichen zu können. Er hat »das Ufer hinter sich abgebrochen« (Nietzsche) und treibt auf den Fall zu. Die gefallenen Helden sind selten fähig, ihren Sturz abzufedern und weich zu landen. Manch einer der Sporthelden hat gar nicht begriffen, dass er schon lange gefallen ist, dass sein Mythos, obwohl er selbst noch munter durch die Seiten der Klatschpresse tanzt, in die Starre von Scheintoten übergegangen ist. Er ist dann die personifizierte Redundanz – immer die gleichen Geschichten, immer die gleiche Haltung der Überlegenheit, die tatsächlich schon Jahre zuvor verloren gegangen ist.

Ein Mythos ist lebendig, wenn er in die aktuelle Gegenwart geholt werden kann.

Geschieht dies durch Rituale? Offensichtlich sind es die Fans, die den Mythos durch ihre Aufführungen wiederbeleben.

Ich will genau das Gegenteil zeigen. Rituale beruhen auf Wiederholungen; sie lassen die Geschichte, die der Mythos erzählt, nicht offen. Sie haben immer denselben Ausgang. Im Sport sind Rituale kein Zeichen von Lebendigkeit. Sie konstruieren eine statische Welt; sie sind geradezu gegen die Offenheit des lebendigen Mythos gerichtet (wie im Fanslogan: »Was immer geschieht, X wird Meister«). Ein lebendiger Mythos hingegen zeigt die Helden im vollen Leben. Allerdings wird seine Lebendigkeit immer wieder durch neue Herausforderungen bedroht – hier entscheidet sich, ob der Held seinen Mythos durchsetzen kann oder ob von ihm nur noch in der Vergangenheitsform berichtet wird.

Das Fußballspiel als Drama

Ein Fußballspiel zeigt einen Konflikt zwischen zwei sozialen Gruppen. Im Inneren sind sie so strukturiert, dass sie einen (manchmal auch mehrere) Anführer haben, der das Spiel organisiert. Von ihm gehen die Impulse aus, die die Struktur des Spiels seiner Mannschaft prägen. Das Geschehen ist einem Drama im Theater vergleichbar, nur dass wir statt der Dramenpersonen Kollektive agieren sehen. Beide Gruppen setzen sich in direkter Konfrontation dem Gegner aus – mit jedem Angriff können sie dem Gegner einen entscheidenden Schlag versetzen oder durch schnelle Konter von der anderen Mannschaft überrumpelt werden. Auch in der antiken Tragödie kann eine einzige Nachricht alles zerstören.[21] Was im Drama Rede und Gegenrede sind, stellen hier körperliche Angriffe und Verteidigung dar. Im Fußball wird dem Zuschauer die Entstehung der finalen Aktionen vor Augen geführt – die von den Verteidigern eingeleiteten Angriffe, die vom Mittelfeld bis in gefährliche Nähe des gegnerischen Tors fortgesetzt werden. Jede geschickte Mannschaft lässt den Gegner dessen körperliche Fragilität und Unsicherheit spüren.

In der Struktur des Spiels gibt es einen Umkehrpunkt, an dem die Unsicherheit einer Mannschaft zum Verhängnis wird. Die Dramentheorie des Aristoteles bestimmt ihn als den Moment der *Peripetie*, des Glückswechsels. Es ist jene Raum-Zeit-Stelle im dramatischen Geschehen, an der sich die Waagschale zugunsten der einen Partei senkt. Das Spielglück hat sich auf die *eine* Seite verlagert. Diese hat jetzt die Oberhand; ihr gelingen fast alle Aktionen. Ein mit dem Spiel vertrauter Zuschauer kann dies mit bloßen Augen sehen. Mehr noch, er kann es körperlich spüren.

Das ist der Vorzug des direkten Dramas in den Stadien: Man *fühlt* die eigene Mannschaft überlegen oder schwach werden. Im Mitfühlen mit den Seinen erfasst man, wie ihnen die inneren Stützen wegbrechen, wie sie in einen Strudel geraten, der sie um die Klarheit ihrer Wahrnehmung bringt und ihnen die Kraftreserven raubt. Als Anhänger leidet man mit den Spielern, fühlt sich selber schwächer werden, spannt den eigenen Körper an, um ihnen einen Energiestoß zu versetzen. Man hält Ausschau nach dem Anführer: Er wenigstens müsste mich doch hören und der Mannschaft noch einmal Mut einflößen! Komm, du wenigstens, peitsche sie an! Der Fanblock fühlt das Schwanken der Mannschaft; er ruft ihre Slogans, ihre Namen, klatscht sie rhythmisch nach vorn – und verzweifelt, wenn er die eigenen Leute dennoch schwach werden sieht.

Auf der Theaterbühne wird der Niedergang des Helden mit Worten beschrieben. Eine gute Inszenierung führt ihn dem Zuschauer am Verhalten der Schauspieler vor Augen. Auch im Drama geht der Fluss der Gefühle hin und her, wenngleich wesentlich gedämpfter als im Fußballstadion. Wenn man sich aber vorstellt, dass es sich um ähnliche Prozesse handelt, erhält man ein feineres Gespür für die zweifache Interaktion zwischen Schauspieler und Zuschauer, die in beide Richtungen geht. Der entscheidende Unterschied ist: Im Fußball sind die Aktionen abhängig vom Zufall – die Spieler erscheinen deutlich fragiler als die Schauspieler, deren Worte und Argumente vom Textbuch vorgeschrieben sind. Auf der Bühne gebraucht man Begriffe und bringt Argumente vor. In einem guten Text »sitzen« alle Worte. Im Stadion zeigt sich dagegen meist die Vergeblichkeit menschlicher Anstrengungen, eine befreiende Aktion hervorzubringen. Einem Fußballanhänger steht die menschliche Möglichkeit zu scheitern ständig vor Augen. Denn das Problem des Spielers ist, dass er sich nicht direkt gegen seinen Gegenspieler wehren kann. Seine Aktion zielt nicht in erster Linie auf ihn, sondern auf den Ball. Im Fußball verlaufen alle Transaktionen durch Vermittlung des Balls. Jeder Herrschaftsanspruch muss über den Ball realisiert, muss in *seine* Bewegung umgesetzt werden.

Der Sinn für das Tragische wird im Fußball als Einsicht in die Fragilität der menschlichen Existenz und in die Unsicherheit der sozialen Gruppe ausgedrückt. Das Streben nach Herrschaft droht immer wieder an drei Flanken zu scheitern: am eigenen Körper, an der Schwierigkeit, den Ball zu beherrschen, und an der Gegnerschaft der anderen Mannschaft, die alle Bemühungen zunichtezumachen droht. In kaum einem Sportspiel wird die Schwäche der Menschen so schonungslos offenbart wie im Fußball. Dies ist aber nur die *eine* Seite, die negative. Umso strahlender erscheinen die Glücksmomente. Vielleicht ist aus diesem Grund der Fußball so wichtig für die Deutschen, die so bedürftig des Glücks sind, Erfolg zu haben.

Die Ähnlichkeit zwischen Drama und Fußballspiel kommt auch dadurch zustande, dass beide eine offene Entscheidungssituation darstellen. So hält die klassische Tragödie des französischen Theaters im 17. Jahrhundert die Frage in der Spannung, ob der Held seinen Mythos verwirklicht oder ob er scheitert (beispielsweise im *Britannicus* von Racine). Das Stück erzeugt die Hoffnung, der Held könne seinem Schicksal entrinnen, seinen Fall vermeiden. Die Kunst des Dramatikers besteht darin, die dramatische Lösung bis zum Schluss, bis zum Sturz des Helden offenzulassen. Er facht den Wunsch an, der Mythos des Helden möge überleben, selbst wenn die Person zugrunde geht. Das Schicksal des Mythos ist im Drama durch den Text vorherbestimmt – die Offenheit des Ausgangs ist Schein. Im Fußball ist sie *wirklich*; es gibt kein Textbuch – die Hoffnung ist nicht trügerisch.

Die Ähnlichkeit des Fußballspiels mit einem Bühnendrama ist nicht zufällig; sie geht in die Tiefe. Aristoteles bestimmt in der *Poetik* die Tragödie als Mimesis von Mythen: Die alten Mythen, die man aus Erzählungen kennt, werden auf der Bühne dramatisch in Szene gesetzt, sie werden verlebendigt. Damit ist nicht nur ein Nachspielen spannender Handlungen gemeint, sondern es geht um einen bestimmten Typ von Handlungen. Bei den griechischen Theatermythen geht es um Ereignisse, die politisch und religiös sind, die eine Bedeutung für die Begründung, die Führung und den Zusammenhalt der Polis haben. Es sind aufgeführte Kollektivmythen, die das Selbstverständnis der Polis-Bürger darstellen, szenisch vor Augen führen. Mit einer gewissen Vorsicht kann man den Fußball heute in die Nachfolge des Dramas stellen. Aus Sicht des modernen Theaters ist es anachronistisch, vom Drama heute noch Haupt- und Staatsaktion zu erwarten wie im 16. bis 18. Jahrhundert in Europa. Das moderne Theater hat diesen Weg seit Langem verlassen und sich in verschiedene Richtungen weiterentwickelt. Die von ihm freigeräumte Aufgabe, die kollektiven Repräsentationen einer Gemeinschaft, eines Landes oder einer Nation szenisch aufzuführen, wird seit den fünfziger Jahren des 20. Jahrhunderts ohne eigene Kenntnis und Absicht vom Sport, insbesondere vom Fußball übernommen.

Anders als das Bühnendrama ist ein Fußballspiel ergebnisoffen. Die Zuschauer haben bei einem Finale nur *eine* Gewissheit: An diesem Ort, in diesem Stadion wird nach spätestens 120 Spielminuten (plus Elfmeterschießen) der Sieger feststehen. Alles geschieht in einer realen Handlung, deren Dauer mit der Spielzeit identisch ist. Im Theater werden der Ort und die Zeit der Handlung von der Einbildungskraft hervorgebracht. Was in der Einbildungskraft geschaffen wird, ist nicht lokal und historisch verankert. Dramenmythen werden als eine Welt des ästhetischen Scheins in die Gegenwart geholt – an einem Ort, den man sich vorstellt, und zu einer Zeit, die im Inneren des Zuschauers abläuft und die von ihm immer wieder aktualisiert werden kann. *Hamlet* spielt in einem imaginären Dänemark, in einem Jahr der Krise, das sich nicht geschichtlich bestimmen lässt. Das lebendige Drama des Fußballs hat eine rein *materielle* Existenz; es lebt ganz und gar im Äußeren. Wie wichtig diese Existenz ist, sieht man daran, dass bestimmte Arenen für eine Mannschaft beim Auswärtsspiel ungünstig, ja feindlich sind. Die Spielzeit ist real vergehende Zeit; in ihrem Verlauf sind die Spieler zeitlichen Prozessen unterworfen – sie ermüden, regenerieren, verlieren die Hoffnung, kommen wieder zurück, gehen unter.

Die materielle Existenz allein macht jedoch den Mythos im Drama des Fußballs noch nicht lebendig. Denken wir daran, dass er auch eine bildhafte Existenz hat. Wie verbinden sich die Bilder des Mythos mit der Materialität des Dramas? Fragen wir zunächst, wo Fußballspiele stattfinden.

Im Stadion natürlich.

Aber wo befinden sich die Stadien? Nehmen wir die mythischen Orte – Camp Nou, Anfield Road, Old Trafford – ; sind sie tatsächlich in Barcelona, Liverpool, Manchester?

Was soll die Frage? Das sind doch geographische Orte.

Ja und nein. Wenn man ein Spiel in einem dieser Stadien sehen will, sucht man sie in der Stadt oder ihrer Umgebung auf.[22] Wenn man aber in den Innenraum kommt, hat man sich von der Stadt, dem konkreten geographischen Ort gelöst: Man ist woanders. Mit einem Ausdruck von Michel Foucault ist das Stadion eine *Heterotopie*, ein Anders-Ort, ein Ort außerhalb der materiellen Geographie.[23]

Gilt dies nicht auch für das Theater? Wenn man im Innenraum ist, vergisst man die städtische Umgebung.

Das stimmt; im Theater nimmt man nur noch den Bühnenraum wahr. Der Ort, den die Bühne zeigt, ist vollkommen fiktiv; er ist ebenfalls eine Heterotopie. Er ist eine Schöpfung des Bühnenbildners und der Schauspieler, die ihn mit Leben füllen – die Bühne stellt eine imaginäre Szene dar. Auch der Innenraum des Stadions mit seinem Rasen, den Tribünen und Kurven ist ein imaginärer Ort. Er ist materiell, hat aber zugleich eine andere Existenz als die Stadt, in der er liegt. Das merkt man schon am eigenen Körper, wenn man den Durchgang durchquert und sich mit einem Mal in einer anderen Welt befindet. Sie ist verzaubert – mit intensiveren Farben und einer helleren Beleuchtung als die Wirklichkeit; die Atmosphäre ist konzentrierter, erregter, gespannter als im gewöhnlichen Leben. Wie bei einer Theaterbühne spielt die *materielle* Beschaffenheit des Innenraums eine bedeutende Rolle: Die Größe des Platzes ist wichtig für die Spielweise – die Spielfläche im Camp Nou in Barcelona ist deutlich größer als bei anderen Plätzen; in Freiburg ist sie viel kleiner und hat ein Gefälle; in Dortmund werden die Gäste mit der »Südkurve«, der größten Stehplatztribüne Europas, konfrontiert, an der Anfield Road mit dem legendären »Kop«. Auf manchen Plätzen wird das Spiel durch einen lang geschnittenen Rasen verlangsamt.

Neben seiner materiellen Qualität hat der Rasen die Fähigkeit der Verzauberung: Nicht umsonst wird er »heiliger Rasen« genannt – es ist, als hätte er mit seinen Toren, Linien und dem Elfmeterpunkt ein geheimes, magisches Leben. All dies sind Codierungen, die die Potentialität des Geschehens symbolisieren und in der Imagination lebendig werden. Wenn man den Elfmeterpunkt betrachtet, ein einsamer Kreidefleck, denkt man an alles, was sich ereignen kann, wenn der Ball dorthin gelegt wird, der Schütze einige Schritte zurückgeht, sich auf seinen Körper konzentriert und durch seinen Anlauf die Gewalt oder List des Schusses, den er gleich abgeben wird, bereits erahnen lässt. Der bloße Anblick der geringen Distanz zwischen diesem Punkt und dem breiten Tor reicht aus, um künftige Dramen im Voraus wachzurufen. Oder wenn man die Tornetze sieht, die vor Spielbeginn in sanften Bewegungen von ihren Halterungen herabfallen: Was wird ihnen angetan werden, wenn die Stürmer mit harten Schüssen darauf zielen? Der Ort hat so viele symbolische und materielle Eigenschaften, dass sein bloßer Anblick die Einbildungskraft zu imaginären Spielszenen anregt. Auch die Zuschauer sind wesentlicher gestalterischer Teil des Spiels mit ihrer erregten, freudigen Erwartung, die vor dem Spiel die Luft des Innenraums erfüllt, sodass sie viel dichter wirkt als an jedem anderen Ort in der Stadt. Der Raum mit seinen symbolischen Inschriften ist vor Spielbeginn noch leer und weit. Wenn sich die Spieler auf dem Rasen verteilen, füllt er sich an und verändert sich während des Spiels. Die Zuschauer sind vom Feld aus gesehen eng an das Geschehen herangerückt und bilden Wände aus Menschen, die das Stadion mit ihren Rufen, Anfeuerungen und Chören verwandeln. Der Innenraum ist real; im Verhältnis zur städtischen Umgebung bildet er einen Fremd-Körper – den magischen Raum eines Dramas, das Mythen lebendig werden lässt.

Der Körper glaubt, was er spielt.
PIERRE BOURDIEU

4
Charisma und Magie

Fußball ist ein bodenständiges Spiel; auf den ersten Blick würde man nicht vermuten, in welchem Maße er von magischem Denken durchzogen ist. Fundiert im Glauben an das Spiel, ruft dieser nicht nur bedeutende Wirkungen hervor, sondern kann auch in die Wirklichkeit eingreifen. Wer von der Kraft der Magie überzeugt ist, glaubt an eine andere Art der Kausalität als die materielle: Er glaubt – jedenfalls in dem Bereich, in dem sie ausgeübt wird – an eine auf der Wirkung von Gedanken, Symbolen, Gefühlen beruhende Kausalität. Er glaubt beispielsweise an »das Gesetz der Serie«, an den Einfluss der Rückennummer auf die Leistung (Nr. 10!) oder an die Bedeutung des Wetters für das Resultat eines Spiels (»Fritz Walter-Wetter«, »Kaiser-Wetter«). Dies sind gewiss irrationale Zusammenhänge. Aber auch wer magisch denkt, argumentiert rational, jedenfalls partiell – er lässt eben mehr Dinge zu als ein Rationalist. In der christlichen Tradition ist dem Glauben ein Platz zugewiesen worden durch eine Rationalität, die Blaise Pascal *raison du cœur,* Logik des Herzens, nennt. Sie umfasst die Ereignisse und Kräfte, die durch unseren Glauben Existenz erhalten.

Warum ist das magische Denken im Fußball so stark ausgeprägt? Der größte Feind einer Fußballmannschaft ist der Zweifel an ihren Fähigkeiten und ihrer Überlegenheit gegenüber dem anderen Team. Ein Angreifer, der an sich selbst zweifelt, wird nicht ins Tor treffen; eine Mannschaft, die ihren Gegner für stärker als sich selbst hält, geht schon als Verlierer auf den Platz. Fußball ist ein sehr komplexes und unberechenbares Spiel – es ist sehr leicht, Aspekte zu finden, unter denen man den anderen unterlegen ist. Wenn man den Glauben an sich selbst stark genug macht und beim Publikum genügend Rückhalt findet, überzeugt man sich von der eigenen Magie. Die glühenden Anhänger wollen allerdings mehr: Sie suchen die Anführer, die herausragenden Spieler einer Mannschaft und sprechen ihnen Charisma zu. Von der älteren Literatur werden die Fans, Anhänger, *followers* unter meist negativen Aspekten als »Masse« bezeichnet; ihr Kennzeichen sei der Verlust ihrer Eigenschaft, ein autonomes Subjekt zu sein: In der Masse gehe man unter, man verschmelze mit ihr, verliere seinen Status als Individuum. Dies scheint eine sehr traditionelle Auffassung vom Fußball-Begeisterten zu sein. Kann es nicht sein, dass er oder sie im gemeinsam geteilten Enthusiasmus ein besonders starkes Gefühl von sich selbst haben? Es soll wenigstens gefragt werden, ob diese Möglichkeit besteht.

Jede soziale Institution, deren Macht wir respektieren, wird von einem Untergrund magischer Überzeugung von ihrer Wirksamkeit getragen.[1] So glauben wir, dass jemand rechtmäßig das Abitur oder ein Diplom erworben hat, wenn es ihm von einer befugten Prüfungskommission zuerteilt worden ist, und dass es eine entscheidend wichtige Zugangsvoraussetzung für weiterführende Karrieren darstellt. Die offiziellen Akte einer Institution wie die Erteilung von Titeln und Genehmigungen oder die Verhängung von Sanktionen erlangen dadurch Wirklichkeit, dass der Glaube an ihre Macht in der Gesellschaft verankert ist.

Im Raum des Fußballs, wo es auf rationale Argumente ohnehin wenig ankommt, haben die Beteiligten eine offenkundige Tendenz, ihren Glauben an das Spiel bevorzugt auf seine magischen Momente zu richten. Hier findet man eine stärkere Form des magischen Denkens als in fast allen anderen Institutionen, ausgenommen die Kirche. Der Glaube an den Fußball verwandelt diesen in ein Objekt der Verklärung. Am Fußball lässt sich erkennen, wie in einem von Menschen hergestellten Raum eine Bewegung erzeugt wird, die ihn nach oben zu einem höheren Bereich hin öffnet. Aus dem Handeln in unserer Welt entsteht eine Sphäre, die wir als *übernatürlich* ansehen. Bourdieu nennt diese Bewegung nach oben »soziale Transzendenz«: Wir werden von der Wirkung eines Gebildes, das wir mit unserem Glauben geschaffen haben, überwältigt. In unseren Akten der Verehrung verkennen wir unsere Beteiligung. Die große Bedeutung, die der Fußball in unserer Gesellschaft erhalten hat, ist nur dadurch möglich geworden, dass er mit all seinen Regeln und Institutionen von uns gesellschaftlichen Wesen erfunden wurde und von unserer emotionalen und glaubensmäßigen Beteiligung aufrechterhalten wird.

Hast du nun den Fußball entmystifiziert?

Keineswegs – wir haben aber begriffen, dass seine Transzendenz nicht in einem Raum außerhalb des Fußballs entsteht. Im Raum des Fußballs selbst wird die Transzendenz, seine Beziehung zu Höherem, als geradezu selbstverständlich akzeptiert. Allerdings haben wir noch nicht herausgefunden, wodurch der Fußball seinen symbolischen Wert erhält.

Für die Anhänger des Fußballs gibt es eine zulässige Magie; sie gehört zum legitimen Denken des Spiels. Erlaubt, sogar gefordert wird der Glaube an Magie in allen Fragen der Anerkennung von Wirklichkeit: der Geltung von Spielregeln, von Ergebnissen, Meistertiteln, Verbandsstrafen. Hinter der Grenze der zulässigen Magie hat sich eine zweite Art der Magie angesiedelt, die für einen aufgeklärten Beobachter eindeutig zum Aberglauben gehört. Über sie spricht man selten offen, aber jeder Kenner des Fußballs weiß, dass Spieler, Trainer und Zuschauer auf verborgene Weisen das Glück zu beeinflussen versuchen. Dies geschieht durch geheime magische Praktiken: Tragen von ungewaschenen Kleidungsstücken, die einmal Glück gebracht haben, Fünftagebart, Vollziehen der immer gleichen rituellen Handlungen vor dem Spiel, Berührungen von Maskottchen, Schutzriten, Gebete um Beistand, Amulette, Talismane, Betreten des Platzes mit dem »richtigen« Fuß, Vermeidung bestimmter Akte und Personen. In außereuropäischen Kulturen wird Zuflucht gesucht bei Beschwörungen, Verwünschungs- oder Verhexungsritualen, beim Vergraben von Unglück bringenden Gegenständen auf dem Rasen am Tag vor dem Spiel, bei Zauberern usw.[2]

Zweifel versus Magie

Die Kehrseite der Herrschaft über das Spiel ist der Zweifel. Der Mächtige fürchtet, dass seine Macht erschüttert wird; der Besitzende fürchtet, dass man ihm das eigenmächtig angeeignete Gut wieder nimmt – beide werden vom Zweifel an der Beständigkeit ihrer Herrschaft angetrieben. Wird sich ihre Macht bei einer neuen Umdrehung des Rads der Meisterschaft am jeweils nächsten Wochenende wieder beweisen? Jede bekannte Mannschaft hat einen bestimmten Stil ausgeprägt, der ihr Vorteile bringen kann. Gleichzeitig fürchtet sie den Stil der anderen Teams. Im Spiel der gegnerischen Mannschaft findet man immer bestimmte Eigenschaften, die dem eigenen überlegen sein könnten. Konkurrenz heißt: Ausspähen der anderen, ihre Bereiche möglicher Überlegenheit herausfinden, ihre mentale und emotionale Stärke testen, ihren schwachen Punkt suchen, an dem man angreifen kann. Die Stärken der anderen führen dir deine eigenen Schwächen vor Augen. In deiner Vorstellung sind die Gegner von ihrer Stärke überzeugt, sodass du dir *deiner* Schwächen bewusst wirst. Ihre Stärke könnte deine Schwäche aufzeigen, die du insgeheim fürchtest. Deine Unterlegenheit wird zur Gewissheit.

Drückt sie aber eine wirkliche Unterlegenheit aus?

Nein, tatsächlich besitzt du bestimmte Eigenschaften, die den Wettkampf auch für dich entscheiden können. Das Problem ist: Du betrachtest nicht dich mit deinen Stärken, sondern du siehst nur den anderen mit *seinen* Stärken. Du bestimmst dich selbst nicht über das, was du kannst, sondern über das, was du *nicht* kannst. Durch deinen Blick wird der Sieger in der Konkurrenz des Spiels zu einem romantischen Helden. Und zwar deshalb, weil du so werden möchtest wie er, ihn aber für unerreichbar hältst. Diese Situation des Begehrens, das dir selbst irreal erscheint, bezeichne ich hier als »romantisch«.[3] Einzig im Augenblick deines *realen* Sieges erscheint er dir nicht mehr als überlegen. Dieser Moment wird dann festgehalten, in den Annalen verzeichnet und in der Erinnerung verklärt. Wenn der nächste Wettkampf anders verläuft, kann dein Selbstbewusstsein aber schon wieder erschüttert werden und eventuell sogar zusammenbrechen. Obwohl deine Mannschaft bis dahin vielleicht überlegen war, beginnt sie an sich zu zweifeln. Im-Wettkampf-Sein bedeutet: Wiederkehr von Zweifeln. Beim Sieger ist ein solcher Effekt ungleich größer als beim Verlierer.

Der Zweifel kann im Fußball zu zerstörerischer Skepsis führen, wenn man ihn nicht stoppt. Ein eindrucksvolles Beispiel für die korrosiven Wirkungen eines sich von Spiel zu Spiel verstärkenden Zweifels sind die unfassbar erfolglosen Bemühungen Borussia Dortmunds in der Spielzeit 2014/15, noch die schwächsten Gegner in der Bundesliga zu besiegen. Trotz oft drückender Überlegenheit gelang es dem Team in der Hinrunde nicht, eine Fülle glasklarer Chancen für Tore zu nutzen. Die Mannschaft reihte so lange Misserfolg an Misserfolg, bis sie ihre Überlegenheit verlor und schließlich selbst gegen schlechte Mannschaften nichts mehr zustande brachte. Die Selbstzweifel der Borussia waren allerdings nur in den Spielen der Bundesliga wirksam – in den zwischenzeitlich stattfindenden Begegnungen der Champions League, an den »Festtagen des Fußballs«

(Harald Stenger), spielte das Team ähnlich erfolgreich wie in den Jahren zuvor.

In der Philosophie wird die Haltung des Skeptikers gefürchtet – er zerstört die Illusion der Gewissheit, den Glauben an die Kraft der Argumente. Der Zweifel erzeugt eine ständige Bewegung ohne Ruhepunkte; er vernichtet den Genuss des einmal erreichten Höhepunkts und stellt das Wissen des Siegers von sich selbst wieder infrage. Er treibt ihn dazu an, die Gewissheit in immer neuen Anläufen wiederherzustellen. Vielleicht ist der Fußball aufgrund dieser philosophischen Dynamik bei den Deutschen so beliebt: Kaum ist der WM-Titel gewonnen, beginnt der Zweifel von Neuem zu nagen, nachdem die ersten Spiele danach ohne Sieg geblieben sind. War der Sieg in Brasilien vielleicht nur ein Zufall? Ist die Mannschaft wirklich so gut, wie wir geglaubt haben?

Anders scheint der Zweifel zu funktionieren, der beispielsweise die Franzosen antreibt. Er läuft nicht in unendlicher Rastlosigkeit weiter. Descartes hat ihn eingeführt mit dem Ziel, ihn definitiv zu besiegen. Dieser Zweifel vernichtet sich selbst: Wenn ein Denker an seiner eigenen Existenz zweifelt, gewinnt er gerade durch die Aktivität des Zweifelns die Gewissheit, dass es die Existenz des Zweiflers selbst geben muss. *Die Tatsache, dass man zweifelt,* ist ein untrüglicher Beweis der eigenen Existenz. Um zweifeln zu können, muss man existieren. Das kleine Problem dieser schönen Demonstration ist, dass man einen allmächtigen Gott braucht, der die Existenz des Zweifelns garantiert. Ohne ihn funktioniert der Beweis nicht. Es könnte ja sein, dass auch das Zweifeln nicht wirklich ist. An die Intervention dieses Gottes zu ihren Gunsten glauben die Franzosen. Als ihre Mannschaft 1998 Weltmeister wurde, sprachen sie von einem *état de grâce,* einem Gnadenzustand – die Gnade war ihnen von einer höheren Macht verliehen worden. Damit waren sie auf Jahre hinaus auf der sicheren Seite – sie gewannen nach dem WM-Sieg auch die EM 2000 gegen eine italienische Mannschaft, die ihnen im Finale spielerisch überlegen war. Erst nachdem sie bei den Turnieren 2002 und 2004 gescheitert waren, begann der Zyklus des Zweifelns neu, bis hin zur Selbstdestruktion 2010, als Mannschaft und Trainer sich während des WM-Verlaufs überwarfen.

Während den Sieger oft Zweifel an der Wirklichkeit seiner Qualität heimsuchen, haben die Verlierer in der Niederlage *die Wahrheit über sich selbst* erfahren, allerdings eine negative: Sie haben erkannt, was sie *nicht* sind. Die Wahrheit wird umso tiefer gefühlt, als die Verlierer sie als einen Schock erleben. In diesem Moment »zerbricht die Welt in zwei Teile, in Freud und Leid«, sagt der spanische Trainer Rafael Benítez.[4] Ein solch tiefer Bruch kann nur in einem Spiel auftreten, das eine so ungeheure Verdichtung erzeugt wie der Fußball, wo ein einziges Tor definitiv entscheiden kann, wessen Welt zerbricht. Der Sieg schenkt die Illusion eines absoluten, unvergleichlichen Augenblicks. Einen Moment später aber muss man wieder in eine neue Wettkampfsaison eintauchen. In der neuen Runde geht alles wieder von vorn los. Der Wettkampf im Fußball ist eine unerbittliche Maschinerie. Sie verlangt, dass die Spieler alles, was sie errungen haben, wieder zur Disposition stellen. Sie können nichts festhalten; es gibt keinen dauerhaften Genuss der eigenen Stellung und des Erworbenen. Nur im

Mythos bleibt die Welt stehen. In der Wirklichkeit ist alles im Fluss; selbst der Weltmeister kann kein gesichertes Selbst ausbilden. Wie in Hegels Dialektik von Herrschaft und Knechtschaft ist der Herr der wahrhaft Gefährdete:[5] Als Weltmeister ist die deutsche Mannschaft durch ein »unglückliches Bewusstsein« verunsichert; sie kann sich nicht endgültig aus dem fragilen Zustand des Zweifelnden befreien.

Wie kann man in einer Welt des Fragilen, in der die Spieler unter höchster Spannung stehen und das Erworbene im Nu wieder verloren zu gehen droht, inneren Halt gewinnen? Verschärft wird die Situation der Einzelnen zunächst noch dadurch, dass sie in einer totalen Welt des Spiels leben. Dies bedeutet, dass sie kaum Haltepunkte außerhalb des Spiels haben, keine Ziele, Autoritäten, Freundschaften, keine Lieben, die nicht auf irgendeine Weise zum Spiel gehören. Die Nachwuchstrainer Zeljko Ristic (Hertha BSC) und Oliver Rathenow (FC Union) berichten übereinstimmend, dass einige ihrer Spieler ausdrücklich angeben, sie hätten keine Freunde und bräuchten auch keine. In dem wunderbar einfühlsamen Film *Tom meets Zizou – kein Sommermärchen* von Aljoscha Pause über Thomas Broich (2011), eines der großen Talente des deutschen Fußballs, wird gezeigt, wie sich der Spieler gegenüber seiner Mannschaft abschottet (da er klassische Musik liebt, wird er nur »Mozart Broich« genannt), von seinem Trainer (Christoph Daum) absolut nicht verstanden wird, auch nicht verstanden werden will, und allmählich in eine Depression driftet, aus der ihn auch nicht ein befreundeter Trainer in einer neuen Mannschaft befreien kann. Broich rettet sich schließlich aus eigener Kraft, indem er nach Australien auswandert und dort seine großen Fähigkeiten zur Bewunderung des Soccer-Publikums zeigen kann.

Fußball als Mannschaftssportart begünstigt unter Amateurbedingungen den sozialen Charakter der Spieler. Unter den Bedingungen des avancierten Profisports bringt er viele Athleten in eine scharfe Konkurrenzsituation. In den großen Vereinen sind die meisten Positionen mindestens doppelt besetzt, sodass die Spieler um ihren Einsatz in der Bundesliga bangen. Bei Trainern wie Guardiola, die ihre Mannschaftsaufstellungen nach einem »variierenden Spielsystem« planen, gibt es kaum mehr einen Spieler, der einen »Stammplatz« hat. Das Prinzip, das die Mannschaft »flexibel« macht, schwächt die innere Ruhe der Einzelnen, die nach jedem Einsatz, und sei er noch so gut, befürchten müssen, beim nächsten Mal nicht eingesetzt zu werden. Die Einsamkeit hat sich vom Torwart beim Elfmeter, der wenigstens noch einen festen Platz in der Mannschaftsaufstellung hat, auf die anderen Spielpositionen verschoben. Wenn man ein Adjektiv sucht, das die Situation der Spieler heute charakterisiert, fällt einem ein, dass sie vor allem einsam und unsicher sind. Gewiss nicht der letzte Grund, warum die deutsche Nationalmannschaft bei der WM in Brasilien so erfolgreich war, ist die Art und Weise, wie das Leitungsteam um Jogi Löw es verstanden hat, die nicht aufgestellten Spieler in das Team insgesamt zu integrieren.

Warum betonst du die Unsicherheit und die Bedrohung von Gewissheit so sehr, obwohl die Spieler beim Fußball doch besonders geerdet sein müssen? Gerade sie sollten doch den festen, sicheren Stand schätzen.

Sieh dir die Körperhaltung des Fußballers genauer an: Bei seinen Aktionen steht er auf einem Fuß; mit dem anderen schießt er, führt den Ball, stoppt ihn. Anstatt fest auf beiden Beinen zu stehen, verliert er immer wieder seinen sicheren Stand. Die Gegner bringen ihn zu Fall, drängen ihn beiseite, grätschen in seinen Lauf. In keinem Sport wird so viel hingefallen wie im Fußball. Dies geschieht nicht nur zum Nachteil des Spielers – oft wirft er sich in einen Schuss, schießt im Fallen, stürzt nach einem Kopfball, fällt bei einem Fallrückzieher. Wenn wir an Fußball denken, blenden wir gewöhnlich den Verlust des Gleichgewichts aus. Wir sehen den Fußballer als aufrechten Helden. Tatsächlich geht es ihm oft wie dem rücklings stürzenden Phaeton auf dem bekannten Kupferstich von Hendrick Goltzius. Auf alten Fotos sieht man den Fabelfußballer Garrincha ein Tor gegen die UdSSR schießen (1958); um ihn herum liegen vier ausgedribbelte Russen in ihrem Strafraum. Wir bemerken aber eigentlich nur Garrincha; die gestürzten Russen dienen bloß dazu, sein Bild zu erhöhen.

Täuscht uns denn die Erinnerung permanent? Sollte man Fußballspieler als stürzende Helden darstellen?

So weit muss man nicht gleich gehen; sie sind Helden, die immer wieder von Selbstzweifeln heimgesucht werden, also Helden in Gefahr, zu fallen. Tatsächlich aber dominiert eine andere Wahrnehmung des Fußballs: Wir richten unsere Aufmerksamkeit meistens auf *gelingende* Handlungen. In unseren inneren Bildern liegen die Helden nicht am Boden; sie schießen wie Helmut Rahn das Siegtor in Bern 1954 aus vollem Lauf. Wir erinnern ihn, wie er sich freispielt, zum Schuss ansetzt und den Ball abfeuert. Wir erinnern den Kopfball von Carles Puyol bei der WM 2010, aber nicht, wie er danach hinfällt. Oder Ronaldos Tor im Finale der WM von 2002, aus einem kraftvollen Sprint geschossen: daran, dass Kahn dabei zu Boden geht, erinnern wir uns nicht. Nur der in tiefer Trauer gegen den Torpfosten gelehnte, am Boden sitzende Kahn ist uns im Gedächtnis, als eine Ikone der bodenlosen Einsamkeit und Selbst-Zentriertheit eines Spielers.

Unsere Wahrnehmung wird von der Mythologie des Fußballs strukturiert; sie ist auf die heroischen Momente gerichtet. Sie hebt Größe hervor, die über das gewöhnliche menschliche Maß hinausgeht und sich in denkwürdigen Handlungen darstellt. Sie scheinen sogar in ein imaginäres Buch eingetragen zu werden (»gehen in die Legende ein«).

Das hört sich an wie ein Geschichtenbuch für Erwachsene.

Wir haben schon gesehen, dass dies ein irreführendes Bild ist. Erinnerung wird im Fußball nicht in einem imaginären Buch festgehalten, sondern geht in den Hintergrund seiner Anhänger ein: Sie strukturieren ihre Erinnerung mit Bezug auf die wichtigsten mythischen Ereignisse. Dazu werde ich später im Zusammenhang von Fußball und Politik noch einiges sagen. Hier will ich auf einen anderen Effekt aufmerksam machen: darauf, dass wir aus der mythischen Erzählung eine besondere Art der Erklärung übernehmen. Dieser Hinweis ist deswegen wichtig, weil die Mythologie eine andere Rationalität besitzt als jene des wissenschaftlichen Denkens. In ihren Erklärungen sind die wirkenden Kräfte, die den Erfolg hervorbringen, keine physikalischen, psychischen oder sozialen, sondern Wirkungen magischer Kräfte. Der Glaube an die besondere Kraft der Anführer gibt den Spielern einer Mannschaft die Fähigkeit, ihre Selbstzweifel zu bekämpfen. Auch der Anführer selbst kann sich vor seiner eigenen Unsicherheit retten, wenn er an seine höheren Gaben glaubt. Dies sind nicht immer geniale Fähigkeiten; es kann eine besondere Kampfkraft und Entschlossenheit sein, die die andere Mannschaft beeindruckt, wie sich an der Wirkung Manuel Neuers und Philipp Lahms bei der WM 2014 zeigte. Die Überzeugung von der Wirklichkeit des Mythos setzt Kräfte frei, die man vorher nicht für möglich gehalten hat.

Ein wichtiger Grund für die Bereitschaft, an magische Fähigkeiten zu glauben, hängt mit der Struktur des Spiels zusammen. Im Fußball kommt es zu einer ungeheuren Verdichtung des Spiels zu entscheidenden Momenten. In solchen Augenblicken darf es auch nicht den geringsten Zweifel an den eigenen Fähigkeiten geben. Es gibt einige wenige Athleten, die in solchen Situationen immer wieder das entscheidende Tor schießen. In den letzten Jahren konnte man in solchen Augenblicken auf Messi, Ronaldo, Müller, Ibrahimovic, Robben zählen – wenn es darauf ankam, waren sie die Torschützen oder spielten den entscheidenden Pass. Im Achtelfinalspiel der WM 2014 gegen Argentinien hatten die Schweizer deutlich mehr und bessere Chancen als ihre Gegner, das Spiel für sich zu entscheiden. Ihre ausgezeichnete Mannschaft trug die Angriffe gut organisiert und wirkungsvoll vor; sie erarbeitete sich gegen Ende des Spiels eine Fülle von Möglichkeiten – aber keiner der Spieler war fähig, sie zu nutzen. Argentinien reichte ein Angriff in der Verlängerung mit einem überraschenden Querpass des schwer bewachten Messi zu dem auf der rechten Seite frei auftauchenden Di María: Dessen scharfer Schuss war nicht zu halten. In solchen Situationen entsteht der Eindruck eines übernatürlichen Könnens.[6]

Ist das nicht einfach Glück? Der Schuss von Di María hätte auch daneben gehen können.

In den Augen von Anhängern *und* Kennern ist es typisch für die Helden, dass sie für die entscheidenden Tore verantwortlich sind. Jeder andere Spieler außer Messi hätte versucht, selbst aufs Tor zu schießen.

So etwas gelingt ihnen aber nicht in jedem Spiel. Im Finale hat Messi kein Tor geschossen oder vorbereitet.

Richtig, das war Götze – der mit diesem Tor *seinen* Mythos begründet hat. Aber Messi hat gleich in den Spielen nach der WM wieder wichtige Tore geschossen – mehr Tore als jeder andere Spieler seit Bestehen der spanischen Liga.

Deine Annahme hält also einer Wirklichkeitsprüfung nicht stand: Du sagst selbst, dass es so sein kann, aber auch anders.

Das stimmt. Aber vergiss nicht, dass der Fußball auf einem Glauben beruht. Der Glaube macht die Dinge eindeutig. Für einen Skeptiker ist Messi nur ein herausragender und Di María ein sehr guter Spieler, mehr nicht.[7] Der Fußball-Gläubige hingegen verleiht ihnen magische Fähigkeiten. Es gibt immer wieder Situationen, in denen sie unfassbare Dinge tun – *nur sie*, nicht die anderen Spieler.

Wenn besondere Fußballer als Helden angesehen werden, verfügt die Mannschaft in kritischen Situationen über die mentalen Ressourcen, Schwierigkeiten zu bewältigen. Diese Spieler sind die Hauptdarsteller – ihnen traut man *alles* zu. Der Glaube an ihre Fähigkeiten und Kräfte wirkt lähmend auf die Gegner und befeuert die eigenen Anhänger, sodass sie ihrer Mannschaft substantielle Unterstützung geben können. Im Viertelfinalspiel der deutschen Mannschaft gegen Frankreich konnte man an der Selbstsicherheit der deutschen Führungsspieler und den zunehmenden Selbstzweifeln der Franzosen lange vor dem Abpfiff erkennen, dass sie dieses Spiel gewinnen würde. Alle an einem Fußballdrama beteiligten Akteure stimmen, ob sie es wollen oder nicht, insgeheim in der Anerkennung der magischen Sichtweise überein.

Der charismatische Spieler

Im Sport begegnen uns Körper mit einer Beschaffenheit, wie es sie im gewöhnlichen Leben selten gibt. In keinem anderen Handlungsfeld sind die Körperkräfte, die Ausdauer, die Koordination der Bewegungen, die Intensität der Aktivität und der Sinn für Taktik und den entscheidenden Moment, für den *kairós*, so stark ausgeprägt wie im Spitzensport unserer Zeit. Von der Magie war im vorigen Abschnitt die Rede: Die magische Weltsicht geht über die realistische Auffassung des Fußballs hinaus und öffnet sich dem Übernatürlichen. Es gibt noch eine Steigerungsform; sie äußert sich in einem Glauben an das Charisma. Auch dieser Glaube macht sich die Wirkungen der Magie zu eigen, zieht sie aber in einen spirituellen Bereich, der zum Metaphysischen gehört. Auf den ersten Blick mag diese Kennzeichnung übertrieben erscheinen. Wenn man sich aber der Konzeption des charismatischen Körpers zuwendet, begreift man, dass nicht nur Könige, Krieger, Politiker, Künstler mit Charisma ausgestattet werden, sondern seit dem 20. Jahrhundert auch Fußballspieler. Das Charisma einer Person kann nur durch die Glaubensbereitschaft einer großen Gemeinschaft von Verehrern entstehen. Es gehört nicht zu den natürlichen Eigenschaften der verehrten Person, sondern wird, wie Max Weber gezeigt hat, durch soziale Wirkungen dieser Gruppe erzeugt.

In der Wahrnehmung der Fans werden die Körper besonderer Spieler zu überirdischen Körpern. Sie sprechen ihnen eine *zweifache* Qualität zu. Über ihre materielle Beschaffenheit hinaus wird ihnen ein *immaterieller mystischer Körper* verliehen. In einer bahnbrechenden Arbeit hat Ernst Kantorowicz die mittelalterliche Vorstellung der *zwei Körper des Königs* beschrieben: Nach dieser alten Konzeption sind die Herrscher mit einem über den Tod ihres biologischen Körpers hinaus wirkenden *mystischen Körper* ausgestattet.[8] Im Fußball reichen die Wirkungen des immateriellen Körpers, anders als im mittelalterlichen Königsmythos, nicht über den Tod des Athleten hinaus. Seine mystische Beschaffenheit ist an sein Leben gebunden. Im Vergleich zu den allein durch Magie ausgezeichneten Fußballhelden stellen die herausragenden, bedeutendsten Spieler eine noch höhere Stufe dar. Sie sind Objekte einer nicht nachlassenden internationalen Verehrung, die mit kultischen Ritualen aufrechterhalten wird; diese gelten der verklärenden Erinnerung an Di Stéfano, Puskás, Fritz Walter, Pelé, Seeler (siehe Seelers Fuß als Kultobjekt in Übergröße), Beckenbauer, Maradona, Zidane, Messi. Im

Nachbildung des rechten Fußes von Uwe Seeler. Bronzeskulptur vor dem Hamburger Volksparkstadion

Folgenden sollen sie »Heilige« genannt und von den Helden unterschieden werden. Tatsächlich ist der Unterschied zwischen beiden Gruppen herausragender Spieler fließend; er hängt nicht zuletzt von Intensität und Dauer ihrer Verehrung ab.

Der materielle Körper des Fußball-Heiligen ist das Fundament des lebendigen mystischen Körpers. In biologischer Hinsicht ist er zwar mit außergewöhnlichen Qualitäten ausgestattet; wie jeder menschliche Körper ist er jedoch Prozessen der Alterung und Abnutzung unterworfen – er ermüdet, verletzt sich, wird langsam, verliert seine Kraft. Dies alles wird beim mystischen Körper geleugnet: Ihm werden besondere Gaben, die er latent in sich trägt, zugeschrieben. Wenn die Fans ihn berühren oder ein von ihm getragenes Hemd überziehen, geht in ihrer Einbildung etwas von diesen Gaben auf sie über.

In der Situation der totalen Unsicherheit des Spiels bietet der Heilige die entscheidende Hilfe. Bevor er auf dem Platz erscheint, ist er ein ganz gewöhnlicher Mensch; sobald er aber auf dem Rasen steht, verwandelt er sich – er wird gleichsam von seinem Charisma erleuchtet. Dieser Akt der Verwandlung von einem alltäglichen Menschen in eine »Lichtgestalt« ist sonst eher für einen Schauspieler als für einen Heiligen typisch. Dessen Taten sind jedoch keine Bühnenillusion. Sie sind wirklich; im Unterschied zu den christlichen Heiligen verändern die Fußball-Heiligen aber die materielle Wirklichkeit nicht. Sie heilen nicht die Kranken, machen die Blinden nicht sehend, retten keine Seelen – sie haben jedoch Macht über das Seelenleben von Millionen Menschen. Diese Kreuzung von gewöhnlichem

Menschen, Heiligem und Schauspieler ist der Beitrag des Fußballs zur Metaphysik unserer Gegenwart.

Das Schauspielhafte trifft doch auf Messi, einen der großen Fußball-Heiligen, gerade nicht zu. Sein Verhalten nach einem genialen Spielzug hat nichts Triumphales; es ist so zurückgenommen, dass man ihm schon eine Form des Autismus zugesprochen hat.

Verweist er nicht gerade durch seine gezeigte Teilnahmslosigkeit darauf, dass er nicht selbst, sondern nur sein natürlicher Körper das Tor geschossen hat? Dass er das Medium einer höheren Macht ist, die sich durch seinen Körper vollzogen hat? Als handelte er in höherem Auftrag, als sei er ein Erwählter.

Das ist doch reine Phantasie, eine Mystifikation.

Eben. Kaum jemand, der den Fußball liebt, weist sie zurück. Sie wird vom Publikum und von den Spielern selbst aufrechterhalten. Sie erzeugen ihre eigene Wirklichkeit, die im Spiel wirksam ist.

Haben Spieler wie Pelé, Beckenbauer, Zidane bei ihren Spielen nicht oft einfach nur Glück gehabt?

Die Frage beruht auf einer falschen Voraussetzung: Wenn sie Glück gehabt haben, kommt dies gerade durch ihre mystischen Körper zustande.

Das Argument beweist nur scheinbar etwas. In Wahrheit hat es vorausgesetzt, dass ein Spieler, der oft Glück hat, einen mystischen Körper besitzt. Das ist doch tautologisch.

Nenne es tautologisch – genau dies ist die zentrale Figur eines Glaubenssystems.

Mit der Mystik des Königskörpers hat der Körper des Athleten eine Gemeinsamkeit: Für seine Anhänger stellt er die Fähigkeit dar, zu führen, zu retten, zu triumphieren. Sie glauben daran, dass er aufgrund seiner besonderen Eigenschaften die Mannschaft vor der Niederlage schützt, dass er Wunder vollbringen und das Spiel beherrschen kann. Sein mystischer Körper errichtet eine Herrschaft besonderen Typs: die *charismatische* Herrschaft. Max Weber, der dieses Prinzip von Herrschaft analysiert, schreibt ihr eine Verbindung zu einem Höheren, zur Transzendenz zu. Der immaterielle Körper des charismatischen Helden ist eine Phantasieschöpfung seiner Anhänger.

Dann verwechselst du den Kult der Fans mit der Wirklichkeit.

Die Sache ist etwas komplexer: Der Spieler glaubt selbst an sein Charisma und dessen Wirkungen. Mit der Sicherheit dieses Glaubens an seine Selbst-Wirksamkeit gelingen ihm Dinge, die die Zuschauer und er selbst für übernatürlich halten. Was wiederum den Glauben verstärkt. Gewiss sind die Fußball-Helden nicht mit den Heiligen der christlichen Kirche zu verwechseln; die Anbetungsformen werden jedoch unzweifelhaft aus der katholischen Kirche und anderen religiösen Glaubenssystemen entlehnt; dies wird im nächsten Kapitel weiter ausgeführt.

Es wäre hilfreich, wenn du nicht ständig die Perspektive der Gläubigen einnehmen würdest.

Dein Einwand wäre berechtigt, wenn es um eine objektive Beschreibung der Taten großer Fußballer ginge. Wir müssen aber erst einmal verstehen, wie die subjektiven Vorstellungen der Verehrer beschaffen sind, die dann auf die Spieler zurückwirken. Zu diesem Zweck müssen wir in die Welt der Fußballanhänger eintauchen. Ohne eine solche

Immersion können wir deren Enthusiasmus nicht verstehen.

Kann man die Magie und das Charisma nicht auch aus der nüchternen Sicht der Wissenschaft beschreiben?

Das ist aus der Perspektive der Soziologie möglich. Wir können auf Max Webers Kennzeichnung der charismatischen Herrschaft in *Wirtschaft und Gesellschaft* zurückgreifen:[9] Das Charisma kommt einer Persönlichkeit zu, die außerhalb des Alltags steht. Sie wird »als gottgesandt oder als vorbildlich und deshalb als *Führer gewertet*«. Die charismatischen Wirkungen entstehen aus der Beziehung zwischen einer solchen herausragenden Person und ihren Bewunderern, zwischen Heiligem und Verehrern. Das Charisma des Heiligen beruht »auf der emotionalen Überzeugung von der Wichtigkeit und dem Wert« seiner Heldentaten.[10]

Die Anhänger mit ihrer emotionalen Zustimmung sind also die treibende Kraft des Prozesses, in dem eine herausragende Persönlichkeit zu einem charismatischen Führer wird. Mit ihrer Unterordnung und Verehrung statten sie diese mit dem Charisma aus, das im Feld des Handelns magische Wirkungen entfaltet. Charismatische Herrschaft beruht »auf der außeralltäglichen Hingabe an die Heiligkeit oder die Heldenkraft oder die Vorbildlichkeit einer Person und der durch sie offenbarten oder geschaffenen Ordnungen«.[11] Die Anhänger bilden »eine emotionale Vergemeinschaftung«, die von ihrem Anführer beherrscht wird. Für die Fans ist es das Höchste, ihren Helden zu berühren und so mit der höheren Macht, die ihm das Charisma verliehen hat, indirekt in Kontakt zu treten. Dabei ist ihnen nicht bewusst, dass sie selbst an dessen Entstehung beteiligt waren. Gemeinsam erzeugen sie eine außeralltägliche Welt; in sie darf kein profanes Denken eindringen. Gegen das Eindringen von Alltäglichkeit schließt sich die verehrende Gemeinde durch ihre Organisation, Kleidung, Symbole und Rituale ab. Von Max Weber können wir, wenn wir seine Überlegungen auf den Fußball übertragen, einen weiteren Gedanken gewinnen. Anders als der christliche Heilige gehört der angebetete Sportler mit seinem Handeln und Leben in die *inner*weltliche Sphäre. Er lebt nicht in der Außerweltlichkeit, nicht hinter Klostermauern. Kraft seiner Wundertätigkeit und seines Charismas gehört er hier in eine *außer*alltägliche Sphäre: Er hat Teil an einer höheren Macht – *er ist ihre Verkörperung* im innerweltlichen Getriebe.

Kaum ein Spieler der jüngeren Fußballgeschichte verkörperte neben Messi sein Charisma so überzeugend wie Zidane: Immer war er zur Stelle, wenn eine entscheidende Handlung nötig war. Im Finale der WM 1998 schoss er gegen Brasilien zwei Tore; im Champions-League-Finale 2002 gegen Leverkusen entschied er mit einem spektakulären Volleyschuss das Spiel. Im Finale der WM 2006 überlistete er mit einem dreisten Elfmeterlupfer den italienischen Torwart Buffon. Durch seinen Ausraster in diesem Spiel, den impulsiven Kopfstoß gegen Materazzi, wurde seine ohnehin hohe Anerkennung noch weiter gesteigert, insbesondere bei den Jungen aus französischen Einwandererfamilien. Schon am Tag nach dem Finale wurden von französischen Radiostationen Raps als Heldengesänge auf seine Tat verbreitet (*Zidane, il a poussé, Zidane, il a poussé;* »Zidane hat zugestoßen«).

Zinédine Zidane im Viertelfinalspiel gegen Italien bei der WM 1998

Wieso kann die mystische Sicht im Fußball so wirkungsvoll sein?

Vergessen wir nicht, dass es sich bei den Fußball-Heiligen um ganz und gar außergewöhnliche Begabungen handelt. Vom Blickpunkt der Soziologie kommt aber ein zweiter Aspekt wesentlich dazu: Die mystische Sicht ist mehr als ein partieller Aspekt; sie organisiert die Erfahrung der Anhänger *und* der Spieler. Sie ist eine *totale Weltsicht* – sie wird beherrscht von dem Glauben an die Wirkung einer höheren Macht. Im kritischen Urteil der Weber'schen Soziologie ist sie ein Rückfall in ein religiös-magisches Denken aus der Zeit vor der Aufklärung – eine *Wiederverzauberung der Welt*. Aktivste Träger und Verbreiter des Religiösen im Fußball sind die Fans. Von ihnen gehen die religiösen Gefühle auf das allgemeine Publikum und schließlich auf die Medien über.

Sportliches Können eines Spielers und sein geglaubtes Charisma verbinden sich in der symbolischen Sphäre des Fußballs zu einem mythischen Gebilde. Kraft und Wert dieses Konstrukts werden in der Auseinandersetzung mit den Gegnern zu einem Mittel symbolischer Gewalt (Pierre Bourdieu). Symbolisch ist die Gewalt, insofern sie nicht körperlich wirkt, aber dennoch fähig ist, im körperlichen Geschehen des Fußballs Herrschaft auszuüben. Dies gilt auch für einen Verein, der als eine Akkumulation des Charismas seiner herausragenden Spieler angesehen wird. Die größere symbolische Macht einer Mannschaft wird in die Überlegenheit gegenüber Teams mit geringen symbolischen Mitteln transformiert. Ein prestigereicher Club aus einer florierenden Metropole, der zudem von bedeutenden Wirtschaftsunternehmen oder russischen Oligarchen gestützt wird, hat ganz andere Chancen beim Einkauf auf dem Spielermarkt als ein Verein, der nur sportliche Erfolge und saubere Geschäftspraktiken vorzuweisen hat.

Aber das sind doch materielle, keine symbolischen Vorteile.

Im Fußball wird die materielle in eine symbolische Überlegenheit transformiert. Ein Verein mit großer symbolischer Macht hat gute Chancen, Schiedsrichter einzuschüchtern, den Verband zu beeinflussen, Strafen zu verringern, Ausnahmen durchzusetzen, erfolgreich gegen Entscheidungen zu protestieren.

Warum sagst du »symbolische« Macht? Geht es dabei nicht einfach um Bestechung und Einschüchterung, um die Furcht vor den negativen Folgen einer Entscheidung gegen einen großen Club, um die Ächtung durch einen einfluss-

reichen Vereinsmanager, auch um Furcht vor Deklassierung in der Hierarchie der Schiedsrichter?

Höhere symbolische Macht wirkt versteckt, unterhalb des expliziten Wissens. Den Beteiligten ist oft nicht bewusst, dass sie über ein beträchtliches Machtpotential verfügen, weil sie ihre Macht nicht direkt zeigen. Funktionäre und Schiedsrichter aber haben den Respekt und die Furcht vor symbolischer Macht verinnerlicht und sich freiwillig zu eigen gemacht. Die mit symbolischer Macht ausgestatteten Spieler spüren, dass sie sich manchmal mehr herausnehmen dürfen als ihre Gegner. Ohne es benennen zu können, merken sie, dass sie ihnen größere Selbstsicherheit in schwierigen Situationen des Spiels verleiht. Es ist auffällig, dass Mannschaften, die ihre symbolische Macht spüren, oft wichtige Spiele in der Nachspielzeit oder in der Verlängerung entscheiden.

Bedeutet dies nicht auch, dass die symbolische Gewalt systematisch eingesetzt wird, um den Gegner zu beherrschen? Wie kommt es, dass er sich dieser Wirkung nicht einfach verweigert?

Genau das ist das Merkwürdige: dass man sich gegen symbolische Gewalt kaum schützen kann, weil sie unbewusst über den Glauben wirkt. An die überlegene Macht einer Mannschaft glaubt nicht nur sie selbst, sondern auch ihr Gegner. Er ist, ohne dass er es weiß, von der höheren symbolischen Macht der anderen Mannschaft überzeugt. Selbst wenn man ihn darauf aufmerksam machen würde, könnte er sich von diesem Glauben nicht einfach befreien. Die Überlegenen wiederum durchschauen nicht das Geheimnis ihrer Macht – sie kennen jedoch ihre Wirkung aus vielen Spielen und vertrauen auf sie. Sie fühlen sich zu Recht in einer dominanten Position.

Ist dies nicht einfach nur eine self-fulfilling prophecy? Die überlegene Mannschaft sagt sich: Wir werden gewinnen, und genau das tritt dann auch ein.

Das Wort »Prophezeiung« ist irreführend – die Spieler sind keine Propheten; sie haben keine höhere Eingebung; sie sagen nicht das Ergebnis vorher. Sie kommen auf den Platz mit der inneren Überzeugung, dass *ihre* und keine andere Mannschaft gewinnen wird. Sie schließen einfach jede andere Möglichkeit aus – man könnte eher von einem sich selbst bestätigenden Dogmatismus sprechen.

Und wie ist es bei einer Niederlage? Ist dann das Dogma zerstört?

So einfach verschwinden seine Wirkungen nicht. Es stimmt, dass auch die erfolgreichsten Fußballer bei Weitem nicht immer gewinnen. Gelegentliche Niederlagen, die man sich auf irgendeine Weise erklären kann, zerstören jedoch nicht die symbolische Textur. Es gibt eine ganze Menge selbstheilender Kräfte. Das Wunderbare am Spielbetrieb des Fußballs ist, dass er immer wieder von vorn losgeht. Den verehrten Spielern wird von diesem Zyklus gleichsam gestattet, dass sie auch nach einem Absturz, zwar mit kleineren Schrammen, wieder in der Heldengalerie auftauchen.

Kann man mit der symbolischen Macht vielleicht auch die Wirkung von Franz Beckenbauer erklären?

Eine rationale Erklärung wird man dafür nicht finden können; das ist ja gerade das Typische des Funktionierens dieser Macht. Ihre schlüssigste Beschreibung hat der Comedian Olli Dittrich in einem Interview mit dem *Stern* gegeben:[12] »Beckenbauer ist und bleibt ein Phänomen ... Die Eleganz und Selbstsicherheit, mit der er zum Teil nur rudimentäre Worthülsen auf Wiederholungsbasis absondert und in Wohlklang wandelt, ist einzigartig. Selbst Leute vom Fach, die dabeisitzen und es besser wissen, begehren nicht auf, sondern nicken zustimmend.« – Frage des *Stern*: »Warum?« – »Weil sie wissen: Das ist der Franz, der da gerade spricht, eine wahre Lichtgestalt. Der Franz darf das, der Franz hat immer recht. Das ist pure Magie.«

Im Fußball schlägt die Magie des Spiels ins Ökonomische um. Der Glaube an die Spieler und Vereine verbindet sich mit dem Geist der Berechnung: Die Träger von Magie und Charisma erhalten höchsten ökonomischen Wert. Das Weltmeister-Trikot der deutschen Mannschaft war schon einige Monate nach dem Finale vier Millionen Mal verkauft worden. Mario Götze hat seinen – schon vor der WM sehr hohen – Marktwert noch einmal gesteigert. Nicht nur seine Spielkunst bestimmt seinen Preis, sondern auch sein Mythos: Er ist der Mann des entscheidenden Treffers. So offenkundig die ökonomische Logik das Spiel beherrscht, so energisch wird ihre Bedeutung von den Spielern und Anhängern für nebensächlich erklärt. Es gehört zur Ehre und zum Persönlichkeitsbild gerade der am besten bezahlten Profis, dass sie den Einfluss der Gagen auf ihre Motivation strikt negieren: Ich spiele, weil es mir Spaß macht; Fußballspielen ist doch keine Arbeit. Tatsächlich würde es das Selbstverständnis des Spielers untergraben, wenn er zugäbe, dass er für Geld spielt: Er betrachtet die Höhe seines Spielergehalts vielmehr als einen *symbolischen Anzeiger seines Rangs* innerhalb der Hierarchie des Vereins und der Liga. So soll Toni Kroos die Bayern verlassen haben, weil er dort weniger verdiente als Götze; und so musste Messi in Barcelona nachverhandeln, als sich herausstellte, dass der Neuzugang Neymar mehr Geld erhalten würde als er. Auf dem obersten Niveau des Fußballs hat das Ökonomische immer auch eine symbolische Bedeutung, wie sich das Symbolische auch stets ökonomisch ausdrückt.[13]

Die Verneinung des Ökonomischen spielt im Fußball eine ähnliche Rolle wie in der Kunst: Die Realität des Geldverdienens wird vom Mythos des Schöpferischen in den Hintergrund gedrängt. Nur wenn die hoch verdienenden Profis lustlos und schlecht spielen, begreifen die Fans die ökonomische Seite des Spiels: Sie brechen dann mit der gemeinsam geteilten Magie und verlangen als Gegenwert für ihr emotionales Engagement, den Eintrittspreis und die Höhe der Spielergehälter angemessene sportliche Leistungen. Sie schmähen ihre Helden, wie die Münchner Fans, die eine lustlose Bayern-Mannschaft mit dem Slogan »Scheiß-Millionäre« ausbuhten. Sie treten – jedenfalls vorübergehend – aus der Illusion der ökonomischen Interesselosigkeit heraus.

Erfolgreiche Mannschaften sind mit Symbolen von Wirtschaftsunternehmen umgeben. Als Gegenleistung für ihre materielle Unterstützung werden diese am symbolischen Gewinn der Titel beteiligt, als könne man die sportlichen Werte direkt in ökonomische übersetzen. Am Tag nach dem WM-Sieg der deutschen Mannschaft in Rio wurde der vierte von der FIFA verliehene Stern (für den vierten WM-Titel) in der Werbung als Mercedes-Stern dargestellt.

Die Verbindungen symbolischer und ökonomischer Werte sind im Fußball deutlich verlässlicher und wertbeständiger als die rein sportlichen Leistungen von Spielern und Teams. Fußballer können sich verletzen, ihre Form verlieren, müde und lustlos werden. Während ihre Leistungen unberechenbar sind, bleiben ihre symbolischen Qualitäten und die mit ihren Namen betriebene ökonomische Wertschöpfung relativ lange Zeit stabil; sie können Formtiefs, Verletzungspausen, Sittenwidrigkeiten und Verkehrsdelikte eine Zeit lang überbrücken.

Masse und Ich im Fußball

Als wirtschaftlicher Faktor sind Spieler und Zuschauer Teil von weit über den Sport hinausgreifenden ökonomischen und emotionalen Verflechtungen. Neben den großen Events der Popkultur gehören Fußballspiele zu den Massenspektakeln der Gesellschaft. Für die Ereignisse in den Stadien werden »Bühnenbilder für die Massen« errichtet, wie der Architekt Volkwin Marg selbstbewusst über sein Werk feststellte.[14] Sie sollen die Emotionen der Zuschauer steuern und intensivieren – eine Erregungsarchitektur, die zusätzlich mit akustischen Anlagen zur Verstärkung der Publikumsgeräusche bestückt ist. Man denkt dabei sofort an Aufmärsche und den propagandistischen Einsatz von Menschenmassen. Im Sport und in der Popkultur sind die Massen jedoch anders beschaffen als die historischen Beispiele, insbesondere anders als revolutionäre Massen. Von diesen unterscheiden sie sich fundamental in Konstitution, Dauer und Richtung. An der Differenz zu den historischen Beispielen lässt sich erkennen, dass die Zuschauermassen im Fußball von den Vorstellungen der politischen Tradition deutlich zu unterscheiden sind.

Im Fußballstadion bildet sich eine Öffentlichkeit, in der viele Menschen mit anderen kollektive Gefühle teilen. Die von der Stadionmasse erzeugten Emotionen haben Resonanzen weit über den Ort des Geschehens hinaus. Andere Menschen hören, lesen von den Spielen, sehen sie im Fernsehen und werden von ihnen angezogen: Auch sie wollen dabei sein und an ihnen teilhaben. Die von den Massen im Stadion geteilten Emotionen haben die Tendenz, zu wachsen, immer mehr Menschen anzuziehen. Von der Ausbreitung des *Public Viewing* während der WM 2006 konnte man diese Annahme Elias Canettis[15] bestätigt sehen. Auch ein zweites von Canetti beschriebenes Merkmal tritt bei Massen im Fußball auf: Sie sind intentional gerichtet, auf das Spektakel im Stadion bezogen.

Es ist nicht das Spiel allein, das die Emotionen der Zuschauer erzeugt; sie entstehen in komplexen Wechselwirkungen und Interaktionen. Spannung und Erregung werden auch von den Wiederholungen wichtiger Szenen auf der Videowand, von anfeuernden Ansagen, den Aktionen der Fangruppen, vom Beifall und Singen, von der Präsentation der Mannschaften, von den angeblichen Fehlentscheidungen des Schiedsrichters hervorgerufen. Der heiße Kern der kollektiven Emotionen im Stadion sind die Fans. Ihr enger Zusammenschluss entsteht nicht in erster Linie dadurch, dass sie sich untereinander kennen; vielfach ist dies nicht der Fall. Entscheidend für die Gemeinschaftsbildung ist, dass sie sich immer zur gleichen Zeit an demselben Ort, in der Fankurve des Stadions, versammeln und gemeinsam dieselben Rituale vollziehen. Voraussetzung für ihre kollektiven Handlungen ist eine starke emotionale Verbundenheit mit dem Verein und seinen Spielern, eine begeisterte Übernahme der Symbole und Heldengeschichten des Clubs (Vereinsfarben, Wappen, Gesänge, Flaggen, Trikots, denkwürdige Daten und Spieler) sowie der Feindschaft zu rivalisierenden Clubs und ihren Anhängern (»Fanfeindschaft«). In der Vereinzelung wirken die Fans wie unscheinbare Bürger mit etwas eigentümlichen Vorlieben; bei den *hardcore fans* dreht sich das ganze Leben um »ihren« Verein.

Auf den ersten Blick scheinen alle Vorurteile auf die Fans zuzutreffen, die seit dem Ende des 19. Jahrhunderts, angefangen mit Gustave Le Bon,[16] gegenüber den Massen vorgebracht worden sind: Massen sind schwankend, wankelmütig, emotional, urteilsunfähig, ihre Mitglieder verlieren ihre personale Identität. Aus heutiger Sicht erscheint diese Beschreibung der sozialen und psychischen Mechanismen der Masse problematisch. Die wichtigen historischen Theorien basieren auf der Gegenüberstellung von Masse und souveränem Subjekt: Solange es voneinander unterschiedene Subjekte gibt, hat sich noch keine Masse gebildet. Wenn es aber zu einer Massenbildung kommt, verlieren die Einzelsubjekte ihre Autonomie, Individualität und Urteilsfähigkeit. Sie bilden unterschiedslos einen großen Körper und agieren wie *ein* Körper.[17] Es ist schwer zu beurteilen, ob die klassischen Theorien das Geschehen in historischen Massen angemessen erfasst haben. Vermutlich hatten frühere Erscheinungen der Masse, zum Beispiel bei

Hungeraufständen oder politischen Revolten und Revolutionen, eine andere Struktur als jene, die wir in heutiger Zeit aus den Stadien und von Popkonzerten kennen. Eine moderne Konzeption würde nicht mehr den Begriff des autonomen Ichs zugrunde legen; es ist von der jüngsten Philosophie hinreichend kritisiert worden. Auch soziologische Beobachtungen der Fanszene lassen erkennen, dass die Fußballanhänger in einer Masse von Fans nicht einfach ihre personale Identität verlieren. Hinter dem Erscheinungsbild gemeinsamer Rituale fragmentiert sie sich in eine Vielzahl unterschiedlicher »sich überkreuzender und konvergierender Schicksale«.[18] Anstatt eine Auslöschung des Ichs zu bewirken, kann das Massenerlebnis gar zu einer Steigerung des Ich-Gefühls führen, die in der Rückwirkung wiederum die Masse stärkt, als würden ihr zusätzliche Kräfte zuwachsen.[19]

Treibende Kraft der Fans ist die Liebe zu ihrem Verein. Die libidinöse Konstitution einer Masse hat Sigmund Freud in *Massenpsychologie und Ich-Analyse* beschrieben. Wichtige Züge dieser Untersuchung lassen sich auf die Beziehung des Fans zu »seinem« Spieler anwenden:[20] Der Fan entwickelt eine tiefe Zuneigung zu ihm; indem er an ihn glaubt, idealisiert er ihn. Allerdings nimmt auch Freud an, dass das Subjekt in diesem Verhältnis sein Ich aufgibt. An die Stelle seines Ichs setzt das Massensubjekt das Ich-Ideal seines bewunderten Objekts. Auf den Fußball lässt sich diese Beziehung wohl nicht direkt übertragen; die Wirkungen aber, die das Subjekt in der libidinösen Beziehung erfährt, kann man auch bei den Fans feststellen. Freud nimmt an, dass die verehrte Person eine »Hypnosewirkung« auf den Verehrer hat. Er fühlt sich seinem Spieler besonders nahe und übernimmt ihn in seine Gefühlswelt. Diese Identifizierung ruft in ihm eine emotionale Resonanz hervor: Er spürt die Kraft, die Müdigkeit, die Verzweiflung seines Spielers; er erlebt mit ihm den Triumph seines Tores und seine Angst vor Misserfolg. Liebe macht einerseits blind, andererseits aber auch empathisch für das geliebte Objekt. In Fußballstadien sieht man bei einer Niederlage Fans weinend sich in den Armen liegen. Die libidinöse Beziehung zu den Spielern wird durch gemeinschaftliche Aktionen organisiert und kultiviert. Jedes einzelne Ich bildet dabei gemeinsam mit den anderen Fans Rituale der Verehrung, der Gefolgschaft und der Nachahmung, die die bewunderten Spieler erhöhen und das *eigene* Leben bis in die privatesten Äußerungen durchdringen. Die Fangruppe ist von dem Wunsch beherrscht, den verehrten Spielern nahe zu sein und in ihrer Liebe zu ihnen nie nachzulassen. Zu einer libidinösen Beziehung gehören auch negative Gefühle wie Zurückweisung und Hass. Bei der Abwehr gegenüber einem Trainer, einem neu verpflichteten Spieler oder einem Clubpräsidenten halten Fans selbst hergestellte Transparente hoch. Als Reaktion auf schlechte Leistungen einer leidenschaftslosen Mannschaft drehen sie den Spielern den Rücken zu. Aus Protest gegen die Verlegungen der Anspielzeiten kam es schon zu koordinierten Protesten in allen Stadien der Bundesliga.

Was Freuds Analyse nicht leistet, ist eine Beschreibung des *Selbst-Gefühls* der Menschen in einer enthusiastischen Masse. In seiner Selbst-Wahrnehmung verliert der Anhänger einer Mannschaft nicht einfach einen wesentlichen Teil seines Ichs; er ersetzt ihn nicht durch ein fremdes Über-Ich.

Dies geschieht möglicherweise in Krisenzeiten bei politisch und rassistisch aufgehetzten Massen. In einer enthusiastischen Masse des Sports gewinnt das Ich eher einen höheren Grad der Wirklichkeitserfassung. In Momenten der Euphorie einer Fangruppe kann der Einzelne sein Ich besonders intensiv erfahren. Dies geschieht nicht nur bei vereinzelten Mitgliedern, sondern bei vielen Mitgliedern einer Fan-Masse. Statt die eigene Individualität zu verlieren, erfährt ihr *Ich* das Gefühl der Gewissheit der gemeinsamen Welt und des eigenen *Ichs*.

Das hört sich nach einer mystischen, außerweltlichen Erfahrung an. Sind die Fans in deiner Vorstellung besondere Menschen?

Gerade nicht. Das Gefühl, von dem ich spreche, ist uns durchaus vertraut. Allerdings wird es normalerweise nicht zur Sprache gebracht. Um es genauer zu beschreiben, müssen wir uns kurz mit Gefühlen befassen.

Wird es jetzt theoretisch? Psychologisch?

Nein, es geht um alltägliche Erfahrungen, die du und ich machen können: Wenn wir von Gefühlen sprechen, denken wir gewöhnlich an solche Emotionen,[21] die sich auf ein bestimmtes Objekt richten – beispielsweise an die Liebe zu einer Person, einem Tier oder einem schönen Gegenstand. Es gibt aber auch nichtgerichtete Gefühle, beispielsweise eine diffuse Angst oder eine Beunruhigung, von der wir nicht wissen, warum sie entsteht. Sie haben kein Objekt, werden aber körperlich gefühlt. Von den körperlichen Reaktionen können auch andere Menschen gleichsam angesteckt werden; sie können bei ihnen eine generelle Verunsicherung des Verhaltens hervorrufen: Das Ich ist sich seiner selbst dann nicht mehr sicher; es stimmt nicht mehr mit sich überein. In der Fankurve ist dieser Prozess vergleichbar, nur in der anderen Richtung: Bei dem Gefühl des Einzelnen in der enthusiastischen Masse handelt es sich um eine *Vergewisserung seiner selbst.*

Von Jean-Jacques Rousseau stammt die Beobachtung, dass es Situationen gibt, in denen man sich selbst spürt: Es ist ein Gefühl, das kein Objekt hat, keinen speziellen Gehalt. Es ist eine Art Grundierung des eigenen Ichs: Es macht die eigene Existenz fühlbar. In der Philosophie wird es deshalb Existenz-Gefühl genannt. Rousseau wurde auf dieses Gefühl aufmerksam, als er an einem schönen Tag auf den Bieler See hinausgerudert war und sich träumerisch den schaukelnden Bewegungen seines Kahns überließ.[22] Man braucht aber nicht unbedingt eine romantische Situation in der Schweizer Bergwelt, um ein solches Existenz-Gefühl zu empfinden; es kann auch in ganz anderen Umgebungen entstehen, nicht nur in der Einsamkeit, sondern auch in der Gemeinsamkeit mit anderen, wie in einer begeisterten Masse. Im gemeinsamen Erleben wird das Fühlen jeder einzelnen Person durch die Resonanz verstärkt, die sie von den anderen erhält. Sie verliert nicht ihre Individualität; sie gibt nicht einen Teil von sich auf. Jedes einzelne Ich erhält im Erleben der Masse von der Gemeinschaft das Gefühl von sich selbst. Es kann sich nicht vorstellen, dass es sein *Ich*, das *Wir* der Gruppe und ihre gemeinsam geteilte Welt nicht gibt. In den einzelnen Ausprägungen ist die individuelle Welt bei den vielen Fans unterschiedlich, aber im Erleben der Gewissheit des Existierens stimmen sie überein. Anstatt das *Ich* zu schwächen oder gar aufzulösen, können kollektive Emotionen im Erleben des Stadions den Glauben an das eigene *Ich* und an das *Wir* der Gemeinschaft sogar vergrößern. In solchen Momenten besteht die Gefahr, dass sich das *Ich* allmächtig vorkommt – eine unrealistische Einbildung, denn diese Vergrößerung seiner Kraft könnte der Einzelne ohne das gemeinsame Handeln der Gemeinschaft nicht zustande bringen.

Was unbegreiflich ist, ist darum nicht weniger wirklich.
BLAISE PASCAL

5
Rituale, Gemeinschaft, Emotionen

Am Anfang meiner Reflexionen stand der Gedanke, dass die Welt des Fußballs auf einem Glauben beruht. Er ist ein fester, solider Grund, der uns die Gewissheit der Tatsachen gibt, die ein Spiel ausmachen. Der Glaube an das Spiel wird nicht nur von den Spielern, sondern auch von den Zuschauern geteilt. Auch wenn das Publikum zahlenmäßig gering ist, verändert seine Präsenz die Situation. Die Zuschauer sind nicht nur als Beobachter anwesend – sie sind in gewisser Hinsicht Mitspieler. Am Bühnengeschehen auf dem Rasen sind sie indirekt durch ihre emotionalen Reaktionen beteiligt. Die Fans als wesentliche Generatoren der Gefühle erzeugen eine Verschmelzung des Erlebens des Publikums mit den Gefühlen der Spieler. Ihre typischen Einstellungen zu den Akteuren sind Bewunderung und Verehrung. Sie scheinen ursprüngliche innere Haltungen zu sein – so werden sie üblicherweise beschrieben. Diese Vorstellung kann man jedoch durch einen wichtigen Gedanken Wittgensteins ergänzen: Eine innere Haltung bedarf äußerer Kriterien. Unter Kriterien können wir hier

Merkmale des Verhaltens verstehen. Die Haltung ist nicht im Inneren einer Person eingeschlossen und führt dort ein intimes Leben – sie entsteht in äußeren, performativen Akten, die in einem öffentlichen Geschehen vollzogen werden. Eine Person kann zwar für sich allein einen Spieler verehren und eine Mannschaft bewundern; dies zeigt sich aber an bestimmten Handlungen und Reaktionen. Der Fan hat etwa ein Poster seines Lieblingsspielers in seinem Zimmer aufgehängt, er interessiert sich brennend für das Spielergebnis seiner Lieblingsmannschaft, er trägt den Vereinsschal, schminkt sich in den Vereinsfarben, er mag die Fans der Gegner nicht. Was er macht, tun auch viele andere Bewunderer derselben Spieler; er weiß, dass er mit seinen Gefühlen nicht allein ist, und dieses Wissen stabilisiert seine Haltung.

Bewunderung und Verehrung sind zugleich innerlich *und* äußerlich. Allerdings ist der äußere Teil der entscheidende; er besteht im Wesentlichen aus – persönlich angeeigneten – rituellen Verhaltensweisen. Selbst wenn sich Rituale der Bewunderung und Verehrung im Verborgenen entfalten und sich mit einem geheimen Aberglauben verbinden – ihre Strukturen haben sie vom Verhalten einer Gruppe erhalten: von rituellen Bewegungen, Beifallskundgebungen, Anfeuerungen, Zeigen von Bildern, Schwenken von Schals, Spruchbändern, von Vereinsfarben und -wappen, Gesängen, Beschwörungsformeln, vom Aufrufen der Namen, von Gruppenchoreographien, Schmähungen der Gegner, Beschimpfungen des Schiedsrichters, Kämpfen mit den »feindlichen« Fans. Das Zentrum aller rituellen Handlungen bildet der bewegte Körper: äußerlich bewegt von einer Fülle kollektiver

Handlungen, innerlich bewegt von Emotionen, die aus den gemeinschaftlichen Akten entstehen.

Die Rituale der Zuschauer geben dem Fußballspiel die Struktur eines wild aufgeführten Dramas mit einer ausgeprägten innerlichen Dimension. Den starken Ausbau des Inneren würde man beim Fußball angesichts seines lauten Spektakels nicht unbedingt vermuten – genau dies ist ein kulturelles Vorurteil. Unsere Kultur der Innerlichkeit ruht auf der Überzeugung, dass Glaube, Gewissheit, Bewunderung und Verehrung in der Tiefe unserer Psyche entstehen und sich in Gedanken, Gebeten, in Gesprächen und im Schreiben entfalten. Wir übersehen dabei ihre rituellen Formen. Noch weniger denken wir daran, dass der Glaube eine performative Dimension besitzt. Daher entsteht kollektiver Glaube, nach der Religionssoziologie Émile Durkheims, aus der körperlichen Erregung einer Menge.[1] Sein Ausdruck für diesen Urzustand des Glaubens ist das französische Wort *effervescence;* es bezeichnet ursprünglich einen chemischen Prozess, bei dem es zu heftigen Reaktionen der Erhitzung oder (beim Wein) zu Gärung kommt. Mit der Aufnahme dieses Begriffs bringt Durkheim zum Ausdruck, dass durch religiöse Rituale das Innere der Gläubigen »zum Kochen gebracht« werde. Glaubensrituale des Fußballs können im Lärm der Arena, aber auch in der Intimität eines privaten Heims wirksam werden. Sie zeigen an, dass der Bewunderer zur realen oder virtuellen Masse der Fans gehört.

Ritualisierung der Gesellschaft

Was würde geschehen, wenn aus dem Sport mit einem Mal alle Rituale verschwinden würden? Fußballspiele würden so ablaufen, wie man zur Arbeit geht, seine morgendlichen Dehnübungen macht oder seine Joggingrunden dreht. Fußballer würden sich auf dem Platz einfinden und zu spielen anfangen, Zuschauer kämen hinzu, guckten sich die Sache an und würden wieder nach Hause fahren; manchmal würde etwas darüber in der Zeitung stehen. Nach dem Spiel würden die Mannschaften in ein Wirtshaus gehen, gemeinsam trinken und das Spiel durchsprechen. So oder so ähnlich hat der Fußball an vielen Orten angefangen, und so wird er auch heute noch als Freizeitkick betrieben, in kleinen Gruppen, nach Verabredung, mit einer Handvoll Freunden, Klassen- oder Arbeitskameraden und mit oder ohne Freundinnen als Zuschauer. Ein solcher Sport besitzt keine besonderen Rituale; er wird in gemeinsamer Aktivität zu bestimmten Zeiten, an festgelegten Orten und nach mehr oder weniger formulierten Regeln betrieben, die einen Anfang und ein Ende des Spiels bestimmen. Hier gibt es kein aufgeführtes rituelles Geschehen, wie wir es vom heutigen Profifußball kennen, sondern nur eine *ritualisierte Praxis*.[2]

Mit diesem Vergleich wird schlagartig klar, welche ungeheure Vermehrung und Vergrößerung des rituellen Potentials im Sport seit dem Beginn des 20. Jahrhunderts stattgefunden hat. Man erfasst die Kraft und Faszination der Rituale des Fußballs und ihre vergemeinschaftenden Wirkungen. Während ihres fünfzigjährigen Bestehens haben es die Bundesliga und das Fernsehen geschafft, für unzählige Haushalte in Deutschland das Wochenende zu strukturieren: Samstag um halb vier beginnen die meisten Spiele, ab 18 Uhr bestimmt die *Sportschau* das Vorabendprogramm; während der Fußball-WM waren gemeinsames Fernsehen, Jubeln, Diskutieren der Ergebnisse Teil des Standardprogramms an mehreren Wochentagen. Die deutsche Nationalhymne war in der Geschichte der Bundesrepublik noch nie so populär wie heute vor Beginn eines Länderspiels. Nachrichtensendungen der Medien melden jedes wichtige Fußballergebnis. Vom ritualisierten Fußball wird der deutsche Alltag also wesentlich mitgestaltet. Wie im Sommerurlaub und am Weihnachtsfest lässt sich erfahren, wie es sich anfühlt, Deutsche(r) zu sein: Weil der Fußball eine Fülle den deutschen Alltag prägender Rituale ausgebildet hat, gehört er zur Erfahrung der nationalen Identität.

Man könnte diesen Bedeutungszuwachs für übertrieben halten, wenn die deutsche Gesellschaft über einen langen Zeitraum unverändert geblieben wäre. Erfasst man aber die Kulturgeschichte unseres Landes heute noch angemessen, wenn man sie auf Politik, Wirtschaft, Kultur beschränkt? In Werken ernst zu nehmender Historiker findet man nur einen Seitenblick auf *Sport und Spiel*. Ihm entgeht, wie grundlegend sich unsere Gesellschaft in den letzten Jahrzehnten verändert hat.[3] Ihre symbolische Struktur, ihre Selbst-Wahrnehmung und ihr Bedeutungsgefüge sind andere als jene der fünfziger und sechziger Jahre. Zusammen mit ihnen sind auch die Alltagspraktiken und Werturteile umgebaut worden.

Man blickt fasziniert auf das Internet als den großen gesellschaftlichen Innovator unserer Zeit. Darüber vergisst man jedoch, dass sich auch die Rolle des Körpers und seiner Praktiken, seiner Darstellungen und Ritualisierungen tief greifend verändert hat, und dies schon seit längerer Zeit. Ebenso wie Internet und IT die Sprache und Kommunikation beeinflusst und Kindern und Jugendlichen eine früher nicht für möglich gehaltene Überlegenheit gegenüber Erwachsenen verschafft haben, favorisiert der Sport mit seinen neuen Konventionen und Wertungen die Jugend in Fragen des Aussehens, der Kleidung, der Attraktivität und der Verhaltensrituale. Und wie das Internet die etablierten Institutionen wie Zeitungen, Buchhandlungen, Musikindustrie, Kino und Fernsehen erschüttert, so stellen die mitreißenden Rituale des Fußballs die Politik und die Kirche vor das Problem, ob sie in ihm einen Konkurrenten erblicken oder sich auf seine Seite schlagen sollen. Auf den ersten Blick scheint die Begeisterung für den Fußball neben anderen Gründen das Interesse an Politik und Kirche zurückgedrängt zu haben.

Man kann die Situation auch anders sehen: Der Fußball breitet sich in jene Bereiche hinein aus, in denen die etablierten Institutionen ihre Lebendigkeit verloren haben und wo deren rituelle Formen keinen großen Zuspruch mehr finden. So erzeugen die wenigen großen Staatsakte der deutschen Politik nicht annähernd so viel Zusammengehörigkeitsgefühl wie die Spiele der deutschen Nationalmannschaft. Der Soziologe Heinz Bude spricht in einem Interview mit dem Deutschlandfunk von einem »Repräsentationsdefizit in der Politik«. In einem *Spiegel*-Kommentar schreibt Nikolaus Blome nach dem WM-Sieg 2014: »Auf den WM-Fanmeilen waren in den vergangenen Wochen viele Junge unterwegs. Sie erwarteten auf angenehm entspannte Art Großes von ihrer Mannschaft. Von der Politik erwarten sie wenig. Das müsste jede Regierung alarmieren...«[4] So oberflächlich dieses Erlebnis erscheinen mag – man erfährt beim Public Viewing eine gefühlte Gemeinsamkeit, die realistischer ist als mancher politikwissenschaftliche Traktat über das »Wahlvolk«, der die türkischen Nachbarn ausschließt, mit denen man beim Fußball gemeinsam jubelt. Der Fußball nimmt der Politik nichts weg, sondern ergänzt und stützt sie in einer wichtigen Hinsicht – er zeigt der Politik, wie man eine Bevölkerung, insbesondere die jungen Leute, gewinnt, wie man Begeisterung weckt in einer Gesellschaft, die sich nach großen Gefühlen sehnt, davon aber im Alltag der Politik wenig geboten bekommt.

In den letzten Jahrzehnten konnte man eine Entwicklung beobachten, die den herkömmlichen Gemeinschaftsformen mit der neuen Betonung der Körperlichkeit etwas entgegenstellte, das von den älteren Vertretern lange auf Distanz gehalten oder sogar abgelehnt wurde. Rituale sind wesentlich körperlich; sie haben eine starke sinnliche Präsenz; sie erzeugen Eindrücke, die auf andere ebenso wie auf das eigene Innere wirken. Ihre Zurückweisung durch die Vertreter der alten Eliten wird nicht zuletzt durch die Erinnerung an die deutsche Vergangenheit begründet. Rituelle Masseninszenierungen waren eines der wirkungsvollsten Mittel des Nationalsozialismus und – vorher, in anderer Form – des preußischen Militarismus: Aufmärsche, Paraden, Gebrüll, laute Marschmusik, kollektive Bewegungen auf Exerzierplätzen und in Turnhallen, Beschwörung von Feierlichkeit und Gemeinsamkeit usw. Für das Bildungsbürgertum, das in der Frühzeit der Bundesrepublik die öffentliche Meinung beeinflusste, waren zur Schau gestellte Körper, massenhafte Bewegung, Zuschauerlärm, ja sogar Gestikulieren und Umarmungen schwer erträgliche Verhaltensweisen. Bis tief in die sechziger Jahre hinein konnte man bei den Meinungsführern in Politik, Wissenschaft und Kultur in Deutschland eine ausgesprochene Ritualmeidung und Körperdistanzierung beobachten.

Die Situation änderte sich gegen Ende der sechziger Jahre, als dem körperlichen Verhalten, nicht zuletzt unter dem Einfluss der politischen Protestbewegungen, ein größerer Freiraum gewährt wurde. Als die Olympischen Spiele in München 1972 und die Fußball-WM 1974 im eigenen Land stattfanden und per Direktübertragung vom Fernsehen verbreitet wurden, hatte die sportliche Betätigung bereits deutlich an Akzeptanz gewonnen. Es war der Bann aufgehoben worden, der solche Ereignisse als vulgär abqualifizierte. Eine gesteigerte Aufmerksamkeit für die sinnliche Seite des Körpers entstand durch die Öffnung der deutschen Gesellschaft gegenüber einem attraktiven, genussreichen Lebensstil, mit gutem Essen, modischer Kleidung, Wein, Fernreisen, Wellness... Das entscheidend Neue der Fußball-Rituale gegenüber den traditionellen Ritualformationen war, dass sie spontan von den Zuschauern und den Sportlern selbst initiiert und nicht von oben angeordnet wurden. Die Zuschauer wurden als aktive Teilnehmer einbezogen (La Ola, Anfeuerungsrituale, Fanchoreographien, selbst hergestellte Fahnen und Spruchbänder, geschminkte Gesichter, Verkleidungen, Schwenken der Nationalfahne). Rituale aus dem Sport gewannen mit ihrem Appell an Jugendlichkeit und mit ihrer Lebendigkeit schnell an Raum. Zu ihrer Verbreitung trug nicht zuletzt bei, dass sich nicht ausschließlich junge Menschen an ihnen beteiligten, sondern sie auch von älteren als »Jungmacher« eingesetzt wurden.

Rituelle Elemente des Fußballs, die man im Fernsehen gesehen hatte, wurden in das eigene Verhalten übernommen: Abklatschen als Begrüßung, die Kreisformation als gemeinschaftsbildende Übung der Spieler während der Pausen, bestimmte Jubelposen, das gemeinsame Anfeuern, die im Triumph erhobenen Arme. Psychologen versichern, dass Rituale dieser Art tatsächlich wirksam sind, dass sie die Konzentration erhöhen, Gemeinschaftsgefühle erzeugen, die Freude steigern, Glücksgefühle hervorrufen. Durch kollektive Rituale wird ein Wir-Gefühl hervorgebracht, das Menschen emotional miteinander verbindet. Den Athleten helfen Rituale, Konzentration, Kraft, Mut, Zuversicht und Überlegenheitsgefühle zu gewinnen. Bei den Zuschauern rufen sie ein inneres Beteiligtsein hervor. Sie können durch Aktivierung des eigenen Erregungssystems emotional mitgerissen und zu eigenem Handeln stimuliert werden. Kollektive Rituale machen das Innenleben der Mitglieder einer Gemeinschaft sichtbar: die Wünsche, den Stolz, das Selbst-Bild, aber auch die Ängste, Komplexe und Vorurteile. Seit dem »Sommermärchen« hat sich eine begreifliche, aber etwas verkrampfte, skeptische Haltung gegenüber den deutschen Nationalsymbolen gelöst. Zuerst voller Misstrauen betrachtet, hat sich das Zeigen von schwarz-rot-goldenen Fähnchen im Stadion, auf den Balkonen oder am Auto während der großen Meisterschaften vom Verdacht eines hemmungslosen Nationalismus weitgehend befreien können.

Es wird von den meisten Mitbürgern inzwischen als Zeichen der Zugehörigkeit und Festfreude angesehen, nicht anders als in den Nachbarländern, in denen kritische Vorbehalte gegenüber diesem Verhalten unverständlich blieben. Seit einiger Zeit hat sich das Pendel eher in die Gegenrichtung bewegt: Das Zeigen nationaler Gesinnung wird von manchen Gruppen als »patriotische« Pflicht gefordert; beim Publikum des Public Viewing wird das Tragen des deutschen Nationaltrikots erwartet; die deutschen Spieler werden kritisiert, wenn sie die Nationalhymne nicht ostentativ mitsingen, was selbst der *Bild*-Zeitung bei der letzten WM übertrieben vorkam.

Die Erscheinung des Heiligen

Von ihren eigenen rituellen Aufführungen beim Fußball werden die Fans innerlich ergriffen. Bei ihren heftigen kollektiven Bewegungen, ihren Choreographien, Andachtsposen, gemeinsam vollzogenen Gesten, Tänzen, Gesängen und Sprechchören schlagen äußere in innere Akte um: Ekstase führt zu Ergriffenheit, Bewunderung zu Anbetung. Wie kommt es zu einer solchen Verinnerlichung durch die Rituale des Fußballs?

Einige Elemente der Antwort haben wir schon gefunden: In Zeit und Raum grenzt sich das rituelle Geschehen des Fußballs von der Alltagswelt ab. Die Rituale finden regelmäßig statt; ihre Zeitstruktur ist zyklisch; jede Spielsaison ist nach dem gleichen zeitlichen Schema gegliedert – am Ende des Sommers beginnt die neue Spielzeit, im

Frühsommer des folgenden Jahres wird sie mit der Ehrung des deutschen Meisters abgeschlossen, dazwischen liegen noch der nationale Pokal und die internationalen Wettbewerbe. In den Stadien stellt die Architektur einen verdichteten Innenraum her, der die Blicke der Zuschauer auf den »heiligen Rasen« richtet und eine Nähe der Zuschauer untereinander und zu den Spielern erzeugt. Durch das rituelle Geschehen wird in dieser abgeschlossenen Welt ein Raum des Glaubens hervorgebracht. Darin bilden die Zuschauer eine Gemeinde, die das reale Spielgeschehen mit ihren Imaginationen umhüllt und es mit Gefühlen der Verehrung auflädt. Viele Anhänger kommen ins Stadion mit der Sehnsucht nach Überschreitung der Alltagswelt, nach einer idealen Welt, die von der charismatischen Herrschaft der bewunderten Spieler errichtet und gegenüber den anderen Mannschaften durchgesetzt wird. In der Innenwelt der Arena, die zu einer Welt des Glaubens wird, geschehen Dinge, die ein profaner Zuschauer nicht für möglich hält. Die Fans aber sind wundergläubig.

Werden die Ereignisse durch die Erwartung und Bewunderung der Fans über alle Maßen vergrößert? Entstehen die »Wunder« nicht doch nur in der Einbildung der Fans?

Es ist gerade das typische Merkmal des Religiösen, dass die Gläubigen wesentlich an seiner Hervorbringung beteiligt sind. Religiöse Erfahrung entsteht zuerst in der körperlichen Erregung intensiven gemeinschaftlichen Handelns, in der Efferveszenz, im »Brodeln«: Was die Beteiligten wahrnehmen, fühlen, erwarten, das glauben sie. Wenn sie davon überzeugt sind, dass »ihre« Spieler vor ihren Augen unwahrscheinliche Taten vollbringen, dann *sind* dies große

Taten. Der religiöse Charakter des Helden im Fußball entsteht aus dem Zusammenwirken von außergewöhnlichen Fähigkeiten der Spieler, aus rituellem Geschehen und dem Glauben der Zuschauer.

Wie lässt sich begreifen, dass die Gemeinde der Anhänger die Kraft hat, die angebeteten Spieler zu Helden zu erhöhen? Diese Frage war bei unserer Diskussion des Charismas noch offengeblieben. Es gibt dafür eine mythologische Deutung von Friedrich Nietzsche und eine soziologische Erklärung von Émile Durkheim, dessen Ritualtheorie bereits erwähnt wurde. Obwohl sie unterschiedlicher nicht sein könnten, laufen beide darauf hinaus, dass es die Gemeinde ist, die durch ihre Rituale das Religiöse und den Heiligen hervorbringt.

In *Die Geburt der Tragödie* schildert Nietzsche den Zusammenhang von Ritualen, Einbildungskraft und der Erscheinung eines höheren Wesens:[5] In den ekstatisch aufgeführten Ritualen des frühgriechischen Dionysos-Kults verwandeln sich die Anhänger des Gottes in »einen Satyrchor«, eine Masse von Fanatikern: Von ihrer Selbst-Verzauberung hingerissen, erzeugen sie gemeinsam die Einbildung, dass ihnen der Gott Dionysos erscheint. Nietzsche glaubt keineswegs an die Realität dieser Präsenz; im kultischen Geschehen ist der Gott Dionysos »nicht wahrhaft vorhanden«. Durch seine Rituale bringt der Chor jedoch die *Vision des Gottes* hervor. Voraussetzung für die Erzeugung des visionären Bildes ist die Verwandlung des Inneren der Beteiligten. Zuerst existiert das Bild in den Körpern der Tänzer; in ihren Bewegungen wird es zu einer sinnlich erfassbaren Gestalt geformt, die die Gläubigen dann in ihrer Einbildungskraft *sehen*. Nietzsche beschreibt das Erscheinen des Gottes als ein »auf eine dunkle Wand geworfenes Lichtbild«.[6] In der Einbildungskraft des Chors ist es eine *wirkliche, lebende* Gottgestalt.

Auch die Gemeinde der Fußballfans bringt sich mit ihren Verkleidungen, Bemalungen, Masken und rhythmischen Bewegungen »in eine Kommunikation mit geheimen Mächten«.[7] Bei ihren Gesängen ähneln die Stimmen der Fans »oft denen eines Tieres, das sich durch Fauchen seine Feinde vom Leib halten will«.[8] Mit diesen Aktionen nehmen sie Kontakt mit »einem *anderen Raum*« auf, einem spirituellen Raum in der Nähe der Heiligen. Gleichzeitig erzeugen sie eine *Gemeinsamkeit* aller Fans,[9] die sich mit ihren Hymnen um die verehrten Spieler scharen und ihnen so Unterstützung zusichern, wie auch sie sich Beistand von ihnen erhoffen. Über den berühmtesten aller Fangesänge *You'll never walk alone* sagt Sir Simon Rattle, ein Fan des FC Liverpool: »Wenn Sie an der Anfield Road stehen und diesen Sound hören – der geht nicht ins Ohr, der geht in den Bauch. Das ist kein Singen, wie wir es aus der Philharmonie kennen. Das ist ein Ausdruck kollektiver Ergriffenheit.«[10] In Dortmund wird die Hymne gesungen: *Leuchte auf, mein Stern Borussia*, »was eher an den Stern von Bethlehem als an ein Fußballspiel erinnert ...«.[11] Der offizielle Bayern-Song verwendet dasselbe religiöse Motiv: *FC Bayern, Stern des Südens.*

Der Volksliedforscher Ernst Klusen ordnet das Singen in Fußballstadien in ein magisches Weltbild ein:[12] Will der Mensch den magischen Kräften »näherkommen, um sie zum Beispiel für seine Vorhaben günstig zu stimmen, so muss er seine Alltäglichkeit verlassen und versuchen, einen ekstatischen Zustand zu erreichen«. Dies geschieht durch ein nicht alltägliches Getränk (Narkotikum), durch die nicht alltäglichen Bewegungen (Tanz) und die nicht alltägliche Kleidung (Maske). Das Fußballstadion ist, wie Reinhard Kopiez meint, eine »zumindest quantitativ bedeutende – wenn nicht gar die bedeutendste – Kultstätte unserer Zeit. Es ist tatsächlich ein ›locus theologicus‹.«[13] Mit all diesen Akten übersteigen die Fans die Alltagswelt; sie projizieren sich in einen imaginären Wahrnehmungs- und Handlungsraum, in dem sie sich gemeinsam mit den angebeteten Spielern befinden. Auch bei den regelmäßigen Treffen der Fußballfans in der Zeit zwischen den Spielen bleibt der imaginäre Raum in ihrer Einbildung präsent. Eine ähnlich kreative Leistung kann man von politischen Massen annehmen, die regelmäßig zu Protesten, Kundgebungen oder Widerstandsakten an bestimmten Orten zusammenkommen. Politische Aktivisten bilden ebenfalls einen *anderen Raum*, in den sie ihre Vorstellungen eines anderen politischen Lebens projizieren. Die Kraft dieser Projektion macht die Stärke einer Massenbewegung aus. Wie bei den Fußballfans wird die Kraft des Handelns dadurch verstärkt, dass sie sich *gegen eine andere Masse* richtet, die sie mit ihren Aktionen überwältigen will.

Émile Durkheim beschreibt das Verhältnis Heiliger – Gemeinde als ein Phänomen kollektiven Glaubens, das durch körperliche Rituale erzeugt wird. In kollektiven rituellen Handlungen bildet sich ein emotional aufgeladener sozialer Zusammenhang, der schon erwähnte »Gärungszustand« (die *Efferveszenz*). Mit ihren rituellen Aktivitäten erzeugt die Gemeinschaft zunächst einen *Glauben an sich*

Maradona als Heiliger: Neapel, Altar in der Altstadt

selbst: an ihre Stärke, Wirksamkeit und Macht. Diese *idealisierende* Sicht überträgt sie auf die von ihr verehrten Personen: In einem nicht bewussten Prozess erhalten sie die idealen Eigenschaften, die die Gemeinde sich ursprünglich zugeschrieben hat. Ihr bleibt verborgen, dass *sie* es ist, die diese Übertragung vorgenommen und die höheren Wesen in gewisser Hinsicht selbst geschaffen hat. Ein solcher Vorgang ereignet sich auch im Fußball, vorangetrieben durch die hochaktiven Fans: In den Ritualen entstehen die Heiligen aus der Übertragung der Idealisierung durch die Gemeinde der Zuschauer.

Das eindrucksvollste Beispiel religiöser Verehrung im Fußball ist der Kult, mit dem Maradona bis heute in Neapel wie ein Heiliger verehrt wird. Im Jahr 1987 hatte er den SSC Neapel zur italienischen Fußballmeisterschaft geführt und wurde daraufhin in dieser Stadt, in der seit Jahrhunderten heidnische Kulte die christliche Religion überlagern, als Wiederkunft des Stadtheiligen San Gennaro verehrt. In der Altstadt befindet sich in die Wand eines Hauses eingelassen ein kleines Heiligenbild. Es zeigt Maradona im *anno santo*, im heiligen Jahr 1987, daneben befinden sich ein runder Glasbehälter mit einer Flüssigkeit und ein kleines Haarbüschel. Am Rand ist ein Hinweis angebracht, dass hier eine Träne und das Haar des Heiligen Maradona als Reliquien zur Anbetung dargeboten werden.

Das Haar und die Träne sind Absonderungen von Maradonas Körper – sie sind biologisch *und* magisch zugleich. Maradona wird als ein Spieler dargestellt, der das Spiel kraft seiner persönlichen Magie beherrscht. In der Verehrung seiner Person verbindet sich das Charisma mit einem *religiösen* Glauben. Nicht zu verkennen sind aber auch die parodistischen Elemente des absichtlich übertriebenen Heiligenkults um Maradona in Neapel, der regelmäßig aus Anlass der großen Fußballspiele zelebriert wird: In Erinnerung an sein wundertätiges Wirken wird beispielsweise ein *tifoso* auf einem »Festwagen«, einem zu diesem Anlass hergerichteten VW-Käfer, als auferstandener Stadtheiliger San

Gennaro durch die Stadt chauffiert. Die rituelle Parodie gehört zu den heidnisch-religiösen Festen Neapels.[14] Dass ein verehrter Fußballspieler durch Beinamen vergöttlicht wird, ist eine sprachliche Figur, die auch sehr früh in Deutschland auftauchte, zuerst bei Herbert Zimmermann in seiner legendären Radioreportage des Endspiels der WM 1954, als der deutsche Torwart wenige Minuten vor Spielende einen scheinbar unhaltbaren Ball abwehrte: »Toni, du bist ein Fußballgott«. Nachfolger von Toni Turek wurde »Stan« Libuda als »Flankengott«.

Bei den größten Spielern der Fußballgeschichte steigert sich die charismatische Herrschaft zu einer Art ludischer Theologie. Ihr Charisma wirkt als wundertätige Kraft: Sie ist nicht speziell im Fuß lokalisiert; sie ist überall an ihren Körpern. Daher zeigen Verehrungsbilder von Fußballern (die Panini-Bildchen) nicht den Fuß und das Bein, die den Ball ins Tor schießen. Sie folgen vielmehr der Ikonographie von Herrscherbildern der Renaissance, die den Machtmenschen bis zum Gürtel darstellen. Sie lenken die Aufmerksamkeit der Betrachter auf das Gesicht des Herrschers als Symbol seines Rangs, seiner Tatkraft und seiner Wirksamkeit. Hier ist der Sitz seiner Macht; von hier aus verteilt sie sich über den ganzen Körper. In Neapel wie auch in Maradonas Kirchengemeinde in Argentinien gilt es als sicher, dass er seine Herrschaft von einer höheren Instanz empfangen hat. Wenn man diesem religiösen Mythos folgt – was allerdings einen sehr festen Glauben voraussetzt –, agiert ein Gott in Maradonas Körper. Es gehört zur Logik dieses Glaubens, dass es »die Hand Gottes« war, die das Halbfinalspiel gegen England bei der WM 1986 entschied.

Auch im Tod will der Fan mit dem Verein, dem er sein Leben gewidmet hat, verbunden bleiben. In England kann die Urne von verstorbenen Fans im Fußballstadion beigesetzt oder ihre Asche auf dem »heiligen Rasen« verstreut werden.[15] An den Stadionwänden erinnern *commemorative walls* mit individuellen Gedenksteinen an tote Fans. In Deutschland bieten einige Fußballclubs (etwa der Hamburger SV und Schalke 04) ihren Anhängern in Kooperation mit Bestattungsunternehmen die Möglichkeit, sich auf dem vereinseigenen Fanfriedhof beisetzen zu lassen. Die toten Fans bleiben so spirituell mit ihrer Gemeinschaft verbunden. Wer meint, die Spiritualität von *hardcore fans* sei nicht echt, sondern vielmehr eine Art Spielerei erwachsener Männer, erfasst nicht die Ernsthaftigkeit dieses Engagements. Man kann hier die enge Verwandtschaft, sogar die partielle Überschneidung von ernstem Spiel und Religion erkennen. Aus dieser Einsicht heraus schrieb Johan Huizinga sein einflussreiches Buch *Homo ludens* mit der zentralen These, in seinen ältesten Tiefenschichten sei das Spiel religiös.[16] Der Glaube, die Rituale, die innere Haltung, die Vorstellung des Heiligen ergreifen die Fans nicht weniger als die Gläubigen der christlichen Kirchen.

Ästhetik der Grausamkeit

Fußball ist heute in den großen Konkurrenzen der Welt- und Europameisterschaften und der nationalen Ligen ein Ausscheidungskampf, bei dem es ausschließlich um Sieg und Niederlage geht. Grundlegendes Strukturmerkmal des

Fußballs ist die Symmetrie der Konkurrenz zwischen zwei gleich ausgerüsteten Mannschaften im Kampf um den Sieg. Erst in zweiter Hinsicht geht es um materiellen Besitz. Mit seinen Regeln gibt er eine einfache Struktur vor – er organisiert den Kampf, deutet ihn aber nicht. Gerade die Abstraktheit der Struktur reizt viele Kommentatoren dazu, sie mit allen möglichen Bedeutungen zu beladen. Der Fußball begründet allerdings keine wirkliche Herrschaft des Siegers über die Verlierer. Er kann auch nicht nach dem Modell des Kriegs interpretiert werden. Eine Niederlage im Spiel hat nicht schwerste materielle, physische und politische Folgen wie nach einem verlorenen Krieg. Der Vergleich scheitert schon deswegen, weil im Fußball eine dritte Instanz zwischen beiden Parteien, der Ball, das entscheidende Mittel für das Gewinnen ist.[17]

Von der Struktur des Fußballspiels wird indirekt angegeben, welches Interesse jemanden dazu reizt, sich an diesem Spiel zu beteiligen: Er strebt danach, Herrschaft über das Spiel und auf diese Weise über den Gegner zu erlangen. Damit ist keineswegs gesagt, dass er seine *libido dominandi*, sein Streben nach Herrschaft, auch auf andere Bereiche des Lebens ausdehnen will. Oft hat er es darauf gerade nicht abgesehen, sondern will mit diesem Streben nur seine Spiellust ausleben: Er kann spielerisch die Erfahrung machen, wie es ist, wenn man seine Gegenspieler beherrscht. Oder auch, wie es ist, wenn man die Herrschaft *nicht* erringt und von einem *Gegner beherrscht* wird.

Ähnlich der Tragödie, wie Nietzsche sie beschreibt,[18] spannt der Fußball eine Welt des Scheins auf, der verhindert, dass wir den Schrecknissen des Lebens – dem »dunklen Urgrund der Welt« – direkt ausgesetzt sind. Wir können ihn auf dem Theater nur mittelbar erfahren. Aus der vom ästhetischen Schein gebildeten Schutzzone heraus ist es möglich, in den »Urgrund des Lebens« zu sehen und den Anblick auszuhalten. Wie die Tragödie lässt das Drama des Fußballs die Beteiligten die Gefährdung der Existenz erkennen – in einem geschützten Raum, der den Ernst der großen Konflikte der Welt nur indirekt, abgemildert spürbar macht.[19] Das Fußballspiel ist ein so kunstvoll gewebter Stoff, dass es seinen Anhängern oft viel zumutet, aber sie dennoch vor Zerstörung bewahrt. In dieser erfundenen Welt des »Apollinischen« können sie wie in einem künstlichen Innenraum leben und den Ereignissen eine Verständlichkeit geben. An den Wänden dieses Raums erscheinen Projektionen, die die bedrohlichen Kräfte der Welt in erträgliche Bilder von dramatischen Erlebnissen der Helden und Heiligen transformieren. Es ist wohl kein Zufall, dass Länder mit tiefen Erfahrungen von Krisen und Unsicherheit in ihrer jüngeren Nationalgeschichte – Diktatur, Besetzung, Revolution, Krieg – eine besondere Sensibilität für Fußball haben (wie Italien, Frankreich, Spanien, Portugal, Brasilien, Argentinien, Mexiko, Korea und eben Deutschland).

Der tragische Aspekt ist die *eine* Seite des Fußballs, die andere ist die Schönheit. Von jedem Fußballspiel erwarten die Kenner, dass ihnen das Glück eines schönen Spiels zuteilwird. Sie sind wie die Liebhaber in der Romanliteratur der Vergangenheit von einer *amour passion*, einer leidenschaftlichen Liebe zur Schönheit des Fußballs besessen. Das Schlimmste, was ihnen geschehen kann, ist ein »Arbeitssieg«. Schon das Wort drückt die Abneigung gegen das Eindringen des Alltags in das Spiel aus. Die sinnliche Schönheit ist unverzichtbar für ein gutes Fußballspiel. Wenn ein Match allein durch Kampfkraft gewonnen wird, ist der Sieg vielleicht heroisch, männlich, hart, aber ihm fehlt der Glanz, die Freude an eleganten Pässen, rauschhaften Kombinationen, kunstvollen Schüssen, an kühnen Paraden der Torhüter. Ein kämpferisch errungener Sieg ruft beim Publikum Respekt hervor und bei zukünftigen Gegnern die Sorge, dass sie durch einen ruppigen, bolzenden Trupp gnadenlos um den Sieg gebracht werden könnten. Deutsche Fußball-Liebhaber waren durch die glanzlosen Siege, mit denen sich ihre Nationalmannschaft in die Endspiele der Weltmeisterschaften 1986 und 2002 vorkämpfte, zwar befriedigt, aber auch beunruhigt über den Mangel an ästhetischen Qualitäten ihres Teams. Im umgekehrten Fall – Deutschlands 7:1 gegen Brasilien – wurde mit Spielzügen, Kombinationen, Schüssen eine bei einer deutschen Mannschaft noch nie gesehene ästhetische Brillanz und Überlegenheit gezeigt, ohne auch nur in einer Phase des Spiels kämpferisch herausgefordert zu werden. Die Leichtigkeit gepaart mit der Präzision minutiöser Krafteinsätze ließ ohne Gegenwehr der Brasilianer ein Werk reiner Ästhetik entstehen. Je mehr Tore die deutsche Mannschaft erzielte, desto unwirklicher wurde die Veranstaltung. Den Beobachter beschlich der Verdacht, dass auch reine Ästhetik den Wunsch nach Schönheit im Fußball nicht erfüllen könne: kein Kampf, keine Gegenwehr, als gäbe es keinen wirklichen Gegner und damit auch keinen tragischen Aspekt. (Was war mit den Brasilianern geschehen? Was war schuld an ihrer offenkundigen Absenz?) Ist dies wirklich die Ästhetik, die dem Fußball seine Erlebnistiefe gibt?

Warum dein Zögern, einfach nur schöne Spielzüge als Beispiele für Fußballästhetik anzuerkennen? Es gibt doch so begeisternd schöne, kunstvolle Momente in der Geschichte des Fußballs: Beckenbauers anmutiges Ballführen im Mittelfeld, Zidanes Übersteiger, Götzes Ballannahme im Finale der WM 2014.

Beckenbauers Bewegungen mit dem Ball wurden dadurch schön, dass er seine Gegenspieler scheinbar mühelos ausspielte. Zidanes Übersteiger war so begeisternd, weil er damit die Verteidiger verwirrte und dynamisch an ihnen vorbeiziehen konnte. Götzes sensible Ballannahme auf engstem Raum zwischen Verteidigern und Torwart wurde in einer wunderbaren Bewegung mit einem überragenden Schuss in die »lange Ecke« abgeschlossen. In all diesen Fällen entstand die Schönheit aus der Überwindung der Gegner.

Schönheit im Fußball ist ein Fest im alten Sinn des Wortes: ein Drama, das die Welt zerreißt, in Sieger und Verlierer teilt, wie der Würfelwurf des spielenden Gottes, von dem Heraklit spricht: Je nachdem wie der Würfel fällt, bringt er Glück oder Unglück. In unserer Kultur gibt es kein Spiel auf Leben und Tod mehr; Fußball aber kommt ihm manchmal nahe, jedenfalls symbolisch.[20]

Genügt es dir nicht, die vielen erstaunlich schönen Spielzüge zu einer Ästhetik des Fußballs zusammenzufassen?

Das finde ich etwas vordergründig. Ein Ensemble schöner Gegenstände bildet noch keine Ästhetik in einem anspruchsvollen Sinn. Wenn wir den Fußball mit der Kunst vergleichen, sehen wir einen grundlegenden Unterschied. In der Kunst, beispielsweise im Tanz, kommt es nicht auf einzelne Bewegungen an, sondern auf *das Ganze des Kunstwerks*, das aus *allen* Einzelbewegungen entsteht, und auf die Konzeption, die diese zu einer ästhetischen Manifestation vereint. Entsprechend können wir auch im Fußball das *ganze* Spiel aus einer übergeordneten Perspektive beurteilen, nicht aus dem Blickwinkel nur der einen Mannschaft. In dieser Sichtweise »von oben« ist das Spiel nicht nur für die erfolgreiche Mannschaft schön. Sondern weil die Widerstände gegen das Schöne im Fußball so groß sind, weil es stets gefährdet ist, leuchtet es im Gelingen insgesamt. Im Folgenden soll dieser Gedanke durch den Vergleich mit der künstlerischen Ästhetik verdeutlicht werden.

Die Schönheit eines Kunstwerks bedarf *der Entfaltung seines Ganzen*: seiner Proportionen, seines Gleichgewichts, seiner inneren Folgerichtigkeit oder auch – wie in der modernen Kunst – der inneren Spannungen und Irritationen, die der Künstler in ihm angelegt hat. Seine Qualitäten werden erst dann realisiert, wenn sie nicht durch äußere Umstände behindert werden. Damit sie von den Betrachtern angemessen rezipiert werden können, müssen Kunstwerke den Raum erhalten, den sie »brauchen«. Alle Widerstände, die die Entfaltung der Werkqualitäten hemmen und die nicht vom Künstler selbst intendiert sind, müssen vermieden werden. Daher wird jedes einzelne Werk so präsentiert, dass es mit all seinen Qualitäten ungehindert auf den Betrachter wirken kann: Für die Performance wird ein eigener Raum vorgesehen; Bilder und Statuen erhalten eine Umgebung, in der sie sich zur Geltung bringen können. Keiner käme auf die Idee, ein Bild durch ein anderes zu verdecken oder zwei völlig verschiedene Statuen so aufzustellen, dass sie sich berühren – es sei denn, man hat die Absicht, aus diesem Arrangement ein *neues* Kunstwerk hervorzubringen. Ein Gedicht erhält üblicherweise eine eigene Fläche auf einer Buchseite; zwischen seinen Zeilen werden nicht Teile eines anderen Gedichts abgedruckt. Sollte dies doch einmal vorkommen, geschieht es in der Intention, aus zwei Gedichten *ein einziges* Werk zu machen und so eine Spannung zwischen zwei heterogenen Teilen zu erzeugen.[21] Auch wenn man beispielweise ein Bild von van Gogh direkt neben ein Heiligenbild der italienischen Renaissance hängen würde, würde möglicherweise eine interessante Dissonanz entstehen. Beide Bilder würden sich gegenseitig stören oder in eine unerwartete Spannung geraten, was man bei einem solchen Experiment eben auch erreichen will.

Wie ist es mit der Schönheit des Fußballs? Im Spiel ist alles darauf ausgerichtet, die Bewegungen der gegnerischen Mannschaft zu stören. Die schwungvollsten Angriffe, die schönsten Pässe, die elegantesten Dribblings werden vom Gegner zunichtegemacht. Es gibt im Fußball kein Recht auf freie Entfaltung der Bewegung. Es ist geradezu die Aufgabe der Gegenspieler, die Bewegungen der anderen zu stören, damit sie *nicht* gelingen. Alle ihre Energie ist darauf gerichtet, *kein* Werk entstehen zu lassen. Ein Künstler kann sich zwar eine Aufgabe stellen, an der er möglicherweise scheitert – aber er tut dies mit dem Ziel, durch die Steigerung seiner Anforderungen eine umso höhere Qualität seines Werks zu gewinnen. Im Fußball ist das Misslingen von Schönheit konstitutiv angelegt. Das liegt nicht allein an den Gegnern. Ist ein Schuss schön, der zwar höchst ästhetisch aussieht, aber neben das Tor geht? Wie ist es bei einem mitreißenden Dribbling an drei, vier Gegnern vorbei, das aber am fünften hängen bleibt? Wie bei einem herrlich weiten Abschlag mit einer perfekten Flugbahn, der jedoch vom Gegner abgefangen wird? Bei all diesen Spielzügen ist nur der Anfang schön, das Ende aber ist misslungen. Zur Schönheit von Aktionen im Fußball gehört, dass sie ihr Ziel erreichen, dass sie von Anfang bis Ende gelingen.

Im Fußball entsteht Schönheit nur, wenn Herrschaft errungen wird. Sie ist notwendig mit Härte und Durchsetzungskraft verbunden; sie wird in einer feindseligen Kommunikation mit der anderen Mannschaft gewonnen, nicht in einem Dialog mit ihr. Eine ästhetische Spielweise, die nur schön aussieht, aber keine entscheidenden Wirkungen beim Gegner erzielt, wird gnadenlos abgeurteilt: Sie ist »Schönspielerei«, sie produziert nur gefällige Szenen. Sanfte Schönheit kann es im Fußball nicht geben. Wenn sich das Schönspielen in Posen aus dem Showbusiness fortsetzt, kann der Spieler allenfalls zu einem Star von Lifestyle-Magazinen werden – eine Entwicklung, die man als *Beckham-Effekt* bezeichnen könnte (beim älteren Beckham – der junge war anders): schöne Flanken, scharfe Freistöße, spektakuläres Auftreten ohne große fußballerische Wirkung. In Erinnerung bleiben nicht Beckhams Tore, sondern sein Lebensstil. Im Urteil der Fußballfans wird diese Ästhetik eindeutig abgewertet.

Fußball ist ein Spiel, in dem jede Mannschaft darum kämpft, der anderen die Möglichkeit zu rauben, ihren Stil zu verwirklichen. Wenn dies beiden Gegnern gleichermaßen gelingt, scheint die Entstehung von Schönheit unmöglich zu sein. Aus dieser Situation muss nicht zwangsläufig ein hässliches Spiel entstehen. Aufgrund der Gleichwertigkeit der Gegner entwickelt sich eine aufs Höchste angespannte Konstellation – eine symmetrische Vernichtung der gegnerischen Chancen. Daher bleiben die großen Duelle unterschiedlich spielender Mannschaften am tiefsten in der Erinnerung haften: Bayern gegen Dortmund, Real gegen Barcelona, Deutschland gegen Frankreich. Mit einem von Hegel geprägten Begriff ausgedrückt, haben diese Rivalitäten eine Ästhetik der »dramatischen Kollision«:[22] Zwei Mächte kämpfen unversöhnlich darum, ihr Gesetz zu errichten. Am Ende gelingt dies der einen Mannschaft und vernichtet dadurch die Anstrengung der anderen.

Bei den Spielern dominiert hingegen der *pragmatische* Aspekt – sie sind Profis, sie wollen das Spiel bewältigen und die gegnerische Mannschaft besiegen. Das Publikum heute gibt sich damit allerdings nicht mehr zufrieden. In Deutschland hat man in einer Zeit, in der die Nationalmannschaft international recht erfolgreich gespielt hat (2002), geradezu betrauert, dass sie nur effizient und kraftvoll spielte, die Sehnsucht nach dem schönen Spiel aber unerfüllt ließ. In den Augen des deutschen Publikums sollte sich die Überlegenheit der Mannschaft auch in der ästhetischen Qualität des Spiels ausdrücken: Der Gegner sollte nicht nur durch Kampf besiegt werden; man wünschte sich technische Brillanz, Leichtigkeit und spielerische Eleganz. Fußball-Liebhaber zählen die Spiele, in denen sich dies ereignet hat, zu den glücklichsten Momenten ihres Lebens.

Im Fußball ist die Bedrohung durch die Gegner eine wesentliche Bedingung seiner besonderen Ästhetik. Unter dieser Voraussetzung bringt er das Grundprinzip des menschlichen Lebens zum Ausdruck, das sich in permanenter Konkurrenz zu anderen befindet. Der Fußball drückt etwas über uns selbst aus, das wir unter normalen Bedingungen nicht leicht erkennen. Er führt uns in eine Erfahrungsschicht unserer Existenz, die wir leben und fühlen, aber nicht begrifflich ausdrücken können. Ein Fußballspiel gewinnt hohe ästhetische Qualitäten, wenn es eine *existentielle Prüfung* ist, wenn in ihm eine drohende Vernichtung überwunden wird. Schönheit im Fußball kann nicht als eine relativ bedeutungslose Variante des Schönen aufgefasst werden, die im Verhältnis zur Kunst keine echte ästhetische Dimension hat. Sie gehört vielmehr zu einer *älteren Form* der Schönheit als die bürgerliche Kunst: Der Fußball ist eine Welt, in der sich die Akteure extremen Selbst-Prüfungen und Verletzungen aussetzen.

Die besondere Ästhetik des Fußballs hat eine Vorderseite der Sieger und eine Rückseite der Verlierer. Nur die Gewinner und ihre Anhänger können sie genießen. Bei jedem Spielzug gilt: Wenn er gelingt, entsteht unmittelbar ein Nachteil für den Gegner. Je wichtiger das Gelingen und der dabei gemachte Gewinn sind, desto schwerer wiegt der Verlust beim Gegner. Schönheit im Fußball bedeutet für die unterlegene Mannschaft das Erleiden von Unglück. Diese Art der Schönheit ruft nur bei dem *einen* Teil der Spieler und Zuschauer Wohlgefallen hervor: Sie ist eine *Ästhetik der Grausamkeit*. Je größer der Widerstand der Gegner, desto größer ist die Schönheit des Spiels und desto tiefer wird von den Siegern das Glück, von den Verlierern das Unglück empfunden. Im Kampf zweier gleichwertiger Mannschaften ist der Ausgang nicht vorhersehbar. Eine Winzigkeit kann ihn entscheiden. Die Niederlage in einem solchen Spiel ist besonders grausam. Wenn in einer Situation der Gleichwertigkeit der Sieg durch eine ästhetische Aktion gelingt, kommt ihre Schönheit der Perfektion nahe.

Aber was ist das für eine Ästhetik, die nur dem Sieger positive Gefühle ermöglicht?

Wenn man das ganze Werk, also das Spiel im Ganzen betrachtet, ist die Schönheit des Fußballs Teil einer existentiellen Ästhetik. Die Spieler riskieren ihre ganze professionelle Existenz. Wenn eine Mannschaft in der Schlussminute das entscheidende Tor hinnehmen muss, kann dies emotional wie eine Vernichtung wirken – für die Spieler *und* für ihre Anhänger. Für einen Trainer kann es den Verlust seiner beruflichen Existenz zur Folge haben.[23] Im professionellen Fußball wird die Fragilität des Menschen mit höchsten Einsätzen auf ein kaum noch aushaltbares Maß gesteigert. Von den Torhütern Brasiliens (bei der WM-Niederlage mit 1:2 gegen Uruguay im Maracana-Stadion 1950 vor 200 000 Zuschauern) und Ungarns (beim 3:2 für Deutschland im WM-Finale in Bern 1954) wird erzählt, dass sie lebenslang von Alpträumen heimgesucht wurden, in denen sie die jeweils entscheidende Tor-Szene wieder und wieder durchleben mussten. Der unerbittliche Ernst des Fußballs gibt Spielern wie Zuschauern ein latentes Bewusstsein von der Brüchigkeit der Sicherheit und Ordnung ihrer Welt, vermittelt eine Angst vor Abstieg und vor Verlust ihres Ansehens, ja ihrer personalen Identität. Fußball ist eine Welt »in terms of Shakespeare« (wie Stanley Cavell es nennt). Die Sieger retten sich vor der Katastrophe; sie entrinnen einem bösen Schicksal. In unserem Leben bleibt uns der dunkle Untergrund meistens verborgen; nur in Ausnahmesituationen wird er uns bewusst – im Fußballspiel wird er unmittelbar erfahren. In den Fußballstadien fühlt auch jeder Zuschauer, der noch nie etwas von Rilke gehört hat, dass sich das Schöne im Schrecklichen fortsetzt und dass man das Schreckliche nur als Schönes »gerade noch ertragen kann«.[24]

In der ferneren Vergangenheit hatte der Fußball noch nicht diese enge Verbindung mit dem dunklen Untergrund des gesellschaftlichen Seins; er war noch kein Spiel des Alles-oder-nichts. Die tiefen Verstörungen, die die Niederlagen Brasiliens 1950 und Ungarns 1954 hervorriefen, galten als Ausnahmen und wurden auf die Fußball-Verrücktheit in beiden Ländern und die absolute Favoritenstellung ihrer Nationalmannschaften zurückgeführt. Nachdem sich aber im Zuge der Globalisierung die meisten nationalen Gesellschaften weltweit grundlegend verändert haben – in den achtziger und neunziger Jahren des 20. Jahrhunderts –, sind die vom Fußball erregten Emotionen aufschlussreich auch für andere Länder. Seine Ästhetik der Grausamkeit trifft heute auf ein zum Beispiel in Deutschland weit verbreitetes Interesse an tragischen Abstürzen und Verlusten. Im Kontrast zur Propaganda der Medien für schöne Körper und Reichtum scheint das Motiv einer untergründigen Verbindung von Schönheit, Grausamkeit und Unglück hier eine tiefere Resonanz zu finden.

Kollektive Emotionen

Jedes Spiel erzeugt eine spezifische Ereignisstruktur: eine Struktur des Gelingens, des Scheiterns oder der Ereignislosigkeit. Für die Zuschauer bietet es eine Möglichkeit, ihre Emotionen nicht nur mehr oder weniger diffus auszudrücken, sondern sie *mit der Ereignisstruktur des Spiels* zu verbinden. Gemeinsam mit anderen, die beim Spiel fühlen wie sie, können sie ihr emotionales Geschehen veräußerlichen: Sie können ihre Gefühle auf ein bestimmtes Spielgeschehen beziehen, auf dieses hinweisen und darüber sprechen. Sie haben hier eine Gelegenheit, offen über ihre Empfindungen zu kommunizieren. Die Gefühle, um die es dabei geht, lassen sich in den meisten Fällen nicht auf den Fußball eingrenzen – es handelt sich eher um eine Manifestation allgemeinerer Emotionen, um Freude und Trauer, Zuneigung und Abgestoßen-Sein, Bewunderung und Verachtung, Mitgefühl und Zurückweisung, Hingabe und Abwendung. Emotionen, die an besonderen Punkten der Ereignisstruktur des Fußballs öffentlich gemacht und mit anderen geteilt werden, verlieren so ihren rein subjektiven Charakter. Sie gehören nicht mehr nur der Person an, die sie äußert – sie werden mit anderen geteilt. Wenn sich eine ganze Gruppe am Erleben eines Gefühls beteiligt und darüber kommuniziert, wird dieses *zum Modell* einer kollektiven Emotion. Es gibt legendäre Orte, wo solche Modelle entstanden sind – »The Kop«, also die Fantribüne der Anfield Road in Liverpool, das Vélodrome in Marseille, Dortmunds Südkurve oder die Alte Försterei in Berlin-Köpenick, der Fanblock am Millerntor auf St. Pauli und früher der Betzenberg in Kaiserslautern.

Bei der emotionalen Beteiligung am Fußball bilden sich Modelle der öffentlichen Zugänglichkeit und Verallgemeinerung von Emotionen. Auf diese Modelle kann man seine privaten Gefühle übertragen, sie in ein gemeinschaftliches Erleben einbringen und damit ein allgemeines Gespräch über die ansonsten im Inneren zusammengedrängten Emotionen ermöglichen. Im Drama des Fußballs werden Elemente der eigenen Existenz aus der Subjektivität in die Öffentlichkeit geholt. Dies kann geschehen, weil die Modelle ihren Ort auf einer Ereignisstruktur haben, die dem Ablauf eines Lebens ähnelt: Zwischen dem Anfang und Ende eines Fußballspiels mischen sich in unvorhersehbarer Weise hochaktive Ereignisphasen mit relativ ereignislosen Perioden. Auch ein Theaterstück lässt sich auf diese Weise verstehen. Die Aufführungen des Fußballs und des Theaters stellen den privaten Emotionen, die im Inneren der Zuschauer eine nicht fassbare Existenz haben, Strukturen und Emotionsmodelle im öffentlichen Raum zur Verfügung: Die diffusen, kaum deutbaren inneren Ereignisse der Zuschauer werden mit den Ereignissen im Stadion und auf der Bühne verbunden und können sodann als von den einzelnen Personen unabhängige Geschehen betrachtet werden. Die emotional bewegten Zuschauer befinden sich auf ihren Plätzen unter anderen Personen, die ähnliche Erfahrungen haben. Im Theater ist jedoch das emotionale Erleben der anderen weniger deutlich zu erkennen, nicht so offen gleich gerichtet wie beim Fußballpublikum, dafür aber differenzierter artikuliert. Das Gespräch nach der Aufführung erreicht nicht die gleiche Allgemeinheit und Verbreitung wie das Gespräch über

Fußball; es wirkt aber mit größerer Gestaltungskraft auf das Innere zurück.

Zur Ereignisstruktur des Fußballspiels gehören besondere Elemente, die den Zuschauer zum Ausdruck seiner Emotionen geradezu auffordern: die Nachspielzeit, die Verlängerung, das Elfmeterschießen und die Relegationsspiele. Für diese genuinen Erfindungen des Fußballs gibt es im Theater kein Pendant. Alle drei Elemente erhöhen die Dramatik, indem sie die Zeit, in der die Entscheidung fällt, verlängern. In der Nachspielzeit und durch die Relegationsspiele kann das Ergebnis nach Ablauf der regulären Zeit noch einmal umgestürzt werden – der endgültige Fall wird verschoben, seine Höhe und Wucht werden dadurch noch vergrößert: Am Ende steht unter Umständen der Abstieg. Im Moment der Entscheidung können die Zuschauer die Folgen für die Spieler zwar nicht ermessen. An der körperlichen Haltung der Geschlagenen aber, die sich auf den Rücken fallen lassen oder mit gesenkten Köpfen in der Kabine verschwinden – zum Beispiel bei Herthas dramatischer Niederlage im Relegationsspiel in Düsseldorf im Mai 2012 –, drückt sich die Schwere ihres Schicksals aus.

Abstieg ist die in Deutschland am meisten gefürchtete Bewegung im sozialen Raum. Selbst gesellschaftliche Gruppen, die weit entfernt von der Realität eines Statusverlusts leben, fühlen sich allein schon von seiner Vorstellung bedroht. Die Angst vor dem Abstieg ist in der kollektiven Einbildungskraft außerordentlich lebendig. Die Bundesliga-Spiele gegen Ende der Saison, wenn sich allmählich die »Abstiegskandidaten« herausstellen und jeder Spieltag den entscheidenden Vorteil oder Nachteil bringen kann, bieten aussagekräftige Strukturen, die von den Verlustphantasien des Publikums besetzt werden können. Die gebrochenen Körper der abgestiegenen Spieler drücken die bittere Realität einer enormen Einbuße von Einkommen, Prestige, Ansehen und sozialer Sichtbarkeit aus.[25]

Die verallgemeinerte Sphäre des öffentlichen Raums ermöglicht eine Außensicht auf das subjektiv Erlebte und damit eine gewisse Distanzierung von der eigenen Person. Die Öffentlichkeit des Sprechens führt dazu, dass die Beteiligten zu sich selbst Stellung nehmen können – die Spieler und Fans, aber auch die Trainer und Funktionäre. Es ist *die* Gelegenheit für eine kritische Diskussion. Aber wo gibt es sie? In gelegentlichen Interviews der Qualitätspresse, die aber nur mit denen geführt werden, die sich dieser Situation stellen. Gerade die Personen, für die das Stellungnehmen einen Erkenntniswert haben könnte, scheuen die Situation der Befragung und Rechtfertigung oder werden von ihren Beratern davor geschützt. Das Fernsehen und die Boulevardpresse sind zu kritischem Nachdenken erst dann bereit, wenn eine Katastrophe geschehen ist, die alle erschüttert, wie der Selbstmord des Torwarts Robert Enke. Die vielen Probleme des Fußballs – Verhalten von Spielern und Trainern, die Rolle bestimmter Vereine und der FIFA, die Korruption von Funktionären, der Leistungsdruck und die hohe Belastung, die problematischen Finanzgebaren europäischer Clubs, die ins Unendliche wachsenden Summen, die in den Spitzenfußball fließen – werden von ihnen nur in absoluten Krisensituationen zur Sprache gebracht.

Es ist gut, in Bedrängnis zu leben; das wirkt wie eine gespannte Feder.
CHARLES DE MONTESQUIEU

6
Die Deutschen und ihr Fußball

Fußball ist zu einem Spiel geworden, das in Deutschland über alle gesellschaftlichen Differenzen hinweg anerkannt wird. Alle Merkmale, die ursprünglich die Aversion der höheren Klassen gegen das Spiel mit den Füßen ausgelöst haben, sind in den letzten Jahrzehnten aufgewertet worden: der direkte kämpferische Kontakt mit anderen Menschen, die in engen Grenzen zugelassene körperliche Gewalt, das Massenerlebnis im Stadion, die Lust an der Ästhetik der Grausamkeit, die vom Spiel ausgelösten Emotionen. Alles dies wird im Fußball als echt bezeugt. Die oberen Klassen können in ihm ein kühnes Unternehmertum sehen, das mit herausragenden Körpereigenschaften und Showqualitäten ausgestattet ist. Früher hat man über tapsige und semantisch verrutschte Aussprüche bekannter Fußballer gelacht. Mit dieser Amüsiertheit konnten Intellektuelle (die eben meist keine so guten Fußballer sind) ihr Unterlegenheitsgefühl auf dem Platz den Kickern gegenüber reparieren. Dieses Verlachen ist heute selten geworden. Man kann darin ein Zeichen dafür sehen, dass die bekannten Fußballer inzwischen wahrhaft Prominente sind und der Fußball zu einem Spiel geworden ist, das man nicht beleidigt. Fußball ist zum Nationalsport der Deutschen geworden; sie beziehen das Gefühl nationaler Identität und das internationale Ansehen des eigenen Landes nicht zuletzt auf die Erfolge deutscher Mannschaften im Fußball. Das Besondere am WM-Erfolg 2014 waren die frohen Gefühle, die plötzlich so viele Menschen in Deutschland mit ihrem Land verbanden. Begonnen hatte diese emotionale Welle während des »Sommermärchens« 2006. Sie ging schon damals nicht über einen politischen Grund, sondern wird in der nationalen Mythologie als positiv erlebte Zugehörigkeit erinnert. Für andere Länder mag das Erleben eines solchen Kollektivgefühls keinen besonderen Zeitpunkt markieren – vor dem Hintergrund der deutschen Geschichte ist es unbedingt erinnerungswürdig.

Nationale Mythen

Wichtige Voraussetzungen für die weite Akzeptanz des Fußballs sind seine – scheinbar – leichte Verständlichkeit und sein Spektakelcharakter. Was das in den letzten Jahrzehnten verstärkte Interesse am Spiel kennzeichnet, ist weniger fußballerischer Sachverstand als *spontaner* Enthusiasmus. Die neuen Fußball-Liebhaber geben sich einer lustbetonten Begeisterung hin, die unmittelbar aus dem Spiel selbst zu entspringen scheint. Während der Spektakelcharakter leicht zu begreifen ist, werden die Feinheiten der Techniken, die Finessen der Taktik, die Verteilung und Aufgaben der Spieler auf dem Feld, die Rhythmus- und Strategiewechsel nur von einem kleinen Kennerpublikum erfasst. Vor den Bildschirmen wird während der Welt- und Europameisterschaften eine hochgestimmte Unterstützung der deutschen Nationalmannschaft ausgelebt. Allerdings kann sie, wenn die Erwartungen enttäuscht werden, schnell in lautstarke Kritik umschlagen. Dass sich so viele Menschen aufgerufen fühlen, in relativer Unbefangenheit ein so komplexes Spiel zu kommentieren und zu beurteilen, hat wesentlich dazu beigetragen, das gemeinsame Anschauen von Fußballspielen im Fernsehen zu einer der beliebtesten Gewohnheiten des deutschen Alltags zu machen.

Über die ganze Gesellschaft breiten sich Themen, Metaphern, Redensarten des Fußballs aus. Es ist eine Öffentlichkeit entstanden, an der sich große Gruppen beteiligen. Vor und nach bedeutenden Spielen erhält der Fußball den Rang eines das Land bewegenden allgemeinen Gesprächs. Selten erzeugt er einheitliche Stellungnahmen wie die Rede über das Wetter oder die Unpünktlichkeit der Bahn. Seine Themen sind kontrovers; sie rufen die Parteinahme aller Diskutanten hervor, selbst wenn sie mit dem Spiel nicht recht vertraut sind: Ist die Mannschaft gut aufgestellt, werden die richtigen Spieler eingesetzt, sind sie in Form? Können sie die Gegner dominieren? Hat der Trainer die richtige Taktik gewählt? Man kennt die Namen der Spieler, erwartet von ihnen eine kraftvolle Vertretung Deutschlands, sieht Bilder aus ihrem Privatleben, ist informiert über ihre spielerischen Stärken, beklagt die Abwesenheit von verletzten und von nicht berücksichtigten Spielern. Über die Gegner erfährt man, wer gefährlich, wer ein großer Star ist, wie auf ihn aufzupassen sei und wie man ihn »an die Kette legen« könne. Kurz, man lebt vorübergehend mit der »eigenen« Mannschaft: Sie wird mit Erwartungen befrachtet, von ihr wird erwartet, dass sie mit den gefährlichsten Gegnern »fertigwird«. So bildet sich ein gedanklicher, emotionaler, etwas träumerischer Kontext bei den vielen, die Fußball nur von ihren Fernsehgeräten kennen.

Durch den Hintergrund des eigenen Lebens und der sozialen Gruppe, zu der man gehört, werden viele Züge miteinander verbunden, die keinen inneren Zusammenhang haben, aber als zusammengehörig wahrgenommen werden. Für diese Bildung nationaler Mythen spielen die Medien eine wesentliche Rolle. Wie von ihnen ein sportlich-politisch-ökonomischer Kontext gebildet wird, konnte man am Tag des Spiels der deutschen und französischen Nationalmannschaften bei der WM 2014 in den französischen Medien erkennen. *Libération*, eine linke Tageszeitung, die bisher nicht durch ihr Sportinteresse aufgefallen war, überschrieb die Vorschau auf das Spiel in Großbuchstaben über die gesamte Frontseite hinweg mit: »L'autre match«, das andere Spiel. Gemeint war die in französischen Medien immer noch lebendige »traditionelle deutsch-französische Rivalität«. Heute wird damit nicht mehr auf die Erinnerung an die widerwärtige »Erbfeindschaft« zwischen beiden Nationen angespielt – sie ist tatsächlich mit den Elysée-Verträgen und ihren diplomatischen und kulturellen Folgen beiseitegeräumt worden. Es gibt aber auf französischer wie auf deutscher Seite ein ständiges, etwas eifersüchtiges, aber auch anerkennendes Beobachten des Nachbarn aus den Augenwinkeln – ein Vergleichen, das oft zum Geständnis eigener Schwächen führt. Wäre die deutsche Mannschaft von der französischen aus dem Turnier geworfen worden, wäre diese Niederlage ganz besonders schmerzlich gewesen. Fast die gesamte Ausgabe von *Libération* wurde mit Vergleichen der Stärken und Schwächen beider Länder ausgefüllt. Am Tag nach der äußerst knappen französischen Niederlage überschrieb die angesehene *Le Monde* ihren Leitartikel (!) auf der ersten Seite mit dem Titel »L'Allemagne écrase la France«, Deutschland überrollt Frankreich. Für die politischen Journalisten beider Blätter war die Überlegenheit Deutschlands im Fußball Anlass für eine Bilanz seiner ökonomischen und politischen Stärke im Verhältnis zu einem durch schlechte Politik geschwächten Frankreich.

In die Bewunderung mischte sich aber auch die Erinnerung an deutsche Brutalität. Exemplarisch wurde an das Foul des Torwarts Toni Schumacher im Halbfinalspiel der WM 1982 in Spanien erinnert. Er hatte den französischen Spieler Battiston mit einer unfairen Attacke schwer verletzt. Wie selbstverständlich wurde angenommen, dass die 32 Jahre alte Affäre Folgen für das Spiel haben würde. Tatsächlich war den Beteiligten das frühere Spiel nicht einmal eine Erwähnung wert; der Torwart Neuer sagte später in einem Interview lapidar: »... das mit Schumacher wusste ich zum Beispiel gar nicht«.[1]

Ist dies nicht nur ein Mediengepolter, das am Tag danach wieder vergessen ist?

Eben nicht – die alten Geschichten werden immer wieder hervorgeholt. Sie leben in der Erinnerung des Fußballs weiter, nicht in jener der Spieler. Eine solche Erinnerung bildet sich durch unzählige Erzählungen, die in einer mündlichen Tradition, in Zeitschriften, Büchern, Bildern, Videos und Filmen aufbewahrt und an nachfolgende Generationen weitergegeben werden. Von Zeitungsredaktionen werden sie bei jedem neuen Anlass wieder ausgegraben; die Journalisten bedienen sich aus dem immensen Fundus, den das Erzählen über Fußball angehäuft hat. Vom Publikum, das von den Erzählungen gehört hat, wird deren Aktualisierung erwartet, als eine Rahmung des Geschehens, die seine Bedeutung hervorhebt. Wie das deutsch-französische Beispiel zeigt, werden aus den Tiefenschichten des nationalen Gedächtnisses alte Motive hervorgeholt und in einen neuen Kontext gestellt. Bei traditionellen Stadtderbys und überlieferten Fanfeindschaften zwischen den Anhängern rivalisierender Vereine kommt es so zu einem Weiterleben alter mythischer Vorstellungen.

Nach dem Gewinn des Weltmeistertitels verbreitete sich auch in den Medien anderer Länder die Vorstellung deutscher Stärke, die angeblich einer guten Politik, einer friedfertigen und tüchtigen Bevölkerung sowie einem überragenden fußballerischen Können geschuldet sei. Kenner der Mannschaft und des Leitungsteams hingegen analysierten – wie die Spieler selbst – den WM-Erfolg in Begriffen der Spielstrategie, der umsichtigen Logistik, der sorgfältigen Vorbereitung, der guten Abstimmung zwischen Trainer und Team und der mannschaftlichen Geschlossenheit, erkannten aber auch den Einfluss von Zufall und Glück an. Das Beispiel zeigt die deutlich unterschiedlichen Sichtweisen von Beteiligten und intimen Kennern auf der einen und den spontanen Fans auf der anderen Seite, die Differenz von Innen- und Außensicht also. Über die technischen und taktischen Aspekte informieren die Fachjournale und die Sportseiten der Qualitätspresse, deren Journalisten Kontakt zu Spielern und der Mannschaftsführung haben, sodass sie deren Sicht der Dinge einschätzen können. Bei ihnen stehen vor allem die sportlichen Gesichtspunkte im Vordergrund. In der Massenpresse geht es hingegen nur am Rande um fachliche Fragen des Fußballs (obwohl ihre Journalisten diese oft gut kennen). Sie will ihren Lesern, in der überwältigenden Mehrheit *Spontan*fans, dramatische Storys bieten, in denen traditionelle Rivalitäten zwischen Regionen und Nationen, Kontroversen zwischen aktuellen und ehemaligen Experten, Fehden zwischen Spielern und Streitigkeiten unter den »Spielerfrauen« im Vordergrund stehen: Am Leitfaden der Fußballgeschichte werden Feindschaften, ewige Rivalitäten, Heroismus, Hass, große Gesten, Frauenhader dramatisch bebildert.

Willst du damit sagen, dass diese Sicht vollkommen falsch oder sogar manipulativ ist?

Nein, all dies gibt es ja tatsächlich, aber die heutigen Spiele werden in eine mythologisierende Perspektive gestellt, die ihren aktuellen Charakter ausblendet. Man lässt das Nibelungenlied wieder aufleben, selbst den Zwist zwischen Kriemhild und Brünhild. Ich will aber darauf aufmerksam machen, welche Folgen das Auseinanderklaffen zwischen Innen- und Außensicht hat.

Haben nicht auch das Publikum und die Medien, die sein Interesse bedienen, recht mit ihrer Sicht der Dinge? Schließlich machen die Reaktionen der Spontanfans die große Wirksamkeit des Fußballs aus.

Das ist richtig; tatsächlich ist es die Außensicht, die langfristig die Interpretation eines Sieges und einer Niederlage im Fußball bestimmt. Auch die Spieler nehmen in der Ruhe nach dem Match, nach der Lektüre der Berichte und Beurteilungen ihrer Leistungen den Blickpunkt von außen zusätzlich zu ihrer Innenperspektive ein. Eine solche Doppelperspektive ist typisch für ihre Situation: Sie sind es gewohnt, von außen gesehen und beurteilt zu werden – sie müssen früh erfahren, dass das in der Außenperspektive gefällte Urteil oft wichtiger für ihr Ansehen und ihre Karrieren ist als die eigene und die fachmännische Sichtweise.

Typisches Merkmal der Außensicht einer Nationalmannschaft ist, dass sie von Mythen geleitet und auf den Hintergrund der Spontanfans bezogen wird. Im Vergleich zur Innenperspektive der Spieler und Fachleute führt sie oft zu andersartigen Beurteilungen. So halten das breite Publikum, das Feuilleton und die Politikredaktionen der meisten Medien die Nationalmannschaft für eine Repräsentation der eigenen Nation. An die Spieler werden entsprechende Forderungen gerichtet, diese würdig zu vertreten: Verbindliches Auftreten wird zur Pflicht. Die Spieler müssen die Nationalhymne singen, sie dürfen ihre Gegner nicht verspotten; vor und nach ihrem Sieg sollen sie das Verhalten von Diplomaten zeigen (wie beim Besuch in Auschwitz anlässlich der EM 2012 in Polen und der Ukraine). Problematisch ist dabei die Schaukelpolitik des Verbands. Einerseits belastet er die Spieler mit repräsentativen Aufgaben, andererseits verlangt er von ihnen eine Konzentration ausschließlich auf sportliche Ziele. Das Fernsehen springt zwischen Innen- und

Außensicht hin und her. Einerseits bietet es Fachkommentare durch ehemalige Spieler, Trainer und Schiedsrichter, andererseits wird ein Journalist als Repräsentant des naiven Spielverständnisses neben dem Rasen postiert, der in »Blitzinterviews« gleich nach dem Ende des Kampfes von Spielern in komatöser Erschöpfung eine selbstkritische Einschätzung ihrer Leistung verlangt. Charakteristisch für diesen bewusst naiven Journalismus ist, dass er die mythische Sicht des deutschen Fußballs zum alleinigen Richtstab seiner – oft abschätzigen – Beurteilung nimmt.[2]

Fußball und Fernsehen – eine Geschichte gegenseitiger Abhängigkeit

Die Verbreitung des Fußballs in Deutschland seit den sechziger Jahren lässt sich nicht verstehen, ohne auf die Rolle des Fernsehens einzugehen. Seitdem das Fernsehen Fußballspiele live überträgt, ist die Sehbeteiligung immer stärker angewachsen, zuerst aus Motiven der nationalen Identifikation und der Suche nach Spannung, später aus der Lust an der Ästhetik des Spiels, schließlich aus der Freude am gemeinsamen Zuschauen an öffentlichen Orten. Einer der wichtigsten Gründe für dieses Wachstum sind die von den TV-Übertragungen erzeugten Gemeinschaftsgefühle der Spontanfans, die von Ritualen des Jubelns, Anfeuerns, Trinkens angefacht werden. Das Brasilien-Spiel und das Finale um den WM-Titel erreichten die höchste jemals in Deutschland gemessene Sehbeteiligung; beinahe die Hälfte der Deutschen verfolgte die Spiele vor dem Fernsehgerät.

Gegenüber dem Fußball spielt das Fernsehen eine dominante Rolle; dies ist gewöhnlich Anlass für zwei Vorwürfe: Das Fernsehen verforme die Wahrnehmung von Fußballspielen aufgrund seiner Inszenierungen, seiner Suche nach Erregung und nach Helden – es entferne den Fußball von seiner Wirklichkeit. Und: Die starke Präferenz des Fernsehens für die Profiligen habe zu einer Vorherrschaft des ökonomischen Aspekts im Fußballsport geführt. Wenn diese Vorwürfe stimmen, dann ließe die jüngste Geschichte des Fußballs erkennen, wie ein Bereich der Volkskultur unter dem Einfluss eines Mediums, des Fernsehens, seine frühere Ästhetik und seinen ursprünglichen Charakter eines Volkssports verändert hätte: Er hätte für seine herausragende Rolle in der Gesellschaft einen hohen Preis bezahlt – er wäre zu einem überzogenen Medienspektakel und zu einem Kampfplatz ökonomischer Hemmungslosigkeit geworden.

Beide Vorwürfe sind nicht schlichtweg falsch; sie bemerken allerdings nur die *eine* Seite der Medaille. Wenn wir auch die andere Seite in den Blick nehmen, sehen wir, dass der Fußball nicht Opfer dieses Prozesses, sondern zu einer gestalterischen Kraft des Fernsehens und der Gesellschaft – jedenfalls bis heute – geworden ist. Dies zu erkennen ist wichtig für eine korrekte Einschätzung des Verhältnisses von Fernsehen und Fußball. Von den Vertretern der anderen Sportarten wie der Leichtathletik, des Schwimmens, Volleyballs usw. wird der unverhältnismäßige Vorrang des Fußballs in der Sportberichterstattung beklagt. Worüber aber nicht nachgedacht wird, ist die Frage, aufgrund welcher gesellschaftlichen Resonanz und welcher strukturellen Merkmale diese Sportart für das Fernsehen besonders geeignet ist. Wenn man nicht ein Komplott zwischen Fußballfunktionären und Fernsehverantwortlichen unterstellen will, muss man eine tiefere Beziehung zwischen Spiel, Medium und Schauinteresse annehmen.

Als Erstes fällt ins Auge, dass der Fußball und das Medium Fernsehen sich gegenseitig verstärken: Der Fußball liefert Spannung, das Fernsehen erzeugt Nähe zum Geschehen. Die Spannung des Spiels wird vom Fernsehen nicht nur live übertragen, sondern durch dessen Nähe zum Geschehen noch deutlich gesteigert. Das Fernsehen stellt einen unmittelbaren Bezug der Zuschauer zum Spiel her; es bringt sie näher an das Spiel und seine Akteure heran. Die Nähe führt zu einer deutlichen Erhöhung des Interesses am Spiel. Der Fußball selbst besitzt Dramatik, Spannung und Emotionen. Bis vor einiger Zeit vermochte das Fernsehen diese Elemente mit seinen eigenen Formaten nur selten herzustellen. Es besitzt aber die technischen Mittel, sie zu verstärken, wenn es sie von anderer Seite geliefert bekommt. Fußball hat das Fernsehen nicht weniger verändert als das Fernsehen den Fußball. Eine neue Situation ist allerdings mit neuen TV-Formaten, den Reality-Shows, und packenden Serien eingetreten. Ob sie in Zukunft zu Konkurrenten von Sportübertragungen werden, lässt sich gegenwärtig noch nicht abschätzen.

Von den Bildern des Fernsehens wird das Publikum eingeladen, sich in die Spieler hineinzuversetzen. Mit einem psychologischen Terminus ausgedrückt, entwickeln die Zuschauer *Empathie* zu »ihren« Spielern und Mannschaften – sie fühlen sich in die Sportler ein und engagieren sich emotional für sie. In der Neurobiologie ist die inzwischen gut bestätigte Annahme entwickelt worden, dass Menschen bei der Beobachtung von anderen, denen sie affektiv zugetan sind, ähnliche Emotionen haben können wie diese.[3] Bildlich ausgedrückt entstehen zwischen ihnen nach Keysers »gemeinsame Schaltkreise« im Gehirn, die bei den Zuschauern vergleichbare Gefühle wie die der beobachteten Person hervorrufen. Im Fußballstadion erfassen die »Schaltkreise« der Zuschauer die Spieler »ihrer« Mannschaft: Sie beziehen deren Handlungen *unmittelbar auf sich selbst*. Ihr Spiel lässt sie nicht kalt; es weckt Erregung, die sich bei den einen als Glücks- und Triumphgefühle, bei den anderen als Enttäuschung, Wut, Trauer ausdrückt. Aufgrund seiner starken emotionalen Beteiligung gehört das Publikum zum Sportereignis selbst.

Die Vorherrschaft des Fernsehens gegenüber den anderen Medien begann in Deutschland in den siebziger Jahren; sie entwickelte sich rasant und mit unübersehbaren Konsequenzen nach der Einführung des Privatfernsehens im Jahr 1987. Sport und Unterhaltung sind heute *der* umkämpfte Rohstoff der Bildmedien; er ist zu einem wesentlichen Merkmal der Programme führender TV-Sender geworden. Für die Verantwortlichen des öffentlich-rechtlichen Fernsehens gilt der Zugriff auf die Großereignisse des Sports (insbesondere auf die WM und EM im Fußball sowie auf die Olympischen Spiele) als ein entscheidendes Kriterium für die Leistungsfähigkeit ihrer Anstalten. Den Sportevents wird zugetraut, die Zuschauerzahl substantiell zu steigern. Auf eine hohe Quote sind die gebührenfinanzierten Sender zwar nicht angewiesen; ihr Wunschziel ist aber, die privaten Anbieter in der Gunst des Publikums auszustechen. Diese bedürfen ihrerseits dringend sportlicher Highlights, um sich durch hohe Werbeeinnahmen finanzieren zu können.

Wie bei einigen privaten Sendern gehört der Sport bei den öffentlich-rechtlichen zum Kernbereich des Programms. Die *Sportschau* mit ihren Berichten von den Spielen der Bundesliga und dem *Tor des Monats* ist in der ARD ebenso fester Bestandteil des Samstagprogramms wie das *Aktuelle Sportstudio* mit dem Torwandschießen im ZDF. Großereignisse des Sports werden mit typischen Elementen der TV-Unterhaltung angereichert: Um das Spiel herum wird ein Hof von Reportagen, Interviews, Expertengesprächen, Gewinnspielen, Stammtischen gebildet. Für das Verständnis des Spiels selbst bringen die inszenatorischen Elemente, mit Ausnahme der Kommentare einiger ehemaliger Spieler, so gut wie keinen Gewinn. Einziger Sinn der Showelemente ist es, durch die Länge der Wartezeit die Bedeutung des Ereignisses zu betonen und das Publikum möglichst lange an das Programm zu binden. Erfolgreiche Unterhaltungsprogramme, wozu die Fußballübertragungen gehören, funktionieren nach den Prinzipien von Werbung. Sie schmeicheln dem Publikum; sie wollen es für bestimmte Produkte der eigenen Marke gewinnen. Die Fußball-Zuschauer und -Zuschauerinnen werden zu Fans »ihres« Vereins gemacht, zu Fans der Nationalmannschaft, zu Fans des Fußballs im Fernsehen.

Mit der Erzeugung von Aktualität, Spannung und Authentizität hat der Fußball dem Fernsehen in der Vergangenheit entscheidende Impulse gegeben. Die Live-Übertragungen bedeutender Spiele machte auf die Schwäche des Fernsehens aufmerksam, das früher, vor Einführung moderner TV-Technologien (Flachbildschirme, HD, Videoprojektion) und neuer Formate, eine relativ geringe sinnliche Intensität der Bilder und Sendungen aufwies. Seine Schwäche wurde unübersehbar, als es zum Leitmedium, also zu dem für das politische und alltägliche Leben meinungsbildenden und dominanten Medium in der Bundesrepublik aufgestiegen war (in den siebziger/achtziger Jahren). Was es damals selber nicht zu leisten vermochte, besorgte es sich beim Fußball: Mit der Konkurrenz der Programme, die nach der Einführung des privaten Fernsehens zu einem Buhlen um die Zuschauergunst führte, wurde das TV-Produkt Fußball zu einer wichtigen Kraft der Gestaltung des Alltags in der Bundesrepublik.

Machen wir eine Gegenprobe, um die Bedeutung des Fußballs für das Fernsehen einzuschätzen: Was geschähe, wenn es im Fernsehen keinen Fußball mehr gäbe? Sein Platz würde durch noch mehr Reality-Shows, TV-Spiele und Talkrunden eingenommen werden.[4] Fußball mag manchmal einen belanglos unterhaltenden Charakter haben – aber er bringt den Ernst sportlicher Leistungen und Konkurrenzen ins wöchentliche Programm. Die aufgedrehten Rededuelle in den Talkshows und der Wetteifer in den Gameshows erfreuen das Publikum nicht so sehr durch das berufliche Können und die Kompetenz der Protagonisten.

Fußball hingegen ist bitterernster Kampf, organisiert durch rein sportliche Regeln und Traineranweisungen; er ist zugleich Existenzkampf von Profis, die ihren Beruf mit

Hingabe und höchstem Einsatz ausüben. Die Härte, die alle Konkurrenzkämpfe unserer Gesellschaft kennzeichnet, von dieser aber nicht offen gezeigt wird, kommt hier mit aller Vehemenz an die Oberfläche. Man kann sie nur ertragen, weil sie mit anderen Elementen verbunden ist, mit Spiel, Ehre, Anerkennung, Ästhetik, Mythen.

Auch die Verlierer im Fußball zeigen die Werte der Konkurrenz: die Disziplin, das athletische und strategische Können, die Ausdauer und die Gegenwehr gegen eine drohende Niederlage. In der Fernsehunterhaltung geht es hingegen darum, wer die anderen durch Tricks, Witze, komödiantische Effekte, Selbstbehauptung und Lautstärke aussticht. Eine Fußballmannschaft, die ein entscheidendes Spiel verliert, wird symbolisch getötet. Dass eine Niederlage im Spiel ökonomische Folgen hat, vertieft ihren Ernst. Eine Wahlniederlage, mit der das politische Schicksal einer Partei besiegelt wird, hat gewiss viel größere Auswirkungen. Aber man sieht nicht, wie die Verlierer ihre Ministerbüros räumen, ihre Dienstwagen abgeben, ihre Sitze im Parlament verlassen, sich in eine private Existenz zurückziehen und wieder einer normalen Berufsarbeit nachgehen. Bei den Finals im Fußball müssen die Verlierer als Erste auf die Ehrentribüne gehen, eine kleine Medaille in Empfang nehmen, die sie achtlos an ihren Bändchen baumeln lassen. Ihre Gesichter zeigen die Unlust, die Glückwünsche des Staatsoberhaupts entgegenzunehmen. Der väterliche Blick des deutschen Bundespräsidenten erreicht die Augen der Verlierer des DFB-Pokalfinals nicht.

Im Verhältnis des Fernsehens zum Fußball kann man fünf Phasen unterscheiden. Auch wenn man eine andere

Einteilung bevorzugt, wird man feststellen, dass sich die gegenseitigen Abhängigkeiten im Verlauf der Zeit verändert haben. Jede dieser Phasen umfasst etwa eine Dekade, in der sich die Rolle des Fernsehens, seine Ästhetik, ihr Verhältnis zum Fußball und dieser selbst gewandelt haben.

In der Zeit vor Gründung der Bundesliga 1963 war der deutsche Fußball in regionale Oberligen gegliedert, die in jeder Spielzeit ihren Regionalmeister ermittelten.[5] Am Ende der Saison spielten diese in einem Finalturnier um die deutsche Fußballmeisterschaft, die dann in einem Endspiel entschieden wurde.[6] Die Übertragungen dieser Ereignisse im Fernsehen und Radio gehörten zu den Höhepunkten des Sportjahrs. Ab 1963, in der *ersten Phase* (1963–1970), wurde der Boden für die enge Allianz von Fußball und Fernsehen bereitet. Die *Sportschau* von Heribert Faßbender in der ARD wurde zu *der* Institution der TV-Fußballberichte. In dieser Zeit war das Fernsehen noch auf der Suche nach einem eigenen Stil, der über das einfache Vorführen einzelner Spielszenen hinausging. Weder der Fußball noch der Fernsehkonsum gehörten zu den wichtigsten Beschäftigungen im alltäglichen Leben der Deutschen. Trotz des WM-Gewinns 1954 genoss der Fußball kein hohes Ansehen; das Fernsehen war aufgrund seiner geringen Verbreitung und begrenzten technischen Mittel dem Radio, was öffentliche Wirksamkeit anging, unterlegen. Im Alltag wurde gearbeitet, gelernt, Rad gefahren, das Auto repariert, am Samstag stand vielleicht ein Kinobesuch an, sonntags wurden Wanderungen unternommen, Verwandte besucht, wurde in Vereinen Sport getrieben. Fußball, »Bolzen« genannt, galt als proletarisch aufgrund seines ausgeprägten körperlichen Einsatzes, des Tretens mit den Füßen und des verdreckten Aussehens der Spieler. Zugleich übten gerade das Unfeine und Körperliche eine nicht zu unterschätzende Anziehungskraft auf Jungen und junge Männer auch aus den Mittelschichten aus.

Im Fernsehen dieser Zeit kam Körperliches wenig zur Geltung; dies war eindeutig dem Kino vorbehalten. Die packenden Kriminal- und Liebesgeschichten mit ihren großen Emotionen gehörten in die dunklen Säle der Lichtspielhäuser, wo ungestört geweint (und »geknutscht«) werden konnte. Der emotionale Film wirkte über die Faszination der berühmten Stars, durch das große analoge Kinobild, die Filmmusik, die bewegende Geschichte und die Stimmen.[7] Das deutsche Mainstream-Kino jener Zeit hatte mit dem Alltag wenig zu tun; es lieferte Zerstreuung, Tröstung und Flucht in eine freundliche Parallelwirklichkeit. Hingegen trafen amerikanische Filme mit jungen Helden den Nerv eines jungen Publikums; sie boten zugkräftige Rollenbilder zur Nachahmung im gewöhnlichen Leben an.

Das Fernsehen präsentierte mit *seinen* Produktionen noch keine attraktiven Verhaltensvorbilder und großen Gefühle. Sinnlichkeit, Emotionalität, Stars, weltweit bewunderte Helden und packende Geschichten gehörten dem Film. Im Vergleich zum Kino war es für das Fernsehen mit seiner kleinen Mattscheibe ungleich schwieriger, Emotionen wie Leidenschaft, Freude und Schmerz in den Zuschauern hervorzurufen. Marshall McLuhan wies schon damals darauf hin, dass dieses Problem mit der technischen Struktur des Mediums Fernsehen zusammenhing: Seine elektronischen Bilder mit einer relativ niedrigen Auflösung erforderten eine andere Rezeptionsweise als die Filmbilder.[8] Sein großer Vorteil liegt darin, dass es zu Hause, im Innenraum des privaten Lebens und mit schematischer Regelmäßigkeit konsumiert wird; es erzeugt Intimität, Nähe und Wiederholung. Wer im Fernsehen auftritt, erscheint im Privatraum der Zuschauer; der Bildschirm wird zu einem Versammlungsort (»Lagerfeuer«) und Gesprächsanreger. Die Stärke des Mediums erweist sich, wenn die dargestellten Personen regelmäßig wiederkehren und die Zuschauer sie jeden Abend oder jede Woche zur selben Zeit bei sich zu Hause haben. Seine unwiderstehliche Macht gewinnt das Medium Fernsehen also durch das Prinzip der Serie. Tatsächlich ging als erster großer Publikumserfolg die Kriminalserie *Das Halstuch* in die deutsche Fernsehgeschichte ein. Sie wurde in mehreren Folgen im Abendprogramm ausgestrahlt; am ersten Abend geschah ein Mord, der am letzten aufgeklärt wurde. Die Erzeugung von Spannung, die das Alltagsleben durchdringt und das Tagesgespräch beherrscht, wurde zum Markenzeichen der Fernsehserien.

Von Anfang an verband sich die Organisation der Bundesliga mit dem Seriellen des Fernsehens; beide ergänzten sich auf ideale Weise. An jedem Samstagnachmittag wurden die Ligaspiele ausgetragen; von der *Sportschau* wurden kurze Ausschnitte ausgewählter Spiele in die Wohnzimmer geliefert. Die Sendung verlieh dem Bundesligafußball eine feste Präsenz im Zuhause und in der Gestaltung des Wochenendes der Deutschen. Heribert Faßbenders »Guten Abend allerseits« war der betuliche Auftakt für eine genüssliche Hingabe an das Fußballgeschehen, bei der in der

Regel Männer und Jungen – vor dem Abendessen – unter sich blieben.

In die *zweite Phase* (1970–1980) fällt die internationale Dominanz des deutschen Fußballs. Das Fernsehen bot wirkungsvolle Direktübertragungen von EM-, WM- und Europacupspielen. Einzelne herausragende Spieler (wie Franz Beckenbauer, Günter Netzer, Gerd Müller, Sepp Maier, Jupp Heynckes) erhielten eine hohe Medienpräsenz. Mit Beginn der siebziger Jahre profitierte der Fußball von den deutlich verbesserten technischen Möglichkeiten des Fernsehens: Die WM 1970 in Mexiko wurde (wie schon die Olympischen Spiele 1968) per Satellit live nach Europa übertragen. Mit einer vergrößerten Anzahl von TV-Kameras in den Stadien wurde die Perspektive auf das Geschehen deutlich erweitert; Wiederholungen in Zeitlupe und eine variationsreiche Bildregie brachten eine eigene Ästhetik hervor.[9] Durch die dramaturgische Bearbeitung der dargestellten Zeit wurde die Intensität des Zuschauens verstärkt; der Einsatz von Teleobjektiven und Zooms stellte eine größere Nähe her und erhöhte den sinnlichen Eindruck von Körperlichkeit. Die Bildregie konnte zwar keine *andere* Wirklichkeit erzeugen als jene der Ereignisse selbst, aber sie hob durch Veränderungen der Blickpunkte und Einstellungen bestimmte Momente und Personen hervor und integrierte sie in eine dramatisierte Gesamtdarstellung. Die Bildregie begann *die Wirklichkeit zu prägen* (so der Filmregisseur Christian Petzold); sie wurde geheimer Meister des Spiels.

Für ein zunehmend größer werdendes Publikum in den siebziger Jahren waren die fachmännischen Kommentare erfahrener Fußballreporter (die ursprünglich für den

Hörfunk ausgebildet worden waren) hilfreich. Ihre Kennerschaft und Sachlichkeit waren geeignet, die Bilder zu einem sinnvollen Geschehen zu ordnen, sie zu deuten und nüchtern zu beurteilen. Mit dem Fußball hatte das Fernsehen ein Darstellungsobjekt gefunden, an dem es seine technischen Möglichkeiten demonstrieren und die sinnliche Qualität des Mediums steigern konnte: ein Ereignis mit der optimalen Dauer von 90 Minuten mit komplexen Spielsituationen, die aus verschiedenen Blickwinkeln erfasst und in der Wiederholung besser verstanden werden konnten. Der Fußball selbst wurde als ideales Darstellungsobjekt dem Fernsehen angepasst, zum Beispiel durch die Einführung der Verlängerung anstelle eines Wiederholungsspiels. Seine großen Ereignisse, wie die Europapokalspiele, wurden mit nationalem Prestige aufgeladen. Das Fernsehen spannte einen Erwartungshorizont auf, richtete unterschiedliche Perspektiven ein, gab Themen und Interessen vor – es erzeugte sich sein Publikum. In dieser Zeit begannen die Zuschauer, ihr Alltagsleben um das Fernsehprogramm herum zu organisieren: Fußballspiele erlangten den Status von herausragenden Ereignissen im gewöhnlichen Leben der Zuschauer; sie wurden zu Lieferanten von emotionalen Bildern, wie man sie vorher noch nie gesehen hatte. Eine »Fußballschlacht« wie das Halbfinalspiel gegen Italien bei der WM in Mexiko 1970, das erst in einer dramatischen Verlängerung äußerst knapp verloren ging, hatte in Deutschland heftige Reaktionen zur Folge, die einige Tage lang das ansonsten friedliche Verhältnis zu den italienischen Gastarbeitern störten. Eine gewaltige Unterstützung erhielt die enge Allianz von Fernsehen und Fußball durch die großen Erfolge und überragende Qualität der deutschen Nationalmannschaft, die 1972 die EM und 1974 die WM gewann.

In der *dritten* Phase (1980–1990) brach im deutschen Fußball eine Zeit der Stagnation an. Gleichzeitig entfaltete sich das TV-Medium, insbesondere durch die Einführung des privat finanzierten Fernsehens 1987. Der deutsche Fußball hatte schon ab Mitte der Siebziger an Schwung verloren und lebte vor allem von seinem Ruf. Während seine ästhetischen Qualitäten allmählich verloren gingen, entwickelte sich die Technik des Fernsehens weiter. Auf diese Weise wurden die *medialen* Möglichkeiten des Fußballs verbessert: durch die weite Verbreitung des Farbfernsehens, die größeren Bildschirme und schließlich durch die Entwicklung neuer Formate und Sportangebote der privaten Sender. Aufgrund seiner neuen technischen Möglichkeiten und einer höheren Präsenz des Fußballs gleich bei mehreren Sendern rückte das Fernsehen immer näher an die Ereignisse heran, erhöhte damit seine Aktualität und seine Einschaltquoten. Eine einschneidende Veränderung in den Fernsehgewohnheiten des Samstags trat ein, als die *Sportschau* 1988 von einem Format des privaten Senders RTL als Erstberichterstatter der Bundeliga abgelöst wurde; sein Stil kam jedoch beim Fußballpublikum nicht an. Was die Sendung *Anpfiff* aber durchsetzte, war eine sehr enge Verbindung von Fußballreportage und Werbung. Obwohl das Format weitgehend erfolglos blieb, etablierte es eine neue Wahrnehmungsweise, die herausragende Spieler und Mannschaften mit Werbeaussagen für bestimmte Produkte assoziierte – eine Verknüpfung, die zunehmend enger und raffinierter geworden ist. Den privaten Sendern gelang es, mit dieser Strategie auch die öffentlichen Sender nachhaltig zu beeinflussen: Das Tor für den *gold rush* im Fußball war aufgestoßen.

Um den Fußball begann ein heftiger Konkurrenzkampf zwischen privaten und öffentlichen Sendern zu toben, der ab Anfang der neunziger Jahre die Finanzstruktur des Fußballs vollkommen umgestalten sollte. Schon Ende der achtziger Jahre stiegen die Einnahmen der Liga, Vereine und Spieler deutlich an. Der ökonomische Wert des Bundesligafußballs koppelte sich allmählich von den sportlichen Fähigkeiten der Spieler ab. Auslöser dieser Entwicklung war die große Nachfrage des Fernsehens nach Fußball, die von den TV-Programmgestaltern forciert wurde. Die offenkundige Differenz zwischen ökonomischem Wert und realer Qualität begann die Entwicklung der Spielkultur zu behindern: Es war möglich, mit einem mittelmäßigen Fußball sehr viel Geld zu verdienen. Spieler wie Vereine sahen keine großen Anreize darin, eine Verbesserung ihrer Leistungen zu erreichen. Auch die Verantwortlichen im DFB waren weitgehend unfähig, den Abstand zu verringern, der sich allmählich zwischen dem deutschen Fußball und den europäischen Spitzenmannschaften auftat.

In der *vierten Phase* (1990–2000) fiel der deutsche Fußball im internationalen Vergleich weiter zurück. Trotz bedeutender Erfolge der Nationalmannschaft (je ein WM- und EM-Titel) verlor er in Europa weiter an Boden. Die neuen Entwicklungen spielten sich in anderen europäischen Ländern ab, insbesondere in den Fußballclubs Englands, Spaniens und Italiens. Im Fernsehen, das die Rezeption des Fußballs eindeutig dominierte, wurden zugleich deutlich unterhaltsamere Stile der Fußballreportage entwickelt. In der Saison 1992/93 übernahm SAT.1 mit *ran* die Berichterstattung der Bundesliga samt neuen Präsentationsformen, mit dem Einsatz von viel mehr Kameras als vorher, rasanten Schnitttechniken, Animationsgrafiken, ausführlichen Interviews und Spielanalysen. Die Bundesliga wurde als »Kultveranstaltung« mit Showeffekten inszeniert, mit Stars, Zuschauerbeteiligung und Gewinnspielen. Ausdrücklicher Wunsch der Werbekunden und Vereine war eine »positive Präsentationsform« der Spiele.[10] Mit diesen bahnbrechenden Neuerungen in der Darstellung von Fußball (wesentlich von Reinhold Beckmann vorangetrieben) wurde der TV-Fußball in erster Linie als eine für die Werbung günstige Umgebung gestaltet. Als Einnahmequelle der neuen Sender bildete sie einen Schwerpunkt ihrer Programme. Mit den als Werbeträger eingesetzten sinnlichen und emotionalen Bildern lag *ran* vollkommen im Trend der Zeit.

Durch die inszenatorischen Mittel der Fußball-Präsentation wurde ein junges Publikum für den Fußball begeistert. Von dem Erfolg der »Privaten« verunsichert, gestalteten jetzt auch die gebührenfinanzierten Sender ihre Präsentation des Fußballs um, und zwar nach deren Vorbild. Von nun an erhielten die Forderungen der Medienmacher deutlich mehr Gewicht als die Erfordernisse des Sports: Sie bestimmten, was der Fußball und die Spieler für das Fernsehen zu liefern hatten; sie erwarteten vom DFB und den Vereinen zum Beispiel bei der Festsetzung der Spielzeiten und der Anzahl von Interviews striktes Entgegenkommen. Große Film- und Sportagenturen (wie die von

Leo Kirch) dominierten fortan nicht nur den deutschen Markt, sondern das Mediengeschehen des Weltsports insgesamt.

In die *fünfte Phase* (2000 bis heute) fiel eine grundlegende Erneuerung des Fußballs in Deutschland. Nach dem schlechten Abschneiden der Nationalmannschaft bei der EM 2000 begann der DFB eine konsequente Aufbauarbeit, die der aus den USA heimgeholte Bundestrainer Jürgen Klinsmann energisch vorantrieb: durch Restrukturierung des Verbands, systematische Förderung des Nachwuchses, Integration von jungen Spielern mit Migrationshintergrund in die Vereinsteams und in die Nationalmannschaft. Mit der WM im eigenen Land 2006 verbreitete sich zudem schlagartig das gemeinschaftliche Anschauen von TV-Übertragungen auf öffentlichen Plätzen. Aufgrund der Erfolge von Bayern München und Borussia Dortmund in der Champions League, die oft nur im Bezahlfernsehen verfolgt werden konnten, kam das Fernsehen in Fußballkneipen in Mode. Die attraktive Spielweise beider Teams sowie der Nationalmannschaft und ihre Erfolge haben den Fußball inzwischen zum Gesprächsthema Nummer eins in Deutschland werden lassen. Bei wichtigen Spielen wird das Zuschauen schon fast zu einem Termin des gesellschaftlichen Lebens, bei dem auch wenig sportinteressierte Zuschauer begeistert die Rolle von Fans übernehmen.

Die Kosten für die Übertragungsrechte, die Transfersummen bei Vereinswechseln und die Spielergehälter stiegen in den zweitausender Jahren in abenteuerliche Höhen. Um sie über Werbung zu finanzieren, wurde die Zahl der Fußball-Übertragungen vermehrt. Fast an jedem Tag gibt es inzwischen Begegnungen, auf die die Medien mit großem Getöse aufmerksam machen: Das Wochenende ist die Kernzeit der Bundesliga, dann folgen die Spiele der Champions League, der Europaliga und oft auch des DFB-Pokals, bis dann am Freitagabend der neue »Spieltag« der Bundesliga beginnt. Nicht zu vergessen sind die 2. Bundesliga, der montägliche Rückblick auf den letzten Spieltag und die Berichte von den Auslandsligen. Die serielle Erregung der Fußballspiele überlagert die Alltäglichkeit der Arbeitswoche. Die Routine des Lebens wird von einem Fest in Permanenz eingerahmt. Durch den Fußball hat das Fernsehen eine Dimension gewonnen, die weit über seine gewöhnlichen Sendungen hinausgeht: Es zeigt eine Wirklichkeit, die nach normalen Maßstäben unwahrscheinlich ist, aber durch seine Bilder die Botschaft vermittelt: Was du jetzt hier siehst, geschieht wirklich! In der mit Fiktionen vollgestellten Fernsehlandschaft erscheinen die Spielberichte, neben der *Tagesschau* und *Heute*, als letzte Botschaften aus der wirklichen Welt.

In der bisher letzten Phase seiner Entwicklung hat das Fernsehen das Prinzip der Nähe zu den Spielern verstärkt. Als privilegierter Partner (oder Pate) des Fußballs hat es direkten Zugang zu den Stadien und den Akteuren. Eben hat man die Spieler noch auf dem Rasen gesehen und mit ihnen gefiebert, da treten sie schon schwer atmend, im frischen Sporthemd, an den Moderatorentisch, von dem aus sie gerade beurteilt worden sind, um jetzt selbst Zeugnis abzulegen: Sie sollen die Leistung ihrer Mannschaft beurteilen, werden zur Kritik ihrer selbst und zur Einschätzung ihrer Chancen im nächsten Spiel aufgefordert. Sie sollen also die klassische Journalistenarbeit in Eigenregie erledigen: Beurteilung, Kritik, Vorschau. Die Berufsrollen werden systematisch vertauscht: Die Spieler kommentieren und kritisieren das Spiel, die Journalisten sprechen über die Befindlichkeit der Akteure; der Experte, ein ehemaliger Spieler, erzählt dazu von Erlebnissen seiner eigenen Karriere – alle für eine informative Berichterstattung notwendigen Distanzen und Unterscheidungen sind aufgehoben. Vom DFB wird passenderweise ein sporthistorisches Werk über die WM 2014 herausgegeben, das als Verfasser »Die Nationalmannschaft« nennt – die Spieler werden sogar als ihre eigenen Historiographen eingesetzt. Seit der WM 2010 erhält der Fußball eine zusätzliche private Einfassung durch die »Spielerfrauen«, die ihre temporäre Bekanntschaft mit einem Nationalspieler nicht selten zur Erlangung von Prominenz einsetzen.

In den TV-Interviews mit den Spielern nach einer Begegnung werden sportliche Gesichtspunkte kurz angesprochen, müssen aber »leider unterbrochen« werden, weil gerade ein anderer Spieler oder ein Trainer vor die Kamera tritt. Für ein seriöses Resümee des gerade gewonnenen Spiels, für eine Erörterung der Stärken und Schwächen der Mannschaft und der Vorbereitung auf das kommende Spiel, für kompetente Statements, auf die man gespannt ist und die man nach der Aufregung des Spiels dringend braucht, ist kaum noch Zeit – angesichts der horrenden Übertragungskosten ein unverständlicher Mangel. Die oft quälende Redundanz der Sendungen, die das Spiel umgeben, hat offenbar den Sinn, die Dimension des Menschlichen zu explorieren, die Spieler *noch näher* an die Zuschauer heranzurücken. Offensichtlich soll der Blick auf das Menschliche, wie in den Interviews am Pool des Mannschaftsquartiers in Brasilien, Sympathie für die Protagonisten und Empathie für ihr Handeln hervorrufen. Die Nähe ist aber eine fiktive. In Wirklichkeit ist, seitdem die Spieler durch die Aura von Showstars ihren Anhängern entrückt worden sind, der Abstand zwischen Publikum und Mannschaft größer als je zuvor.

Der Fußball als deutscher Erinnerungsort

Vom Telefon, sagt Ludwig Wittgenstein, wird die Sprache, »aber nicht die Masern übertragen«. Hingegen kann die TV-Übertragung von Fußball eine emotionale Ansteckung hervorrufen; in Italien werden ihre Opfer *tifosi* genannt – Fußballfans, die von einer schweren Krankheit, dem Typhus, befallen sind.[11] Die *tifosi* organisieren ihr ganzes Leben um »ihren« Verein herum. Christian Bromberger gibt die Erzählung von zwei fanatischen Anhängern von Olympique Marseille wieder, von Christian und Nicole, einem Ehepaar, in dessen Leben sich alles um Fußball dreht.[12] Vor den Spielen ihrer Mannschaft verzichten sie darauf, zu essen. Während der Partie befolgen sie minutiös die Rituale, die der Anführer der Fans vorgibt: Beim Einlaufen der Spieler breiten diese eine riesige Vereinsfahne aus, lassen Luftballons in den Himmel steigen, werfen Konfetti, entzünden bengalische Fackeln, begrüßen mit Sprechchören und Gesängen »ihre« Mannschaft und mit Schmähungen den Gegner usw. Nach einem Sieg feiern beide zu Hause bis tief in die Nacht;

bei einer Niederlage gehen sie früh zu Bett, können aber lange nicht einschlafen. Sie bejubeln nicht nur die Siege ihrer Mannschaft, sondern auch die Niederlagen der Konkurrenten von Olympique. Ihr Schlafzimmer ist mit den Handschuhen des Torwarts, mit Fotos ihrer Mannschaft und ihres Lieblingsspielers dekoriert. Auf der Fahrt zum Stadion überlässt Christian seiner Frau das Steuer – er kann vor Aufregung nicht fahren; er sitzt neben ihr und betet, obwohl bekennender Atheist, für den Sieg von Olympique Marseille. Nicht nur den Alltag, auch die ganze Phantasieproduktion organisieren sie mit Bezug auf wichtige Fußballereignisse.

In Deutschland wurden früher Gegenwart und Erinnerung durch Regierungszeiten von Staatsmännern, bedeutende Vertragsschlüsse und nationale Feiertage strukturiert. Was sich im Fußball ereignete, fügten die Anhänger in ihr *privates* Gedächtnis ein. Zur Strukturierung der kollektiven Zeit trug es nicht bei. Nach dem Zweiten Weltkrieg ist in der Bundesrepublik die politische Lenkung der Phantasie und Erinnerung weitgehend ausgefallen. Es gibt seither kaum staatliche Gedenktage oder Denkmäler nationaler Ereignisse; die wichtigen politischen Gründungakte wurden, mit Ausnahme des 3. Oktober 1990, nicht für eine offizielle Jahresgliederung genutzt. Nur die hohen kirchlichen Feste prägen mit ihren arbeitsfreien Tagen den Jahresrhythmus. In einer solchen Situation der fast vollständigen Abwesenheit politischer Phantasie und Zeitstrukturierung – die man allerdings nicht beklagen muss – können die privaten Emotionen, die von einem großen Teil der Bevölkerung erlebt wurden, Einfluss auf das kollektive

Gedächtnis gewinnen. Seit den siebziger Jahren begann der Fußball als Nationalsport eine Rolle für die Strukturierung der nationalen Erinnerung zu spielen. Heute erntet man kaum noch Protest, wenn man auf die Bedeutung des Fußballs für das kollektive Erleben hinweist. Oliver Bierhoff drückt dies mit dem frischen Selbstbewusstsein des Managers eines Weltmeisters aus: »Als wir nach Berlin zurückkamen, habe ich gedacht, das ist so wie bei der Präsidenten-Parade in den USA, wo auch die ganze Stadt, das ganze Land auf den Beinen und vor dem Fernseher ist ... Diesmal standen die Menschen überall in der Stadt. Sie haben aufgehört zu arbeiten. Auf Baugerüsten, auf den Bürgersteigen, in den Fenstern, vor oder hinter uns auf der Straße. Und alle waren glücklich. Alles stand still. Ich will jetzt nicht sagen, dass diese Bedeutung beängstigend ist, aber sie ist so gewaltig, dass man sich schon fragt, ob man ihr überhaupt noch gerecht werden kann.«[13]

Gemeinsame intensive Emotionen im Fußball führen zur Entstehung einer *imaginären Gemeinschaft*, die »ihre« Mannschaft als Ausdruck des eigenen Landes begreift.[14] Ihrem Charakter nach sind die gemeinschaftlichen Gefühle zunächst privat. Die sie auslösenden Anlässe werden nicht von staatlichen Institutionen vorgegeben; sie können von ihnen nicht einfach abgeschöpft werden. Starke Emotionen im Fußball entstehen spontan; sie brechen aus einer Überwältigung hervor und sind schwer zu bändigen. Ein eher warnendes Beispiel war das Absingen der verpönten ersten Strophe der Nationalhymne durch die deutschen Zuschauer in Bern nach dem Sieg von 1954. Was im ersten Moment wie ein Dammbruch des Nationalismus wirkte, wurde allerdings schnell durch die Proteste von Politikern und einflussreichen Publizisten wieder zugestopft. Kein anderes Ereignis erzeugt so große Momente nationaler Emotionalität wie Siegesfeiern im Fußball. Als bei der Weltmeisterschaft im eigenen Land 2006 fröhlich deutsche Flaggen geschwenkt wurden, als auch die ausländischen Gäste ihre Landesfarben zeigten, wurden diese Freudenkundgebungen aus Angst vor einem Ausbrechen von Nationalismus schamhaft zu »Patriotismus« deklariert – als ob patriotische Gefühle per se unschuldiger wären als nationale.

Emotionale Vergemeinschaftung wird im Stadion unmittelbar erlebt und von dort über die Anhänger im Land verbreitet; sie erfasst alle Fans derselben Mannschaft. So kann es kommen, dass große Teile der Bevölkerung, zumindest bei wichtigen Spielen, zu Unterstützern der Nationalmannschaft werden, dass in Kneipen, beim Public Viewing, selbst bei zufälligen Begegnungen während eines Länderspiels vor dem Fernseher in einer Autobahnraststätte spontane Verständigungen zwischen völlig unbekannten Menschen entstehen. Auch wenn man ein Spiel allein in seinen eigenen vier Wänden sieht, fühlt man sich innerlich mit den Fans der »eigenen« Mannschaft verbunden. Diese imaginäre Gemeinsamkeit nimmt sofort reale Gestalt an, wenn man nach dem Spiel von Hausbewohnern oder beim Einkaufen von wildfremden Menschen auf das Ergebnis angesprochen wird. Am Einverständnis mit ihnen merkt man, dass sich ein *öffentliches Gespräch* um das Spiel herum gebildet hat. Fußball-Gespräche haben heute einen wichtigen Anteil an der Gestaltung der Öffentlichkeit in Deutschland.

Wie kommt es, dass erst seit der WM 2006 in Deutschland die Gefühle für die »eigene« Mannschaft mit einer so großen Begeisterung gezeigt und nationale Symbole problemlos zum Ausdruck des Enthusiasmus verwendet werden? Ein Autokorso durch die Innenstadt mit Deutschlandflaggen und -emblemen wäre doch früher undenkbar gewesen; ebenso das Mitsingen der Nationalhymne und das Tragen des deutschen Fußballtrikots.

In der Vergangenheit lag ein zweifaches Tabu über dem Fußball. Er galt als ein volkstümlicher Sport. Zum einen schrieb man seinen Anhängern eine etwas primitive Geistesverfassung zu, die durch lustige Geschichten über mangelhafte Beherrschung der deutschen Sprache und der Grundrechenarten scheinbar bestätigt wurde. Einige von ihnen brachten es bis auf die Kabarettbühne – »Wir müssen jetzt Paroli stehen« oder »Ich soll von der Ablöse nur ein Viertel abbekommen? Ich bin doch nicht doof; ich will mindestens ein Achtel haben.« Zum anderen unterstellte man den »beschränkten Geistern« in Deutschland eine apolitische Haltung mit einem Hang zu dumpfem Nationalismus. Von der Neigung des DFB, autoritäre Regimes zu achten und den Spielern das Ausdrücken eigener politischer Meinungen zu untersagen, wurde dieses Vorurteil in der Vergangenheit eindrucksvoll bestätigt. Das erste Tabu machte dem gebildeten Publikum eine Annäherung an den Fußball und die Spieler schwer; aufgrund des zweiten Tabus verurteilte man nationalen Überschwang als kruden Nationalismus. Es ist evident, dass die oberen Schichten der Gesellschaft und die Vertreter des Geistes die Tabus unbewusst zur Kontrolle der Fußballwelt einsetzten. Beide Tabus lösten sich durch die Entwicklung des Fußballs und die Öffnung der Gesellschaft gegenüber emotionalen Verhaltensweisen in den neunziger und zweitausender Jahren in nichts auf. Auf den neu eingerichteten Sportgymnasien erhielten Fußballspieler eine deutlich bessere Ausbildung als vorher, die sie auch auf das öffentliche Auftreten vorbereitete. Ihre herausragenden Vertreter gehören heute zu den Großverdienern und haben den Status von Stars und Modevorbildern. Eine Reihe der Nationalspieler haben ausländische Wurzeln; ihre Zugehörigkeit zur deutschen Mannschaft verdanken sie nicht mehr »deutschen Tugenden«, sondern den Leistungskriterien und dem spielstrategischen Kalkül des Bundestrainers. Schließlich wirkten die aus anderen europäischen Ländern berichteten überschwänglichen emotionalen Ausbrüche nach Erfolgen des nationalen Fußballs auf die deutschen Fans als Vorbilder (Autokorso, Konfettiparaden, nächtelanges Feiern auf öffentlichen Plätzen, Baden in Springbrunnen usw.).

Nicht nur die Gegenwart, auch die Vergangenheit wird durch das gemeinsame Interesse am Fußball geformt. Erinnerung ist dynamisch; sie projiziert die neu gebildeten Strukturen rückwirkend auf die Geschichte. Als *imaginierte Geschichte* konstruiert sie die wichtigen historischen Ereignisse des eigenen Landes in der Perspektive des *aktuellen* nationalen Interesses am Fußball.[15] Das Datum 1954 ist dafür das beste Beispiel. Bis in die achtziger/neunziger Jahre legte man ihm kaum eine Bedeutung über den Sport hinaus bei. In der Rückschau auf die deutsche Nachkriegsgeschichte werden dagegen heute die vom Fußball hervorgerufenen Gemeinschaftsgefühle in einem neuen Licht gesehen: Feuilletonisten verknüpfen die größten Erfolge der Nationalmannschaft gern direkt mit den zeitgleichen politischen Ereignissen und gesellschaftlichen Entwicklungen – eine weithin geteilte Sichtweise. In dieser Perspektive wird die deutsche Nachkriegsgeschichte mit den internationalen Erfolgen im Fußball verbunden; sie erscheint als eine Abfolge von Heldentaten der deutschen Nationalmannschaft: die Siege in Bern 1954, München 1974 und Rom 1990, das »Sommermärchen« 2006, die junge dynamische Nationalmannschaft 2010, schließlich der Gewinn der Weltmeisterschaft 2014. Entgegen dieser Sichtweise sind die speziellen Ereignisgeschichten von Fußball, Politik, Wirtschaft und Kultur *nicht direkt miteinander verbunden*. Es gibt keine unsichtbare Hand, die sie an gemeinsamen Fäden zieht.[16] So ist Ludwig Erhards Ausspruch »Wir sind wieder wer« auch nicht auf den Gewinn der Weltmeisterschaft 1954 zu beziehen; er hätte zu jener Zeit auch kaum Sinn gemacht: Die Vorstellung eines »Wirtschaftswunders« ist erst später entstanden – im Jahr 1954 war davon noch wenig zu spüren. Eine grundlegende Verknüpfung der bis dahin separaten Geschichten des Fußballs und der nationalen Identität kam erst später zustande. Entscheidend wichtig für dieses Zusammenführen war die deutsche Vereinigung im Jahr 1990.

Was ein Politiker, ein Manager und ein Theaterregisseur in ihren Handlungsfeldern entscheiden, hat keinen direkten Bezug zu dem Geschehen auf Fußballplätzen; eine solche gemeinsame Geschichtsbildung ist eine naive Annahme. Die Vorstellung, dass die verschiedenen Bereiche irgendwie durch den Fußball vermittelt werden, kommt dadurch zustande, dass sie vom Hintergrund der Zuschauer miteinander verknüpft werden. Bei jedem einzelnen Fußball-Anhänger bilden sich in seiner Lebensgeschichte imaginäre Verbindungen von Erlebnissen und Bildern des Fußballs mit anderen markanten Momenten, die herausragende Ereignisse, Erfolge, Leistungen des eigenen Landes ausdrücken. Verbindungen dieser Art sind *personalisiert*: Sie beziehen sich auf mich; sie haben Bedeutung *für mich*. Ich wiederum beziehe mich *auf sie* und sehe *sie als exemplarisch für mein* Leben an.

Es entsteht so eine doppelte Verknüpfung zwischen meinem Leben und Fußball-Ereignissen, die es begleiten: Die Erlebnisse markanter Spiele formen meinen Hintergrund, der sie wiederum mit einem Kranz von Ereignissen aus Politik, Wirtschaft, Kultur und meinem Privatleben umgibt. All diese Züge meines Hintergrunds verbinden und stützen sich untereinander. Ein außergewöhnlicher Erfolg im Fußball wie der Gewinn der Weltmeisterschaft leuchtet aus der Ereignismenge hervor und aktiviert, wenn wir uns später daran erinnern, auch die Erinnerung an andere mit ihm verbundene Züge. Gemeinsam bilden sie eine *gefühlte* Geschichte, die ich mit anderen gemeinschaftlich teile. Bei der WM 2006 trat für alle sichtbar in Erscheinung, dass sich aus den bis dahin individuellen, personalisierten Verknüpfungen von fußballerischen und politischen Ereignissen eine größere Allgemeingeschichte geformt hatte: Der Fußball war ein deutscher *lieu de mémoire*, ein Erinnerungsort geworden.[17]

Wenn ein Fußballfan einen Moment des eigenen Lebens zeitlich bestimmen will (*Wann war noch mal das*

Ereignis X?), läuft er auf den Pfaden des Fußball-Gedächtnisses die markanten Daten ab, um es in der Nachbarschaft eines unvergesslichen Spiels oder Turniers zu lokalisieren (*Es war 2002, als Deutschland im Endspiel der WM Brasilien unterlag*). Auch wenn diese subjektive Suchmaschine vor allem bei männlichen Fußball-Liebhabern funktioniert, kann auch bei weniger interessierten Spontanfans die Erinnerung an private Erlebnisse durch Bezüge auf Daten der Fußballgeschichte geordnet werden. Dass dem Fußball eine solche strukturierende Bedeutung zukommt, zeigt zudem, wie ereignisarm das öffentliche Leben in Deutschland seit vielen Jahren ist. Ein bedeutender historischer Moment wie der Fall der innerdeutschen Grenze 1989 hatte hingegen mit einem Schlag alle noch so großartigen Fußballspiele zur Belanglosigkeit degradiert. Wenn man den Wert des Fußballs für die deutsche Erinnerungskultur einschätzt und ihn für deutlich übertrieben hält, muss man den politischen Kontext mitbedenken, in dem er heute eine Rolle spielt.

Der Aufstieg des Fußballs zum deutschen Nationalsport

Wie ist es dazu gekommen, dass der Fußball heute den Rang eines kollektiven Erinnerungsstifters für die Geschichte unseres Landes einnimmt? Eine notwendige Bedingung für diese Bedeutung ist, dass Fußball zu einem von allen sozialen Schichten anerkannten Nationalsport aufgestiegen ist.[18] Keiner anderen Sportart, ja kaum einer anderen Leidenschaft ist bisher Ähnliches gelungen. Jeder andere Sport ist an die Vorlieben gesellschaftlicher Gruppen gebunden, die von sozialer Lage, geschlechtlicher und altersmäßiger Zugehörigkeit, Bildung und regionalen Präferenzen abhängig sind. Die Geschichte des Fußballs in Deutschland kann man heute als eine Erzählung lesen, die wichtige politische und kulturelle Ereignisse *auf ihre eigene Weise* wiedergibt. Erst nach einem tief greifenden kulturellen und sozialen Wandel, der sich seit den sechziger Jahren des 20. Jahrhundert vollzog, wurde er zu *dem* Spiel der Deutschen, in dem diese die – besseren – Eigenschaften ihrer Gesellschaft entdecken konnten. Das geschah für alle wahrnehmbar mit dem »Sommermärchen« der Weltmeisterschaft 2006 im eigenen Land, als sie von aller Welt als herzliche und entspannte Gastgeber gelobt wurden. Es musste aber erst ein sozialer und kultureller Veränderungsprozess durchlaufen werden, bevor die vom Fußball erzeugten Emotionen auch von den höheren Schichten der Gesellschaft geteilt wurden.

Mit dem Gewinn der Weltmeisterschaft 1954 gab der Fußball den Deutschen zum ersten Mal nach dem Krieg die Möglichkeit, sich mit anderen Nationen zu vergleichen und dabei eine Überlegenheit zu demonstrieren. Wie die immense Bedeutung des ersten WM-Titels zeigt, sahen sie im Fußball die Möglichkeit, ihren Verlust von Territorium und Anerkennung *für kurze Zeit* in einem *anderen* Register als der politischen Realität zu kompensieren. Der Sieg in Bern wurde unbewusst als *symbolische* Überwindung einer entfremdeten Situation und als eine vorübergehende Befreiung vom Gefühl der Zerrissenheit interpretiert: Nach der Kriegsniederlage gehörte die Teilnation zum ersten Mal wieder zu den »Größten«, zumindest in jenem Sport, auf den es ankam. Ein solcher Superlativ erschien notwendig, damit man sicher sein konnte, wieder von anderen Völkern geachtet zu werden.

In der Welt des Spiels konnte das Anerkennungsdefizit für kurze Zeit geschlossen werden – allerdings nur im Bewusstsein jener Deutschen, denen der Fußball wichtig war. Von ihrem Glauben an das Spiel wurde der Sieg so sehr mit Bedeutung aufgeladen, dass sich in ihre Befindlichkeit ein Gefühl des Triumphs einschlich. Kurze Zeit später wurde schon nicht mehr an die Anerkennung des Landes durch den Fußballerfolg geglaubt. In den fünfziger Jahren kam dem Fußball in der öffentlichen Aufmerksamkeit nur eine marginale Rolle zu. Kaum einer der führenden Politiker maß dem WM-Titel eine politische Bedeutung zu. Von einer Minderheit der Deutschen wurde er als einschneidendes Ereignis empfunden, von der Mehrheit aber nicht sehr wichtig genommen. Die Symbolik sportlicher Triumphe kann sich gegenüber der politischen Wirklichkeit nicht dauerhaft durchsetzen. Ein Sieg gegen den Unterdrücker kann ein Volk schlagartig vereinen und ihm Hoffnung auf Überwindung der schlechten Gegenwart geben, wie der Sieg der tschechoslowakischen Eishockeymannschaft im Finale der Weltmeisterschaft 1969 gegen die UdSSR nach dem Einmarsch der sowjetischen Truppen in ihr Land. An der Unterdrückung der Bevölkerung änderte er jedoch nichts. Im Gedächtnis vieler Deutscher blieb aber der unerwartete Erfolg von 1954 als eine Grundkonstellation erhalten: Dieser Sieg im Fußball war ein »Wunder«. In den Augen der politischen, wirtschaftlichen und kulturellen Eliten war er allerdings etwas vulgär – den alten Männern, die die Zügel in der Hand hielten, galt das Rasenspiel eher als eine schmuddelige Angelegenheit.

Kurz nach Einführung der Bundesliga 1963 trat in Deutschland, erst allmählich, dann in einer großen Bewegung, eine Verjüngung auf vielen wichtigen politischen Positionen ein: zuerst durch die Versetzung des alten Personals in den Ruhestand, dann mit dem Eintritt der – vorher auf Distanz gehaltenen – Sozialdemokraten in die politische Führung des Landes (zunächst in der Großen Koalition mit der CDU, dann gemeinsam mit den Liberalen). Weniger sichtbar, aber nicht minder wirkungsvoll war die Verjüngung der Lehrkörper an Schulen und Universitäten sowie der Meinungsführer in den Medien und der Kultur. Wichtige kulturelle Institutionen wie Theater und Kunsthallen gelangten in die Hände junger »Macher«. Mit den angloamerikanischen Einflüssen kamen die Pop Art und das Happening nach Deutschland; nach französischem Vorbild entstand der Autorenfilm. Anders als in zentralistischen Ländern wie Österreich und Frankreich gab es in Deutschland keine nationalen Einrichtungen, die Barrieren der Tradition gegen das einbrechende Neue hätten errichten können. Im föderalen Staat wetteiferten vielmehr die Länder und Regionen um Prestige und Einfluss auf das kulturelle Geschehen. Innovation und Traditionsbruch waren die Mittel, um als Avantgarde an die Spitze der künstlerischen Hierarchie zu gelangen.

Mit dem Streben nach gesellschaftlicher und ästhetischer Erneuerung verbesserte sich auch das Ansehen des Fußballs. Während die hohe Kunst ihr Prestige durch feier-

Die Aufstellung des 1. FC Nürnberg
vom 27.1.1968

WABRA

LEUPOLD   POPP

LUDWIG MÜLLER   WENAUER   BLANKENBURG

STAREK   STREHL   BRUNGS   HEINZ MÜLLER   VOLKERT

Spielbeginn:
15 Uhr

Peter Handke, »Die Aufstellung des 1. FC Nürnberg vom 27.1.1968«

tägliche Leibferne gewonnen hatte, suchten viele der jungen Künstler die Nähe zur Industriearbeit und zu lebensweltlichen Situationen. In der Rückschau kann man den Kern des Neuen in der Hinwendung zu Erfahrung und Körperlichkeit erkennen. Fußball konnte so zu einem Objekt der Kunst avancieren. Den Anfang machte Peter Handke, der schon mit der *Publikumsbeschimpfung* das traditionelle Theater herausgefordert hatte, mit einem Gedicht, das aus nichts anderem bestand als der Mannschaftsaufstellung des 1. FC Nürnberg. In der feinen edition suhrkamp sah die grafische Anordnung, die man aus dem *Kicker* kannte, aus, als handelte es sich um Konkrete Poesie.[19]

Fußball entwickelte sich zum Identifikationsobjekt junger Künstler, Intellektueller und Wissenschaftler. Gemeinschaft wurde nicht mehr mit Gemeinheit assoziiert; gemeinsames Ansehen von Länderspielen und der *Sportschau* wurde ebenso wie der Kick in einer wilden Liga zum Muss für künstlerische Avantgarden und Teilnehmer der Studentenbewegung. Auf der Seite der Fußballer traten Spieler mit der Attitüde eines Revolutionärs (Paul Breitner mit Angela-Davis-Frisur vor einem Mao-Poster), eines Dandys (Günter Netzer neben seinem Ferrari) oder eines Opernfreundes hervor (Franz Beckenbauer in Bayreuth).

In dieses Jahrzehnt des politischen und kulturellen Aufbruchs fiel die erste große Zeit der Bundesliga mit den Spitzenteams Bayern München und Borussia Mönchengladbach. Beide entwickelten einen neuen, jungen Fußballstil: intelligent, ballgeschickt, angriffsfreudig und ästhetisch. Die eine Mannschaft, die Bayern, repräsentierte innovatives Unternehmertum, die andere, die Borussen, jugendlichen Überschwang und Risikofreude. Der Fußball wurde von seinen Anhängern in das damals herrschende Schema rechts/konservativ vs. links/progressiv eingeordnet und so in das politische Weltbild eingepasst. Mit der Wirklichkeit hatte dies wenig zu tun: Die Bayern spielten einen mindestens so modernen Fußball wie die Borussen, bei denen sich Günter Netzer wiederum als Jungunternehmer hervortat, der junge Berti Vogts aus seiner konservativen Haltung keinen Hehl machte und der Trainer Hans »Hennes« Weisweiler mit einem autoritären Führungsstil regierte.

Was aber den Mythos jener Jahre dauerhaft prägte, war das offensichtliche Selbstbewusstsein und der ästhetische Stil junger Spieler. Beides hatte es in den Generationen vorher nie gegeben. Bei der WM im eigenen Land 1974 nahm die Mannschaft unter Führung von Franz Beckenbauer dem Nationaltrainer Helmut Schön die Taktikplanung aus der Hand. In den Augen der jüngeren Generation sah dies ähnlich aus wie die selbst organisierten Seminare an fortschrittlichen Universitäten. Allerdings zeigte sich bald, dass die Parallele vorschnell gezogen war – der Fußball entwickelte sich in eine völlig andere Richtung weiter, mit einem erfolgsbezogenen ökonomischen Stil, der rasch seinen jugendlichen Charme verlor. Die Wahrnehmung der Ähnlichkeit von Fußball- und Bildungswelt war also illusionär; beim akademisch gebildeten Nachwuchs erzeugte sie aber eine nachhaltige Begeisterung für dieses Spiel und öffnete diesem so den Weg in die zukünftigen höheren Schichten der Gesellschaft. Mit der Ausrichtung der Weltmeisterschaft, dem Gewinn des Titels 1974 und den Erfolgen deutscher Vereinsmannschaften in den europäischen Wettbewerben erwarb sich der Fußball ein beträchtliches gesellschaftliches Prestige und die Aufmerksamkeit nicht nur breiter Schichten der Bevölkerung, sondern auch einer Reihe von Intellektuellen, Schriftstellern und Künstlern, die ihr Interesse am Spiel in Essays, Gedichten, Erzählungen, Filmen, Bildern, Feuilletonbeiträgen ausdrückten. Seit jener Zeit ist es Ausweis von Weltoffenheit fortschrittlicher Zeitschriften, moderner Galerien oder von Verlagen mit populärer Ausrichtung, Arbeiten zum Fußball in ihr Programm aufzunehmen.[20]

Die Glanzzeit des deutschen Fußballs war mit dem Gewinn des Weltmeistertitels vorbei. Die prominenten Spieler orientierten sich an dem zweckorientierten Verhalten und luxuriösen Lebensstil erfolgreicher, aufgestiegener Geschäftsleute. Sie lebten ihrem Publikum vor, wie man kühle Berufsauffassung und heiße Selbstdarstellung mit schnellen Sportkarossen, »teuren« Freundinnen und Partyleben verbinden konnte – eine Mixtur, die den Lesern der Massenpresse ein ähnlich starkes Interesse entlockte wie der

Lebensstil von Popstars. Das Auftreten der großen *und* kleinen Fußball-Stars kam durchaus den Wünschen der unteren Schichten des Bürgertums nach einer freudvollen, sinnlichen Lebensgestaltung entgegen. Angesichts der zeitgleichen Veränderungen der Alltags- und Arbeitswelt im Zuge von Rationalisierung und Maschinisierung wird dieses Begehren, insbesondere bei wachsendem Wohlstand, verständlich. Schon seit den sechziger Jahren hatte sich ein tief greifender Wandel im Freizeitverhalten angedeutet: Die Gesellschaft der Bundesrepublik war aufgebrochen, ihre Wünsche durch Fernreisen, Abenteuersuche, Partyfreuden und intensiven Sportkonsum zu verwirklichen.

Im Fußball zeigte sich allerdings sehr bald, dass die hohen, durch Selbstdarstellung geweckten Ansprüche von den mäßigen sportlichen Leistungen und Erfolgen nicht mehr gedeckt waren. Untrüglicher Gradmesser waren die internationalen Wettbewerbe, in denen die deutschen Mannschaften zurückfielen. Ein wichtiger Grund für diesen Qualitätsverlust waren der relativ geringe Grad an Professionalisierung bei Verbands- und Vereinsführungen, die Rückständigkeit der Fußballtrainer und die Vernachlässigung der Nachwuchsarbeit. Anders als beispielsweise in der englischen Liga wurden weder von den Bundes- noch von den Vereinstrainern wissenschaftliche Erkenntnisse der Trainings- und Bewegungsforschung aufgenommen, wie es etwa in der Leichtathletik, im Volley- und Wasserball mit modernsten Analyseverfahren geschah. Eine Verbindung der Jugendarbeit mit Schulen gab es nur in Ausnahmefällen. Kinder aus Migrantenfamilien spielten zwar damals schon guten Fußball, wurden aber weder von Vereinen noch vom

DFB umworben. Gängige Strategie der Bundesligavereine war es, »fertige« Spieler aus dem Ausland einzukaufen. Da sie aber an ökonomischer Kraft den Clubs aus England, Spanien und Italien unterlegen waren, konnten sie nicht die besten Fußballer verpflichten. Deutliche Ausnahme war Bayern München, der einzige Bundesligaverein, der früh an seiner Modernisierung arbeitete. Das Bayern-Management hatte begriffen, dass eine zur Schau getragene regionale Zugehörigkeit, wenn sie mit krachledernem Selbstbewusstsein auftritt, den Marktwert steigert, wie es der FC Barcelona als Symbol katalanischer Identität vormachte. Borussia Dortmund kultivierte wie auch Schalke 04 das Image eines Arbeitervereins aus dem Ruhrpott, was freilich bis heute in deutlichem Gegensatz zu ihrem großzügigen Finanzgebaren steht.

Der FC Bayern, der eng mit den Führungszirkeln von Politik und Wirtschaft vernetzt war, bildete in Deutschland eine Ausnahme. Auch noch in den achtziger Jahren wurde der Fußball von den herrschenden Schichten der Gesellschaft nicht als wichtiges Element des Lebensstils angesehen. Für die feine Gesellschaft, die ihre *sports* abseits der Massen in exklusiven Clubs pflegte, diente der Stadionbesuch in erster Linie zur Kontaktpflege mit dem Volk. Die jungen Männer auf dem Rasen, die sich inzwischen nach der angesagten Mode kleideten und frisieren ließen, konnten vielleicht den Töchtern, nicht aber den hohen Herren gefallen. Der Fußball war noch nicht in die deutsche Mythologie aufgestiegen. Dies geschah erst in den neunziger Jahren, nachdem drei Veränderungen eingetreten waren.

Das erste Ereignis war die deutsche Vereinigung. Die Mannschaft der Bundesrepublik errang 1990 im Olympiastadion von Rom den WM-Titel. Im September gewann die Elf der DDR in ihrem definitiv letzten Länderspiel in Brüssel 2:0 gegen Belgien. Mannschaftskapitän und Torschütze war Matthias Sammer. Franz Beckenbauers Einschätzung des fußballerischen Potentials des wiedervereinigten Deutschlands nach dem WM-Sieg schien nicht vermessen zu sein: »Auf Jahre hinaus wird unsere Nationalmannschaft unschlagbar sein.« In Brüssel hatten einige der besten Spieler der DDR nicht einmal mitgespielt; nach der Wende wechselten sie, nicht anders als Matthias Sammer, zu westdeutschen Vereinen und wurden später Nationalspieler der gesamtdeutschen Mannschaft: Ulf Kirsten, Thomas Doll, Andreas Thom; später auch René Schneider und Steffen Freund, von Bundesligaspielern wie Dariusz Wosz, Uwe Weidmann, Sven Knetsch, Axel Kruse, Uwe Rösler nicht zu reden. Wie man an dieser langen Liste bekannter DDR-Spieler, die in den Westen gingen, erkennt, verlief die »Integration« des Fußballverbands der DDR in die Strukturen des DFB aus der Sicht der ostdeutschen Fans sehr unglücklich. Bald nach der Vereinigung gab es in den neuen Bundesländern kaum noch wirtschaftlich konkurrenzfähige Vereine. Seit Langem spielt kein ostdeutscher Club in der 1. Bundesliga. Diese irreversiblen Veränderungen berührten das breite Publikum der alten Bundesrepublik allerdings kaum. Die deutsche Vereinigung im Fußball, die in der Saison 1991/92 vor sich ging, war nicht nur das Ende der besonderen Geschichte des Fußballs in Ostdeutschland, wo dieser nicht weniger beliebt war als im Westen, sondern bedeutete auch die fast völlige Auslöschung der Erinnerung an ihn. Der bekannte Trainer Hans Meyer aus der DDR konstatierte diesen Vorgang mit den bitteren Worten: »Das Ganze ist kurz und schmerzlos gelaufen, danach hatte die Ostseite keine Geschichte mehr.«

Die zweite Veränderung war die Teilnahme der Spitzen der deutschen Politik am Geschehen in den Stadien. Als erster deutscher Politiker hatte Helmut Kohl schon in den achtziger Jahren die Nähe zum Fußball gesucht. Nach dem verlorenen Endspiel in Mexiko 1986 ließen sich die Spieler seine Umarmungsversuche jedoch nur ungern gefallen. Das änderte sich mit Gerhard Schröder und Angela Merkel; beide bemühten sich um die Gunst der Nationalmannschaft – der eine, um jovial von seinen in der Jugend erzielten Toren zu erzählen, die andere, um beim Anblick der Männergruppe in helle Freude auszubrechen. Der Chiasmus war perfekt: Fußball war zu einem Spektakel der Politik, die Politiker waren zu einem Teil des Fußballspektakels geworden. So konnte das Volk in Sönke Wortmanns WM-Film (2006) zusehen, wie die enthusiastische Kanzlerin in den Umkleideraum der Fußballmänner eindrang.

Bei staatstragenden Ereignissen dürfen die Spitzen der Gesellschaft nicht abseitsstehen. Im deutschen Kaiserreich haben sie Mensuren geschlagen, um ihr führendes Deutschtum zu demonstrieren – in der Berliner Republik wurden sie zu Anhängern der Nationalmannschaft.

Nach dem WM-Sieg 2014 wurde Oliver Bierhoff im Interview mit der *Frankfurter Allgemeinen Sonntagszeitung* auf eine »vom DFB mitfinanzierte Studie« angesprochen, in der die Nationalelf als »vierte Macht im Staat« dargestellt wurde. Bierhoff: »Das hat sich bei der WM auch bestätigt … Diese Mannschaft spiegelt den Zeitgeist.«[21] Von unabhängigen empirischen Untersuchungen wird diese Annahme gestützt: Im Fußball lässt sich, wie eine Forschungsgruppe der Freien Universität Berlin auf der Grundlage ihrer Daten schreibt, eine »gefühlte Übereinstimmung in der Gesellschaft« erkennen.[22] Der Mythos des Fußballs trägt in Deutschland seit dem »Sommermärchen« dazu bei, das Nationalgefühl zu konsolidieren und gegenüber Skeptikern akzeptabel zu machen. Obwohl die Bundesliga die Differenzen zwischen Westen/Osten sowie Süden/Norden der Republik unübersehbar vor Augen führt, wirkt sie doch vereinigend über die Grenzziehungen des Föderalismus hinweg. Auch die Grenze zwischen der akademischen Welt und dem Fußball ist durchlässig geworden. So verwenden Wissenschaftler gern metaphorische Beschreibungen aus dem Fußball, wie »den Ball flach halten«, »der Ball liegt jetzt in seinem Feld«, »eine Steilvorlage«, »er ist mir reingegrätscht«, »das ist ein klares Foul«. Ein eindrucksvolles Beispiel für die Ausdruckskraft von Bildern aus dem Fußball ist die Reaktion des Schriftstellers und Islamwissenschaftlers Navid Kermani auf die Nachricht, dass er gerade zum Friedenspreisträger des Deutschen Buchhandels gekürt worden sei: »Mir kommt das so vor, wie wenn man Manuel Neuer hört, der früher in Schalker Bettwäsche geschlafen hat oder in der Fankurve war, und plötzlich im Parkstadion in Gelsenkirchen zwischen den Pfosten stand … Ich bin mein ganzes Leben lang Leser gewesen und verehre viele dieser Friedenspreisträger, und dass ich nun selbst irgendwie in diese Reihe gehöre, das ist ganz merkwürdig.«[23]

Mannschaftsbild nach dem Gewinn der Fußball-WM am 13. Juli 2014 mit den Spitzen des Staats, veröffentlicht von der Bundesregierung

Der feinen Gesellschaft wird es heute leicht gemacht, Fußballspielen beizuwohnen – dies ist der dritte Grund, warum der Fußball auch die maßgeblichen Kreise der deutschen Gesellschaft für sich gewonnen hat: Im obersten Stockwerk der neuen Arenen befinden sich VIP-Lounges mit eigenen Zugängen, verglasten Innenräumen, Catering, Clubatmosphäre, Bildschirmen. Wie bei einem First-Class-Flug nimmt man am selben Ereignis teil wie das Volk, ohne mitten unter ihm sitzen zu müssen. Die *hardcore fans*, die »Ultras«, erklären die VIP-Etage instinktsicher zum Gegner: Dort werde der Fußball verraten. Das ist nicht ganz falsch. Die Beteiligung der oberen Schichten der Gesellschaft macht den Fußball zu einem nationalen Kulturgut. Den Fans mit ihrer tiefen Liebe zum »wahrhaften« Fußball ist aber jede Art von Kulturgut und Verbürgerlichung suspekt.

Ihnen erscheint der kontinuierliche Umbau der Fußballstadien in Orte des *entertainment* für Geschäftspartner und die ganze Familie als ein falscher Weg, der vom »echten« Fußball fortführt. Sie selbst fühlen sich in der Rolle von Zulieferern jener enthemmten Stimmung, die die bürgerlichen Zuschauer in den Arenen suchen. Allerdings muss man zugeben, dass der ökonomische Prozess, den der Fußballverband vorantreibt, die Spielstätten modernisiert und die qualitative Weiterentwicklung der Mannschaften ermöglicht hat. Gegenüber diesem Trend stellt sich die eine Fraktion der »Ultras« als ein kritisches Gewissen im Namen der traditionellen Werte des Fußballs dar.[24] An vielen Orten verbinden sie dieses Engagement mit dem Einsatz gegen Rassismus und Homophobie im Stadion. Ihr resolutes Wirken wird von manchen Verantwortlichen der Polizei und Vereine, aber auch von ihnen selber als eine Lizenz zum Zünden von Feuerwerkskörpern in den Fankurven verstanden, die sie ebenfalls für sich reklamieren. Die Auseinandersetzung zwischen den Kontrahenten spitzt sich auf einen Streit über »den wahren Fußball« zu. Eine andere, ungleich militantere Fraktion der »Ultras« ist den Lockungen von Rechtsradikalen erlegen, die sich unter die Fans gemischt haben mit der Absicht, in den Stadien Nachwuchs für ihre Organisationen zu rekrutieren. Diese Fraktion stellt sich mit feindseligen Aktionen gegen jene Fans, die sich für einen »besseren« Fußball einsetzen. Gemeinsam mit den Resten der älteren Hooligans bildet sie die gewaltbereiten Gruppen der Fans.

Die fußballerische Entwicklung in Deutschland ging von einem bemerkenswerten Modernisierungsschub aus, den der DFB nach einem schmerzhaften Niedergang der deutschen Nationalmannschaft in die Wege geleitet hatte: Nach dem schlechten Abschneiden der deutschen Mannschaft bei der WM 1998 in Frankreich geriet ihr Auftreten bei der EM 2000 in Holland/Belgien zu einem Desaster; sie schied als Vorrunden-Letzte gegen eine B-Elf Portugals aus dem Turnier aus. In seinem Gedicht »Deutschland – Portugal 0 : 3« drückte Robert Gernhardt den Tiefpunkt der Stimmung unter den deutschen Fußball-Anhängern aus:[25]

Deutschland – Portugal 0 : 3

Berlin schien schrecklich still am Abend unsrer Schande.
Wir traten aus dem Haus. Die Linden rauschten sacht.
Gesenkten Hauptes ging's durch dufterfüllte Nacht. Am
    Morgen aber brach der Zorn sich Bahn im Lande!

»Kein Kampf! Kein Pep! Kein Herz!« so ließ sich ›Bild‹
    vernehmen.
Von »Fußball-Selbstmord« schrieb wehklagend die ›BZ‹.
Nicht einmal aufgebäumt hab' sich das Team, es hätt ein
    jeder Deutsche Grund, sich abgrundtief zu schämen.

Ich teile den Befund. Und niemand, mich zu trösten.
Da dachte ich der Zeit, als alle Welt uns pries.
Ich hab sie noch erlebt: Wir waren mal die Größten!

Welch Engel trieb uns aus dem Fußball-Paradies?
Welch Teufel stand ihm bei, als er dem Land verhieß:
»Von Stund an soll dein Team im Kick-Inferno rösten!«?

Nach dieser Talfahrt des deutschen Fußballs ging der DFB daran, die bis dahin wenig durchdachte Nachwuchsförderung von Grund auf systematisch neu aufzubauen. Als Vorbilder dienten das Vereinsmodell von Ajax Amsterdam und das Schulungssystem Frankreichs, das schon in den achtziger Jahren, ebenfalls nach einer Serie schlechter Ergebnisse der Nationalmannschaft, einen nationalen Aktionsplan umgesetzt hatte. Ab dem Jahr 2000 gründete der deutsche Verband zusammen mit Bundesligavereinen eine Reihe von sportbezogenen Schulen, die an die Clubs angeschlossen wurden. Schulische Ausbildung und intensives sportliches Training wurden miteinander gekoppelt, die besten jungen Spieler in deutschen Nachwuchsmannschaften zusammengefasst und die erfolgreichsten der jungen Athleten an die B-Mannschaften der Bundesligisten herangeführt. An der großen Zahl hervorragender Nachwuchsspieler lässt sich der Erfolg dieses Systems erkennen. In die Schulen und Nachwuchsmannschaften nahm man auch junge Spieler aus Migrantenfamilien auf und ließ ihnen eine aktive Förderung zukommen, was vorher nur halbherzig geschehen war.[26] Seither hat sich die Zusammensetzung der Nationalmannschaft deutlich verändert; die Integration der fußballerisch begabten Einwandererkinder ist mit weithin sichtbaren Ergebnissen gelungen. Der Wunsch nach Erfolgen im Fußball ebnete die geheimen inneren Zäune des deutschen Publikums gegenüber den Kindern eingewanderter Türken, Polen, Araber und Deutscher mit afrikanischen oder spanischen Eltern ein.

Wesentlich vorangetrieben wurde der Erneuerungsprozess durch Jürgen Klinsmann. Nach seiner Rückkehr aus den USA riss er als Bundestrainer weitgehende Vollmachten für grundlegende Veränderungen in der Organisation des DFB an sich. Aus dem US-Sport brachte er moderne elektronische Analyseverfahren mit, zum Beispiel den Einsatz spezieller Software zur Auswertung von Statistiken, die dort seit Langem in Training und Wettkampf eingesetzt wurden. Mit seinem Assistenten Joachim »Jogi« Löw veränderte er die Spielweise der deutschen Mannschaft komplett. Sie wurde technisch geschickter, mutiger, dynamischer und intelligenter. Sie war nicht mehr wie früher ängstlich auf Sicherheit bedacht, sondern präferierte einen kühnen Offensivfußball. Eine Reihe von Vereinen nahmen innovative Spielkonzepte von europäischen Spitzenmannschaften (zum Beispiel von FC Barcelona, Ajax Amsterdam, Arsenal London und der spanischen Nationalmannschaft) auf, passten sie den eigenen Möglichkeiten an und entwickelte sie weiter. In München bildeten Louis van Gaal, Jupp Heynckes und heute Pep Guardiola eigene Varianten aus. Eine Reihe jüngerer Trainer, Jürgen Klopp an der Spitze, arbeitet mit Taktiken der Raumbeherrschung, des »Überzahlspiels«, des »Gegenpressings«, der Spielverlagerung und des blitzschnellen »Umschaltens« aus der Verteidigung in den Angriff.

Heute nehmen alle sozialen Schichten des Landes emotional Anteil am Geschehen im Fußball. Begünstigt wird diese Aufmerksamkeit von einem kraftvollen, langfristigen Trend, der in Deutschland zu Wandlungen im Verhältnis zum Körper geführt hat – wie in allen vergleichbaren Industrienationen. Die körperlichen Anstrengungen des Fußballspiels werden heute als ästhetisch attraktiv wahrgenommen. Nicht nur hat unter Einfluss der dominierenden Bildmedien die Hinwendung zu schönen Körpern deutlich zugenommen. Es gibt auch starke Wünsche nach einer – mehr oder weniger imaginären – »Rückkehr« zum kraftvollen und direkten Einsatz des Körpers, was sich unter anderem an der weiblichen Beteiligung am Konditionssport und Boxen zeigt. Mit der Verfeinerung moderner Lebensweisen hat sich das Gefühl verbreitet, dass es der Existenz heute an Erlebnistiefe fehlt: Das Verlangen nach intensiver Sinnlichkeit und starken Gefühlen wird nicht zuletzt mit der emotionalen Beteiligung am Fußball und dem Streben nach extremen Leistungen zu erfüllen gesucht. Mit ihren austrainierten Körpern, Tattoos, elaborierten Frisuren, engen Trikots, die im Jubel hochgerissen werden, um die Muskulatur sichtbar zu machen, bedienen die Spieler das Schau-Interesse des Publikums, das wiederum von den TV-Bildern angeregt wird. Fußballübertragungen im Fernsehen gewinnen ihre kalkulierten Wirkungen, wenn die Zuschauer sie mit jenen Erregungen verbinden können, die *in der Gesellschaft insgesamt* wirken: mit Emotionen, die von Erfolg, Geld, Leistung, Schönheit, Erotik, Durchsetzungskraft und dem Triumph über Gegner hervorgerufen werden.[27]

Mit der Ästhetik der Grausamkeit besitzt der Fußball ein besonders wirkungsvolles Rauschmittel. Es ermöglicht Erfahrungen eines bei finalen Entscheidungen schwer aushaltbaren »Ur-Dramas«. Als Drama aufgefasst, kann sogar das Scheitern im Fußball als *ästhetisch* wahrgenommen werden: Ein grausames Fußballspiel wird von den Zuschauern nicht mit all jenen Folgen ertragen, die durch den Zusammenbruch einer Familie oder eines Unternehmens entstünden. Die ästhetische Wahrnehmung des Fußballs bedeutet jedoch nicht, dass die Grausamkeit eine Illusion wäre. Bei ihm geht es um die *Wirklichkeit* des Gewinnens und der Herrschaft über das Spiel. Diese Perspektive lässt uns im Fußball *mehr* sehen als in Politik und Wirtschaft. Wir sehen die entscheidenden Handlungen, durch die das Ergebnis hergestellt wird: die Tore. In Politik und Wirtschaft werden uns nur symbolische Akte gezeigt, wie die Unterzeichnung eines Abkommens, die Verkündung einer Firmenstrategie, die Vorführung eines neuen Apple-Geräts – sie sind nichts anderes als gespielte rituelle Darstellungen, während der Wert, um den es jeweils geht, auf andere Weise entsteht.

Ein Grund für den Aufstieg des Fußballs liegt nicht zuletzt in seiner rasanten ökonomischen Entwicklung im Lauf der beiden letzten Jahrzehnte. Seine Einnahmen und mit ihnen sein öffentliches Interesse haben sich in vorher nicht gekannte Höhen gesteigert: Fußballverbände und Clubs haben sich in einem ungeahnten Maße zu professionellen Mitspielern am Markt entwickelt. Der ökonomische Erfolg des Fußballs wird als Beweis seiner gesellschaftlichen Bedeutung angesehen, selbst wenn sich seine internationale Ausbreitung, wie der FIFA-Skandal zeigt, auf der Grundlage einer weltweiten Korruption der Spitzenfunktionäre vollzogen hat. Dem Erfolg des Spiels selbst hat dies – so unglaublich es auch erscheinen mag – kaum Abbruch getan. Das Ökonomische macht nur den einen Aspekt des Interesses am Fußball aus: Die spielerische Qualität, die mediale Aufmerksamkeit, das gesellschaftliche Interesse, seine dramatischen Eigenschaften fördern sich gegenseitig. Der Fußball ist zu einem Spektakel geworden, das in konzentrierter Form die Grundmatrix unseres gesellschaftlichen und ökonomischen Lebens darstellt.

Man muss zugeben: Um glücklich in der Welt zu leben,
muss man gewisse Seiten seines Seelenlebens völlig
ausschalten können.

NICOLAS CHAMFORT

Epilog: Stellung nehmen

Für einen Philosophen ist Fußball eine fremde Welt. Man muss in sie eintauchen, um das in seine Tiefenschichten eingelagerte gedankliche Substrat zu fassen. Tatsächlich ist dieses der Philosophie nicht fremd. Bei einer so extremen Praxis wie dem Fußball ist es bisher allerdings selten beleuchtet worden: die Hinwendung zur Praxis, das Denken des Körpers, die dramatische Kollision im Wettstreit, die Ästhetik der Grausamkeit, die Genese des Religiösen aus körperlichen Praktiken, die Struktur der Magie und der charismatischen Herrschaft, der Einfluss von Mythen auf Wahrnehmung und Erleben der Gegenwart, die Suche nach Sinnlichkeit in den Medien, die Gemeinschaftsbildung aus der Hinwendung zu einem affektiven Objekt, die Erzeugung nationaler Erinnerungsorte.

Als der Fußball in den letzten Jahrzehnten ins Zentrum der gesellschaftlichen Aufmerksamkeit geriet, wurde mit ihm zusammen auch dieses gedankliche Substrat transportiert. Man konnte es daran bemerken, dass er als *symboli-*

sches Kapital für die Politik und Kultur immer wichtiger wurde. In den letzten zwanzig Jahren hat er in Deutschland eine einzigartige Karriere gemacht. Wer die deutsche Stellung in der Welt beschreibt, greift gern zu Vergleichen mit dem Auf und Ab der deutschen Fußballnationalmannschaft. Die *Spiegel*-Titelgeschichte über die deutsche Machtposition in Europa kommt nicht ohne Beckenbauers Kraftspruch nach dem Gewinn der WM 1990 über die Unbesiegbarkeit der deutschen Mannschaft aus. Einen »ähnlichen Größenwahn« entdeckt das Magazin bei Oskar Lafontaine, der als Finanzminister »die europäischen Finanzmärkte harmonisieren und eine Einheitswährung schaffen wollte ... – Er scheiterte, und die Nationalmannschaft hat ziemlich oft verloren, bis sie 2014 tatsächlich die Nummer eins der Welt wurde.«[1] Der Vergleich zwischen Fußball und Politik ist, anders als in der Vergangenheit, keine Analogie mehr. In Deutschland nimmt man den Fußball als Teil des Machtsystems wahr – als eine Facette, an der sich die Art und Weise der deutschen Machtausübung anschaulich darstellen lässt.

Dass der Fußball als ein besonderes symbolisches Kapital in die Analyse der Machtverhältnisse zwischen den europäischen Ländern einbezogen wird, verschafft den Funktionären der FIFA und UEFA eine einzigartige Stellung gegenüber der Politik und macht sie besonders anfällig für Korruption: Sie haben die Macht, ein Land durch die Vergabe der WM und EM aufzuwerten. Ohne jegliche politische Legitimation spielen sie gleichsam eine Etage höher als die Politik: Sie sind die Instanz, die Belohnungen und Auszeichnungen verteilt – Russland wird belohnt für seine Fußballkultur und das Engagement seines Präsidenten, Katar ausgezeichnet für seine Bereitschaft, den Weltsport mit Geldströmen zu überfluten. Beide WM-Vergaben haben eine eminent politische Bedeutung. Russland darf als gutes Mitglied der »Fußballfamilie« die »Familienfeier« ausrichten; das winzige Katar, in dem kaum einer der Einwohner selbst Fußball spielt oder sich auch nur dafür interessiert,[2] wird als einer der Hauptstützpunkte der Weltmacht FIFA auf der Landkarte des Sports eingetragen.

Das im Fußball enthaltene gedankliche Substrat lässt ihn als prädestiniert dafür erscheinen, *soziale* Verhaltensweisen zu entwickeln: Die Kooperation in der Mannschaft, der Respekt vor den Spielregeln, die Anerkennung der Gegner bieten sich für eine ethische Interpretation geradezu an. Von den Funktionären wird der Modellcharakter des Fußballs ständig im Munde geführt; ihm werden immer höhere moralische Funktionen und Erwartungen aufgehalst – eine hohle Rhetorik, die der eigenen Erhöhung und dem Abgreifen von Staatsgeldern dient. Aber sie wirkt. Politiker machen sich zum Echo der Forderungen ihres nationalen Fußballverbands; von den Regierungsparteien kommen keine kritischen Nachfragen. Ihre Vertreter sitzen bei wichtigen Spielen auf der Ehrentribüne. Doping im Fußball? Es gilt die von Spielern und Funktionären ständig wiederholte Behauptung, Doping bringe im Fußball nichts. Das mag für reine Amphetamingaben zutreffen, aber nicht für Substanzen, die die Ausdauerleistung und Regenerationsfähigkeit verbessern. Von der Vorbildfunktion der Nationalspieler spricht sogar unser Innenminister. Was er nicht sagt, ist, ob ihre Persönlichkeit oder ihr Erfolg als vorbildlich gelten.

Friedliche Atmosphäre in den Stadien? Hier haben in den letzten Jahren Homophobie, Ausländerfeindlichkeit und Fangewalt deutlich zugenommen.

Schwierig wird es auch für die europäischen Verbände beim Thema Korruption. Bisher war es möglich, nur die Spitzen der FIFA zu belangen; als »System Blatter« schien es eine Angelegenheit des Schweizer Präsidenten, der nord- und südamerikanischen sowie afrikanischen Funktionäre zu sein. Aber die ganze Struktur der FIFA lässt erkennen, dass sie bis heute auf Korruption hin angelegt ist. Die Liste der Probleme im Fußball von heute ist unerträglich lang; sie soll hier nicht in Einzelheiten entwickelt werden; dies geschieht in der Qualitätspresse mit hohem Verantwortungsbewusstsein. In einem philosophisch orientierten Buch stellt sich vielmehr die Frage: Wie kommt es zustande, dass der ethische Bestand, den der Fußball unzweifelhaft besitzt, so leichtfertig gefährdet wird? Bisher habe ich die Welt des Fußballs interpretiert. Es kommt nun darauf an, von einem philosophischen Standpunkt aus Stellung zu ihr zu nehmen.

Fußballer als Vorbilder?

Weitgehend unwidersprochen von der Öffentlichkeit ist die Behauptung der Vorbildwirkung erfolgreicher Fußballer. Fußball ist mit seinem Streben nach Herrschaft und seiner Ästhetik der Grausamkeit jedoch darauf angelegt, viele Taten zu erlauben oder sogar zu fordern, die im Alltagsleben als brutal wahrgenommen würden. Im Fußball erntet man mit ihnen Beifall – es sind ja nur Handlungen in einem

Spiel, das Gegnerschaft nicht als persönliche Feindschaft interpretiert. Die Entlastung von moralischem Druck macht zu einem nicht geringen Teil seine Faszination aus. Wenn man nur die Ebene des Spiels beachtet, stellt es einen Freiheitsspielraum zur Verfügung, der im Alltag nicht erlaubt ist. Es öffnet die Tür zu einem Raum des Konkurrenzhandelns, der den Spielern die Möglichkeit gibt, sich rücksichtslos gegenüber ihren Widersachern zu verhalten. In einer rein *formalen* Betrachtung wird dieses Handeln bedenkenlos für gut gehalten, wenn es der eigenen Mannschaft nützt. Allein vom Schiedsrichter wird entschieden, welche Aktionen die Regeln brechen und sanktioniert werden müssen. Wenn er ein grobes Foul übersieht, hat es in der formalen Betrachtung nicht stattgefunden. Das Foul bleibt also nicht nur unbestraft – der Spieler kann es sich sogar als Leistung zuschreiben, dass er den Schiedsrichter erfolgreich getäuscht hat.

Eine Regel, die den Spieler dazu verpflichtet, sein Foul von sich aus zu melden, gibt es nicht. Es wird ihm freigestellt, welche Haltung er den Regeln gegenüber einnimmt. Er kann die Herrschaft über das Spiel mit der machiavellistischen Strategie erlangen, den Schiedsrichter und die Gegner mit allen zur Verfügung stehenden Mitteln zu täuschen, um sein Ziel zu erreichen. Offensichtlich ist der Verband einzig an einem attraktiven Spiel interessiert – welche Haltungen die Spieler dabei einnehmen, kümmert ihn wenig. Er will dem Publikum geben, was es sehen will, auch wenn dies ethisch fragwürdig ist. Nicht der Verband allein treibt diese Tendenz voran; es sind auch die Vereine, die ohne Bedenken die größten Rüpel für Höchstsummen »einkaufen«, weil ihre Stürmerqualitäten ideal zu ihrer Angriffsformation passen.

Bei einem Spiel, das Gewalt zulässt, Grausamkeit prämiert, auf Herrschaft zielt, ein nur lockeres Regelwerk besitzt, dem Zufall Raum gibt, die Sprache äußerst reduziert einsetzt und die Entscheidung über die Wirklichkeit in die Hände eines Schiedsrichters legt, der ohne weitere Hilfsmittel zwischen den Spielern auf dem Feld herumläuft – bei einem solchen Spiel scheint es geboten zu sein, die Fußballer so auszubilden, dass sie nicht allein ihrem Erfolgsstreben verpflichtet sind. Von ihnen ist eine korrekte Haltung gegenüber dem Spiel zu fordern, was ein einwandfreies Verhalten gegenüber dem Schiedsrichter und den Gegnern einschließt. Heute hat sich jedoch weitgehend die *formale* Einstellung gegenüber den Regeln durchgesetzt.

Auf die Frage nach der Vorbildfunktion bekannter Fußballer kann man keine positive Antwort geben. Auch bei den Spielern, für die man sich begeistert, sieht man Fouls, die das eigene Gefühl der Fairness verletzen – bei Bastian Schweinsteiger, der nach einer Verletzungspause frustriert den Gegenspieler tritt, beim freundlichen Philipp Lahm, der einen schnelleren Angreifer umreißt, beim pfeilschnellen Robert Lewandowski, der im polnischen Nationaltrikot auf die deutschen Spieler einhackt. Eine andere als die formale Einstellung zum Spiel gilt bei den meisten Fußballern als antiquiert; sie würde wohl schon mit ihrer Formulierung Widerspruch erregen – es steht zu viel auf dem Spiel. Eine leuchtende Ausnahme ist Miroslav Klose: Beim Stand von 0:0 traf er für Lazio Rom im Spiel gegen Neapel (2012) mit einem vermeintlichen Kopfball ins Tor. Nachdem der

Schiedsrichter den Treffer schon anerkannt hatte, meldete ihm Klose, dass er den Ball mit der Hand getroffen hatte, und ließ das Tor annullieren. Lazio verlor das Spiel mit 0:3. Für andere Spieler ist die Loyalität zu ihrem Verein und zu ihrer Mannschaft das oberste Gebot. Bevor sie auch nur einen Gedanken an den Respekt vor den Regeln verschwenden, bedenken sie die Konsequenzen eines ethischen Handelns für ihr Team und ihren Arbeitgeber: Zeigen sie ihr Foul dem Schiedsrichter an, würde ihre Mannschaft möglicherweise absteigen oder die Teilnahme an der WM verpassen, der Verein käme in der 2. Liga in gewaltige finanzielle Schwierigkeiten, die Spieler würden nur noch einen Bruchteil ihrer bisherigen Einnahmen erhalten, man würde sie bald nicht mehr kennen, der Club seine Anziehungskraft verlieren, die ganze Region sich symbolisch verarmt fühlen usw. Gewöhnlich schieben die Spieler die Entscheidung über ihr Foul dem Schiedsrichter zu – der hat schließlich die Verantwortung für den regulären Verlauf des Spiels. Angesichts der Überforderung durch die sich widersprechenden Loyalitäten erscheint es verständlich, dass sich die Spieler wegducken. Aber fühlen sie sich überhaupt dem Spiel gegenüber verpflichtet? Ihr Auftrag besteht offenbar allein darin, ihrem Verein zum Erfolg zu verhelfen. Gibt es keinen anderen Imperativ?

Im idealisierenden Denken der Spieltheoretiker erscheint der Respekt vor den Regeln immer an oberster Stelle. Mit der freiwilligen Befolgung von Spielregeln werde die Grundlage sowohl für die Moralentwicklung als auch für soziales Verhalten gelegt. Dass dies kein frommer Wunsch ist, sondern eine gut bestätigte Annahme, haben umfangreiche Untersuchungen empirisch belegt, die wiederum von den Arbeiten Jean Piagets und George Herbert Meads angeregt wurden. Idealisierend ist sie dennoch, weil die Achtung vor Spielregeln nur in bestimmten sozialen Kontexten (und auf bestimmten Stufen der kindlichen Entwicklung) betrachtet wird. Sobald das Handeln unter den Druck von Verpflichtungen gerät, die die Regeln nicht respektieren, werden diese vor allem unter dem Aspekt betrachtet, wie man sie manipulieren kann.

Wann in der Karriere eines jungen Spielers könnte der Respekt vor den Spielregeln ausgebildet werden? Und wer sollte ihn vermitteln? Schon in sehr jugendlichem Alter werden hochbegabte Spieler von Talentscouts umschwärmt und ihre Namen den erfolgreichsten Vereinen, die einen riesigen Bedarf an jungen Talenten haben, gemeldet. Mit sechzehn Jahren werden die Besten ihres Jahrgangs von den wichtigsten Clubs Europas umworben[3] – wer von ihnen wäre da noch für Verhaltenslektionen empfänglich? Sobald sie ein paar Kunststücke auf dem Rasen vollbracht haben, verzeihen ihnen die Medien alles. Schon nach ihren ersten Erfolgen werden viele junge Fußballer, deren Zukunft noch ganz ungewiss ist, wie zukünftige Spitzenspieler behandelt.[4] Eine verantwortungsvolle pädagogische Betreuung findet oft nicht statt. Hinzu kommt, dass sie angesichts der Erwartungen, die an sie herangetragen werden, für Verhaltenskorrekturen kaum noch erreichbar sind. Sie haben einen kleinen Hof von Bewunderern und Spielerberatern um sich und zeigen ihre junge Prominenz durch sehr schnelle, sehr teure, sehr auffällige Autos. In ihrer Selbstsicht wetteifern sie mit Showstars. Ihre Zukunftsaussichten aber sind ungleich fragwürdiger – sie haben eine kurze Halbwertzeit. Wenn sie in der wöchentlichen Aufstellung nicht mehr auftauchen, werden sie schnell vergessen. Von ihnen ist kaum zu erwarten, dass sie von sich aus eine ethische Einstellung zum Spiel entwickeln.

Sehr wohlhabende Verbände, die sich wie der DFB mit Kampagnen gegen Rassismus ihre Meriten erwerben, begnügen sich damit, Fairnesspreise auszuloben, die bei den Spielern als wertlos gelten. In den Augen einflussreicher Vereinsfunktionäre ist Fairness nur sinnvoll, wenn sie als Zugabe zu einer erfolgreichen Karriere hinzukommt. Ein faires Verhalten, das mit echten Verlusten von Vorteilen einhergeht, ist für einen Verein indiskutabel. Vergeblich wird man in den Verbänden die eigentlich selbstverständliche Auffassung suchen, dass das Spiel den menschlichen Sinn hat, mit anderen etwas herzustellen, das höher einzuschätzen ist als das Ergebnis: die Gemeinsamkeit des Spiels und aller beteiligten Spieler. Am ethischen Sinn des Spiels ist ein Fußballverband nicht interessiert, sondern nur an der Festigung seiner Macht.

Wenn man den Gedanken einer Vorbildwirkung des Fußballs aufgibt, kann man der Aussage zustimmen, dass Fußballer nicht besser sind als ganz normale Menschen. Es gibt keinen Grund, von den Spielern edle Taten zu verlangen. Aber sie sollten auch nicht schlechter sein als normale Menschen, nur weil sie Fußball spielen. Wenigstens *eine* Minimalforderung, die wir an jede Person stellen, könnten auch sie erfüllen: Wie von jedem verantwortungsvollen Menschen kann auch von einem Spieler erwartet werden, dass er fähig ist, zu sich und seinem Handeln Stellung zu nehmen. Wenn es stimmt, dass junge Spieler nicht ernsthaft in ethische Verhaltensweisen eingeübt werden, ist dieser Punkt auf das Programm für seelische Fitness zu setzen, für die bislang ausschließlich der Vereinspsychologe zuständig ist.

Das Problem der fehlenden Stellungnahme zu sich selbst beginnt allerdings oben, in der Verbandsführung. Wenn der Weltfußball an der Spitze mit der Mentalität von Sportschuhvertretern geführt wird, ist es nicht verwunderlich, dass diese Einstellung in alle Bereiche ausstrahlt. Die FIFA hat ihre symbolische und institutionelle Macht nicht durch vorbildliches ethisches Verhalten erworben, auch nicht dadurch, dass ihre Funktionäre (mit den Ausnahmen Michel Platini und Franz Beckenbauer) großartig Fußball spielen konnten – diese Fähigkeit, von der der gesamte Weltfußball lebt, wird ihnen von den Spielern zur Verfügung gestellt, die von ihnen wie kleine Jungen behandelt werden. Wer von der großen symbolischen Kraft des Spiels und dem immensen Können der Spieler und Trainer profitiert, ist verpflichtet, sein Amt mit einem Gefühl der Verantwortung diesen gegenüber auszuüben und nicht wie Stellvertreter des Fußballgotts auf Erden, der schließlich von der amerikanischen Justizministerin wie ein böses Götzenbild zertrümmert wird.

Die Sonderethik der Fußball-Welt

In Deutschland wird seit Langem die Mannschaft höher gestellt als der virtuose Einzelspieler. Schon die Kinder werden in den Vereinen dazu angehalten, den Ball abzuspielen, statt »eigensinnig zu fummeln«. Von einem begnadeten Einzelspieler verlangt man, dass er »mannschaftsdienlich« spielt. Gerade weil die Mannschaft so wichtig ist, bewundert man auch den herausragenden Einzelnen, wenn er der »Spielmacher« ist. Er bildet zwar das Zentrum des Spiels seines Teams; seine Mittelpunktstellung hat aber den Sinn, die Qualitäten der Mannschaft zu veredeln. Wie seine Mitspieler hat er sich einer Gruppenethik unterzuordnen. Mit dem Wort Ethik ist hier keine spezielle moralische Qualität des Handelns im Sinne von gut – böse gemeint, sondern die *Haltung, mit der man sein Handeln vollzieht*. Wenn es um Kämpfe geht, spielt die Einstellung, mit der man sie bewältigt, eine bedeutende Rolle. Sie ist ausschlaggebend dafür, dass man einen unbedingten Siegeswillen ausbildet, niemals aufgibt, sich total verausgabt usw. Wenn der Mannschaft eine solche Einstellung fehlt, wenn ihre Gruppenethik nicht genügend entwickelt ist, gilt sie als nicht zuverlässig: Sie enttäuscht ihre Anhänger, wenn es darauf ankommt. Aber sogar einer ausgeprägten Gruppenethik kann, wie wir eben gesehen haben, das Selbstverständnis für eine Stellungnahme zum eigenen Handeln fehlen.

Worin dieses Fehlen besteht, will ich mit einem Beispiel herausfinden, das auf den ersten Blick weit hergeholt zu sein scheint: Die Gruppenethik einer Fußballmannschaft soll gegen die ethische Einstellung von Kriegern in der Frühen Neuzeit gehalten werden.[5]

Jede Gruppe von Kämpfern – worunter auch eine Fußballmannschaft fällt – verlangt von ihren Mitgliedern zwei Arten von Werten, kämpferische und ethische. Über die erste Art kann man sich problemlos verständigen: Zwar sind sie je nach Kampf unterschiedlich ausgeprägt, aber einige Grundwerte müssen in jeder Variante körperlicher Auseinandersetzung erfüllt werden – Kraft, Ausdauer, Geschicklichkeit, technische Fertigkeiten, taktisches Verständnis. Anders verhält es sich mit der Gruppenethik. In der höfischen Gesellschaft war der einzelne Krieger dem König verpflichtet. Die Werte, die dieser von ihm verlangte, konnte der König aber keineswegs frei bestimmen: Auch er war – durch sein Königtum – höheren Werten unterworfen, die er in seinem Amt zu respektieren hatte. Die Gruppenethik der Krieger war in eine Hierarchie der Werte integriert, die von den Amtsträgern jeder Stufe zu beachten war. Weder konnten die Kämpfer sie eigenständig festlegen, noch stand dies im Belieben der je höheren Instanz. Die Kämpfer waren in einen Wertekosmos eingebunden, den sie zu respektieren hatten. Es reichte nicht aus, sich gegenüber der Gruppe und dem König loyal zu verhalten: Die höherstufigen Werte verlangten darüber hinaus bestimmte Einstellungen des Kämpfers, die sich aus seiner Zugehörigkeit zu seinem Stand ergaben – ethische Eigenschaften, die weit über die spezielle Gruppe hinausreichten. Die Koppelung von ethischen Werten einer Kriegergruppe an allgemeine Werte, die in der ganzen Gesellschaft galten, war nicht zuletzt in der Notwendigkeit begründet, ihr bei den

Kämpfen *nicht freie Hand* zu lassen, sondern ihr kriegerisches Tun durch Regeln einzugrenzen. Der französische Moralist Chamfort drückt seine skeptische Haltung gegenüber einem von allgemeinen ethischen Grundsätzen freigestellten Handeln in einer seiner Maximen aus: »Ein Mensch ohne Prinzipien ist gewöhnlich auch ein Mensch ohne Charakter. Denn wäre er mit Charakter auf die Welt gekommen, so hätte er das Bedürfnis nach Prinzipien empfunden.«[6]

Es geht hier nicht um einen Vergleich zweier wenig vergleichbarer Handlungssysteme. Eines aber springt ins Auge, wenn wir beide Modelle betrachten: Anders als im historischen Fall ist die Gruppenethik im Fußball vom Wertekosmos der Gesellschaft abgelöst. Die Rhetorik der Verbände behauptet zwar eine enge Verbindung, was aber einer Wirklichkeitsprüfung nicht standhält. In der Welt des Fußballs wird eine Gruppenethik verlangt, die nicht an die allgemeinen Grundsätze ethischen Verhaltens in der Gesellschaft angeschlossen ist. Sie stellt keinen verbindlichen Bezug zur etablierten Wertehierarchie her, erst recht nicht in der FIFA: Alle Versuche von international renommierten Juristen, ihr Handeln nach gültigen Rechtsmaßstäben zu prüfen, blockte der Weltverband bis vor Kurzem ab. Das Denken und Urteilen im Fußball wird von einer Sonderethik beherrscht. Die Fußballverbände haben zusammen mit ihren Vereinen einen vergleichbaren Weg eingeschlagen wie das internationale Bankensystem, die großen Internetkonzerne, die Nahrungsmittelspekulation usw. Wie diese erschließen sie neue Geschäftsfelder dadurch, dass sie in bisher rechtlich nicht geregelte Zonen vorstoßen und neue Modelle der Bereicherung entwickeln.

Prinzipien eines allgemeinen ethischen Handelns kommen nicht von selbst – sie müssen von außen eingepflanzt werden. An einer ernsthaften Arbeit, die Kindern und Jugendlichen eine reflexive Haltung zu ihrem eigenen sportlichen Tun vermittelt, sind jedoch auch die Vereine, die den Nachwuchs schulen, wenig interessiert. In der Ausbildung des teilweise noch sehr jungen Nachwuchses werden Prinzipien ethischen Handelns nicht zur Ausstattung erfolgreicher Spieler gerechnet. Wenn sie überhaupt erwähnt werden, dann als rhetorische Floskeln, die später das Grundvokabular ethischen Sprechens der Fußballstars bilden: »übernehme Verantwortung«, »unbeabsichtigtes Foul, kann vorkommen, tut mir leid«, »das ist mir so passiert« ... Dem Spieler wird die Sonderethik des Fußballs eingetrichtert: dass er sich loyal zur Mannschaft und zum Verein verhalten muss, der so viel Geld für ihn bezahlt hat. Mit seinem fürstlichen Einkommen kann er sich in der Freizeit seinen Vorlieben hingeben und darauf verzichten, sich neben dem Fußballspielen und Geldverdienen weitere Ziele zu setzen.

Mit der Ausbildung eines besonderen Gruppenethos im Fußball sichern sich die Vereine und Verbände Kontrolle über das Verhalten der Spieler: Was loyales Handeln ist, wird von ihnen festgelegt. Für die Einhaltung der durch sie etablierten Regeln haben sie ein differenziertes Arsenal von Strafen bereitgestellt, die die unterschiedlichsten Delikte sanktionieren. Die Liste enthält zahlreiche Bagatellen und Banalitäten, deren Bestrafung offensichtlich disziplinatorischen Charakter hat. Was sie nicht enthält, sind Hinweise auf menschliche Verfehlungen wie Gemeinheiten, Häme, Herabsetzen und Anreizen der Wut des Gegners. So konnte es geschehen, dass das Finale einer Weltmeisterschaft (2006) durch eine offenkundige, aber nicht geahndete Beleidigung vorentschieden wurde: Eine kalkulierte Verletzung der Ehre Zinédine Zidanes durch Marco Materazzi löste dessen Kopfstoß aus, der mit einem Feldverweis bestraft wurde.

Seit Kurzem geht es Vereinen und Verbänden darum, auch die bildliche Darstellung ihrer Spiele zu kontrollieren – nach der Überwachung des Spielerverhaltens ein weiterer Schritt auf dem Weg, das öffentliche Bild und die Wahrnehmung des Fußballs zu regulieren: Während die Vereine an eigenen TV-Produktionen der Spiele ihrer Mannschaften arbeiten, vertraute auch der DFB den »offiziellen« Film über die Fußball-WM in Brasilien keinem namhaften Filmregisseur an, sondern nahm seine Produktion selbst in die Hand. Auf diese Weise sicherte er sich die vollständige Kontrolle über die filmische Darstellung der deutschen Mannschaft und ihres Weges zum Titel. Dieser Versuch, die Erinnerung an das Turnier zu lenken, ist umso enttäuschender, als die Spieler, die Mannschaftsleitung und die Betreuer mit ihrer großartigen Arbeit gezeigt haben, dass sie eigenständig handelnde Personen sind und ihre Sichtweise analytisch und informativ zu artikulieren verstehen. So ist ein glattes Produkt mit gewöhnlichen Fußball-Bildern entstanden, ohne ästhetische Brechungen, die den Ereignissen etwas Eigenes oder Kritisches hätten abgewinnen können. Man mag gar nicht daran denken, was für einen Film ein mit den notwendigen Freiheiten ausgestatteter Filmregisseur wie Sönke Wortmann, Andres Veiel oder Christian Petzold zustande gebracht hätte.

Seit seinen Anfängen hat der Fußball Raum zur Entfaltung und zum Öffentlich-Machen eines widerständigen Potentials zur Verfügung gestellt. Aufgrund seiner Verkehrung der realen Welt ist der Fußball prädestiniert für symbolische Verformungen. Diese Bereitschaft hat seine Attraktivität lange Zeit beträchtlich erhöht. In der Vergangenheit hat er Nonkonformisten aller Couleur einen Platz eingeräumt, solange sie gut spielten. Man braucht nur an die Spieler zu denken, die die verrücktesten Tore schossen, wie Lothar »Emma« Emmerich, Charly Dörfel, Uwe Seeler, »Stan« Libuda oder auch Günter Netzer.

Seit einiger Zeit sind im Auftreten der herausragenden Spieler charakterlicher Eigensinn, Originalität und Kantigkeit im Vergleich zu den Stars der Vergangenheit merklich geschwunden. Was durchaus nicht heißen muss, dass sie den alten Spielern an Charakterstärke unterlegen sein müssen: Sie sind vielmehr geschult, gestylt, sie haben Rhetorikunterricht erhalten, ihre Freundinnen sind oft aus der Modebranche – sie sind medienkompatibel gemacht worden. Der Manager der deutschen Mannschaft sieht sogar die Gefahr, dass seine Akteure die Bodenhaftung verlieren.[7] Der Grund für diesen Eindruck ist, dass ihr Image wesentlich von Mitarbeitern hergestellt wird, die ihre Auftritte planen, ihre Internetpräsentation pflegen, ihre Interviews vorbereiten und kontrollieren. Von dem Ausnahmespieler Mario Götze, beileibe kein dummer Junge, gibt es praktisch keine aussagekräftigen Interviewäußerungen. Angesichts der enormen Belastung und öffentlichen Aufmerksamkeit, unter denen die Spieler stehen, ist diese Entwicklung nicht unverständlich. Allerdings besteht die Gefahr, dass ihre

Tor gegen Spanien bei der WM 1966 durch Lothar Emmerich (rechts im Bild), erzielt fast von der Eckfahne aus

Zuarbeiter unter der Regie des Spielerberaters aus ihnen Produkte einer Bilder-Industrie machen. Der eigensinnige Fußballstar, der in der Nacht vor dem Spiel durch die Stadt streunt, der im Auftrag seines Vereinspräsidenten von einem Privatdetektiv verfolgt wird wie Mario Basler in München, gehört definitiv der Vergangenheit an: Seine Laufleistung am nächsten Tag würde im Spiel weit unter den heute üblichen zehn bis vierzehn Kilometer liegen. Zu Baslers Zeit wurden elektronisch noch gar keine Einzelwerte gemessen. Heute macht die Vermessung der athletischen Leistungen und spielerischen Werte jede Art der Beschattung überflüssig.

Allerdings wissen die kommerziellen Partner der Spieler und des Verbands diese Konformität sehr zu schätzen. Ihnen geht es in erster Linie darum, alles Störende aus der Kommunikation auszuschließen.[8] Im Fußball selbst gibt es Konflikte genug, mehr als in fast jeder anderen Sportart; der Umgang der Spieler untereinander ist grob – er funktioniert über eine Kommunikation mit den Füßen. Wenn man von ihren Erscheinungen alles wegbürstet, was an ihr mutiges, hartes, freches Spiel erinnert, bekommen die Zuschauer ein Kunstprodukt vorgesetzt – unrealistisch, ohne die Risse, die sie interessant machen könnten, ohne die Angst vor Misserfolg, ohne das Hadern mit dem Schicksal, ohne die Verzweiflung über die eigene Schwäche und den Zufall. Die Unsicherheit ihrer Zukunft sieht der Zuschauer nicht; vom Spieler wird sie oft nur geahnt. Die »verkehrte Welt« ist ein unsicherer Aufenthaltsort, wenn sie die einzige Welt ist, die er bewohnt. Von den Medien aber wird der Eindruck erweckt, sie sei die beste aller möglichen Welten.

Wenn man gut informierte Journalisten abseits ihrer Arbeit spricht, sagen sie das Gegenteil. Was man in der »verkehrten Welt« gelernt hat, ist in der »normalen Welt« kaum anwendbar. Der ehemalige Fußballstar, der nichts mehr zu tun weiß, ist eine Gefahr für sich selbst.[9]

Antifragilität – ein temporäres Wunder

Fußball fasziniert nicht allein durch das Spiel, sondern auch durch die unterschiedlichen Persönlichkeiten der Spieler, ihre Besonderheiten, ihre Widerständigkeit, die Konflikte und Brüche in der Mannschaft, kurz: durch den ganzen Roman, den man über jede Saison und jede Meisterschaft schreiben kann. Wenn die Erzählungen über den Fußball nicht mehr die Wirklichkeit berühren, wenn sie nicht mehr darstellen, was im Fußball *wirklich geschieht*, sondern nur Bilderbücher darbieten, fehlt ihnen das Salz des Lebens. Sie werden dann zu einfach, zu glatt, um die Anhänger zu befriedigen. Die Gefahr des Fußballs heute ist, dass sein Bezug zur Wirklichkeit schwindet. Er braucht notwendigerweise einen starken Realismus als Gegengewicht, damit der falsche Schein, mit dem die Vereine und Verbände ihn umgeben, nicht seinen Wirklichkeitsgehalt verhüllt.

Zum notwendigen Realismus des Fußballs gehört, wie schon gesagt, die Fähigkeit der Spieler, sich ihrem eigenen Handeln gegenüber zu positionieren und zu diesem Stellung zu nehmen – das *Selbst-Bewusstsein*. Diese Fähigkeit wird im Grunde schon vom Spiel selbst verlangt: Die relative Offenheit der Regeln stellt die Anforderung an die Fußballer, ihr Tun in großen Teilen *selbst* zu regulieren: Sie fordert zu einer *Selbst-Regierung* der eigenen Tätigkeit auf.[10] Nach dieser – idealisierenden – Vorstellung tragen die Handelnden selbst Sorge dafür, dass sie ihr Spiel regelkonform gestalten. *Weil* sie es gut ausführen wollen, legen sie Wert darauf, Herr in ihrem eigenen Haus zu sein; das heißt: sich selbst und ihre Handlungen zu beherrschen. Das offizielle Reglement sieht vor, dass sich die Spieler vor Beginn der Partie die Hand zu geben haben. Wenn sie diese Geste ernst nehmen, bedeutet es, dass sie einen Pakt miteinander schließen, eine Art Sozialvertrag: Sie versichern sich gegenseitig, die Regeln, die anderen und das Spiel zu achten. Die Wirklichkeit ist heute weit von dieser Idealvorstellung entfernt. Gerade deswegen ist es notwendig, an sie zu erinnern.

Der Fußball könnte auch heute noch eine großartige Lehre erteilen, wenn die Spieler ihn mit Selbst-Bewusstsein betreiben würden. Sie könnten dann Modelle vorgeben, wie man ein Leben unter Unsicherheit bewältigen, wie man Risiken eingehen und die Freiheit gewinnen kann, mit ihnen umzugehen. Sie lassen uns bittere Niederlagen miterleben, einen Blick in den »Urgrund des Lebens« werfen und zeigen, wie man persönliche Desaster überwinden kann. Eine solche Verhaltenslehre des Fußballs ist denkbar, wenn es Spielern wie Zuschauern gelingt, die mythische Weltsicht abzulegen und realistische Prinzipien zum Richtmaß des eigenen Lebens zu wählen. Ob dies gegen die Kräfte möglich ist, die das Spiel und alle Akteure fest im Griff haben? Unter den Bedingungen, die sich für die

Zukunft abzeichnen, erscheint es unwahrscheinlich. Mit zunehmendem Druck und dem Einsatz einer ungeheuren Geldmasse beginnt der Markt, alle bisher noch geltenden Verhältnisse aufzulösen: Die wichtigsten Beteiligten – die auf Fußball spezialisierten TV-Programme mit ihren Werbekunden sowie Verbandspräsidenten, Spielervermittler, Spitzenfußballer – werden von einer noch nie da gewesenen Chance auf Bereicherung angetrieben. Der Wunsch, sich daran ohne Hemmungen zu beteiligen, geht bis zur Bereitschaft, den Fußball mit all seinen Errungenschaften zum Kentern zu bringen, solange man sich einen wertvollen Teil seiner Ladung aus der Havariemasse sichern kann. Wie die Riff-Piraten in Alfred Hitchcocks gleichnamigem Film (1939) stehen die Verantwortlichen am Ufer und locken das Schiff mit seiner Fracht durch trügerische Leuchtfeuer auf die Felsenküste zu, um es in aller Sicherheit auszuplündern.

Hast du nicht einmal die FIFA mit der Mafia verglichen? Was soll jetzt dieses ganz andere Bild?

Nein, ich habe darauf hingewiesen, dass sie als eine Kumpanei organisiert ist. Die Mafia funktioniert anders; sie *unterläuft* das Gesetz, indem sie die für den Erlass und die Einhaltung des Gesetzes verantwortlichen Personen bezahlt oder auf andere Weise gefügig macht. Die FIFA und UEFA sind zusammen mit den finanzstarken Fernsehsendern ungleich mächtiger: Sie *erfinden* das Gesetz. Sie hebeln die für alle Bürger verbindlichen Regelungen aus und etablieren nach Belieben eine eigene Legitimität.[11] Wie bei den Riff-Piraten lässt der Anführer den Leuchtturm auslöschen und eigene Feuer entzünden. Sie brauchen dann nur noch auf den Klippen zu warten, bis sie den gestrandeten Kahn ausweiden können.

Übertreibst du jetzt nicht maßlos?

Ich glaube nicht: Der Fußball bewegt sich bereits jetzt in eine Richtung, wo er von den Strudeln erfasst wird. Kein vernünftiger Mensch versteht die Entscheidungen der FIFA; es sei denn, er begreift, welche Profite den Verantwortlichen dadurch zufallen. Es wird ihnen leicht gemacht, den Kalender des gesamten Weltsports umzuwerfen, damit Katar seine WM behalten kann.

Das war doch nur eine unglückliche Wahl.

Nein, sie ist eben nicht bloß missglückt. Das Problem ist nicht, dass es um viel Geld geht, sondern dass es nur noch um Geld geht.[12] Wenn man diese Annahme für böswillig hält, braucht man nur auf den neuen Vertrag zu schauen, den der englische Fußballverband mit dem TV-Sender Sky geschlossen hat: Die Clubs der Premier League erhalten ab 2016 pro Spielzeit rund 2,3 Milliarden Euro aus den nationalen Senderechten.[13] Wer eine so ungeheure Finanzlawine auf den Fußball niedergehen lässt, will ihn ganz und gar besitzen – nicht nur den Fußball in England, sondern in der ganzen Welt. Sie macht die englischen Clubs unendlich viel reicher als alle Vereine in allen anderen Ländern. Mit dieser Offerte erteilt Sky den Clubs auf der Insel indirekt den Auftrag, alles Wertvolle zu kaufen, was im Fußball zu haben ist. Wir haben gute Chancen zu sehen, wie die Akkumulation des Kapitals des 19. Jahrhunderts im Fußball nachgespielt wird. Ohne auch nur eine Zeile Marx oder Piketty gelesen zu haben, versteht man durch reine Anschauung des Fußballs die Grundgesetze des Kapitals im 21. Jahrhundert. Dies wird ein Schauspiel sein, das viele Menschen begeistert. Ähnlich wie der Manchester-Kapitalismus könnte der Fußball eine ganze Branche verwüsten, wenngleich ohne zur Pauperisierung, zur Verarmung einer sozialen Klasse, zu führen. Der Prozess spielt sich in erster Linie als symbolischer ab.

In den vorangegangenen Kapiteln haben wir gesehen, wie im Fußball das Symbolische *materielle Folgen* hervorruft. Dies geschieht durch den Glauben – den Glauben an die Wirklichkeit des Spiels, an die Magie, die charismatische Herrschaft, an die Helden und Heiligen. Solange der Realismus des alltäglichen Lebens ein Gegengewicht zu diesem Glauben bildet, vermag er ihn in Grenzen zu halten. Angesichts des Glanzes, der Erregung, des Kampfes um Herrschaft, des Dramas der Grausamkeit kann das Gegengewicht aber lästig werden. Es gibt schon heute eine deutliche Tendenz, die Halteseile zu kappen, die den Fußball an die Conditio humana, an die Bedingung menschlichen Lebens, binden – an sein Gefährdet-Sein, sein Ausgesetzt-Sein gegenüber dem Zufall, sein Experiment mit dem Leben. Die Einsicht in den Versuch des Menschen, sich unter diesen Bedingungen antifragil zu machen, ist der tiefere Gewinn, den Spieler wie Zuschauer vom Fußball erhalten. In der Vergangenheit haben Trainer und Mannschaften versucht, die Antifragilität weiter zu erhöhen.

Seitdem die Spielweisen perfekter und die Strategien ausgeklügelter und komplexer geworden sind, ist der Glaube an die Möglichkeit gewachsen, dass man den Zufall fast vollständig aus dem Spiel eliminieren kann. In endlos wiederholten Trainingseinheiten üben die Mannschaften Ballbehandlung, Schusstechniken, Spielkombinationen, variable Taktiken ein, dabei elektronisch kontrolliert und medizinisch überwacht, bis sie wie Hochleistungsmaschinen in allen Geschwindigkeiten und Spielsituationen funktionieren. Das Zufallspotential des Balls wird so weit wie möglich entschärft. Spielbeobachter erfüllen die Aufgabe, das Verhalten der Gegner präzise aufzuzeichnen und zu analysieren. Vor entscheidenden Spielen schließt man die Zuschauer aus, um in einem »Geheimtraining« überraschende Spielzüge vorzubereiten. All diese Maßnahmen zeigen, wie stark der Wunsch nach Beherrschung des komplexen Handlungsgeschehens ist, wie unerträglich der Gedanke des Kontrollverlusts und der Unsicherheit.

Die Schlüsselfigur, die den Kampf gegen die Fragilität der Mannschaft im Fußball gewinnen soll, ist der Trainer. Es ist bezeichnend, dass sich in der öffentlichen Wahrnehmung die Größe einer Mannschaft fast immer mit dem Namen ihres Trainers verbindet – von Herberger bis Mourinho, Heynckes und Guardiola. Ein erfolgreicher Trainer wird mit dem Charisma eines Magiers oder Feldherrn ausgestattet. Der Magier tritt mit hoher Stirn, den Gesten eines Schachspielers und dem Habitus intellektueller Überlegenheit auf, dem jeder Zufall verhasst ist. Der Feldherr hat alle Abläufe im Voraus durchdacht, mit einem Geheimwissen, das niemand zu durchschauen vermag, an das aber bisweilen ein ganzes Land glaubt (Deutschland unter Herberger). Der eine erfindet immer neue taktische Varianten, die den Gegner verwirren; der andere bezieht seine Kenntnis des zukünftigen Spielverlaufs aus einem schwarzen Notizheft wie aus einem Buch der Kabbala. Doch beide, der Magier und der Feldherr, werden gegen alle Erwartung eines Tages entscheidend geschlagen. Der Zufall lässt sich nicht definitiv beherrschen: Fußball ist kein Schachspiel; der Magier kann die Bewegungen von Schachfiguren lenken, nicht aber die seiner Spieler. Fußball ist auch kein Strategiespiel; der Feldherr kann die Wege seiner Truppe im Voraus planen, aber nicht ihre physische Form und Kampfmoral befehligen.

Im Fußball ist dem Menschen nicht möglich, seine selbst gewählte Fragilität zu überwinden. Sein antifragiles Vermögen reicht nicht aus, die Unwägbarkeiten des Spiels, die durch die gegnerische Mannschaft und den Ball hervorgerufen werden, unter Kontrolle zu bringen. In manchen Sportarten gelingt es, durch Techniken des Übens, Dressierens und Überwachens den Zufall zurückzudrängen: Etwa im Turnen, Wasserspringen, Skifliegen, Stabhochsprung oder Hammerwerfen werden die unwahrscheinlichsten Bewegungssequenzen oft mit absoluter Perfektion dargeboten – aber auch den besten Springern und Werfern misslingen in entscheidenden Wettkämpfen ihre Taten. Im Fußball müssen wir, nach dem Befund einer wissenschaftlichen Studie, sogar »akzeptieren, dass die Hälfte dessen, was auf dem Platz geschieht, nicht in unserer Hand liegt«.[14]

Strebt man im Fußball also nach einer reinen Illusion? Jagen Mannschaften wie der FC Barcelona und Bayern München einer Chimäre nach?

Das wäre die falsche Folgerung aus dieser Erkenntnis. Im Grunde weiß jeder, dass die Beherrschung des Zufalls und der Unsicherheit dem Menschen nicht gelingen kann. Wir wissen tief im Inneren, ohne es einzugestehen, dass wir uns aus dieser Situation nicht befreien können. Gerade deswegen sind die gelingenden Spielzüge im Fußball kleine

Wunder, die uns zeigen, dass eine Gruppe von Menschen es zumindest immer wieder fertigbringen kann. Sie sind keine Verheißung eines höheren Könnens oder einer besseren Welt. Sie öffnen aber einen kurzen Moment lang den Raum der Möglichkeiten für das eigentlich Unmögliche.

Anmerkungen

Prolog

1 Das Prinzip der Präsenz im Sport beschreibt Hans Ulrich Gumbrecht, *Lob des Sports*, Frankfurt a. M. 2005.
2 Ludwig Wittgenstein, *Vermischte Bemerkungen*, in: Ders., *Werkausgabe*, Bd. 8, Frankfurt a. M. 1984–1989, S. 507.
3 Peter Sloterdijk, *Du mußt dein Leben ändern. Über Anthropotechnik*, Frankfurt a. M. 2009, S. 282. Der Autor beruft sich an dieser Stelle auf Marx.
4 »Habitus« ist ein von Pierre Bourdieu geprägter Begriff, siehe insbesondere Pierre Bourdieu, *Entwurf einer Theorie der Praxis*, Frankfurt a. M. 1976. Er bezeichnet eine in der lebensgeschichtlichen Erfahrung angelegte innere *und* äußere Haltung, die unsere Wahrnehmungen, Bewertungen und Handlungen strukturiert; vgl. Beate Krais/Gunter Gebauer, *Habitus*, Bielefeld 2002.
5 David Peace, *Damned United*, München 2011. Ders., *Red or Dead*, London 2013. Beim Lesen wünscht man sich ins Manchester oder Leeds der siebziger Jahre zurück, man möchte auf der Fantribüne stehen, die Vereinshymnen mitsingen und den Trainern Brian Clough und Bill Shankly zujubeln.
6 Christian Bromberger, *Le match de football. Ethnologie d'une passion partisane à Marseille, Naples et Turin,* Paris 1995. Was den Autor interessiert, sind die sozialen Räume und Kontexte, die unterschiedlichen Kategorien von Zuschauern, die verschiedenen Typen von Vereinen, die die Grundstruktur des Fußballs zu besonderen Schauspielen gestalten.

Kapitel 1

1 Ludwig Wittgenstein, *Philosophische Untersuchungen*, in: Ders., *Werkausgabe*, Bd. 1, Frankfurt a. M. 1984, § 200.

2 Johann Gottfried Herder, *Ideen zur Weltgeschichte der Menschheit*, in: Ders., *Werke*, hg. v. M. Bollacher, Bd. VI., Frankfurt a. M. 1989.

3 Friedrich Nietzsche, *Jenseits von Gut und Böse*, in: Ders., *Kritische Studienausgabe*, hg. von G. Colli/M. Montinari, Bd. 5, Berlin 1967, S. 81.

4 Dirk Schümer, *Gott ist rund. Die Kultur des Fußballs*, Frankfurt a. M. 1998.

5 Horst Bredekamp schreibt über die Schwierigkeit, mit dem Fuß einen Ball zu spielen: »Sowie aus dem Jonglieren des Balls ein gemeinschaftlicher Wettkampf wird, wird der Fuß zudem beschuht. Diese Umhüllung aber kostet Sensibilität und damit steigt das Problem, eine Kugel mit dem so unförmigen wie unsensiblen Gebilde namens Fuß passgenau zu befördern. – In dieser Schwierigkeit liegt das Faszinosum. Der spezialisierte Fuß überwindet sein Handicap, zur Ballbeherrschung weniger gut ausgestattet zu sein als die Hand.« Siehe Bredekamp, »Fuß, Fortuna, Ball oder: Platons Prinzip des Handicap. Der Kugelkörper und die Defizite der Vollendung«, in: Ders., *Bilder Bewegen. Von der Kunstkammer zum Endspiel,* Berlin 2007, S. 186–193, hier S. 188.

6 Ludwig Wittgenstein, *Philosophische Grammatik*, in: Ders., *Werkausgabe*, Bd. 4, Frankfurt a. M. 1984, S. 188.

7 Arnold Gehlen, *Der Mensch. Seine Natur und seine Stellung in der Welt,* 12. Aufl., Wiesbaden 1978.

8 André Leroi-Gourhan, *Hand und Wort. Die Evolution von Technik, Sprache und Kunst,* Frankfurt a. M. 1988. Zu einer ähnlichen Analyse kommt, ohne Leroi-Gourhan zu kennen: Frank R. Wilson, *Die Hand – Geniestreich der Evolution. Ihr Einfluß auf Gehirn, Sprache und Kultur des Menschen,* Stuttgart 2000. Eine neuere Darstellung dieses Prozesses gibt Kurt Bayertz, *Der aufrechte Gang. Eine Geschichte des anthropologischen Denkens,* München 2012.

9 Leroi-Gourhan nimmt an, dass die intelligente Verwendung der Hände der Entwicklung des motorischen Sprachzentrums vorhergeht.

10 Hans Lenk, *Das flexible Vielfachwesen. Einführung in moderne philosophische Anthropologie zwischen Bio-, Techno und Kulturwissenschaften*, Weilerswist 2010.
11 Nassim Nicholas Taleb, *Antifragilität. Anleitung für eine Welt, die wir nicht verstehen*, München 2013.
12 Pierre Boulle, *Der Planet der Affen*, München 2001.
13 Ebd., S. 128f.
14 Ebd., S. 150.
15 Michael Tomasello, *Die Ursprünge der menschlichen Kommunikation*, Frankfurt a. M. 2009.
16 Martin Heidegger, *Was heißt Denken?*, in: Ders., *Gesamtausgabe*, I. Abteilung, Bd. 8, Frankfurt a. M. 2002 (zuerst 1954), S. 18f.
17 Clifford Geertz, »»Deep play«. Bemerkungen zum balinesischen Hahnenkampf«, in: Ders., *Dichte Beschreibung. Beiträge zum Verstehen kultureller Systeme*, Frankfurt a. M. 1983, S. 202–260.
18 P. Sloterdijk 2009, S. 290.
19 Carl Gustav Jung, *Archetypen*, 16. Aufl., München 2010.
20 Bill Shankly (1919–1981) war von 1959 bis 1974 Trainer des FC Liverpool. Seine berühmte Formulierung lautet in der Originalfassung deutlich prägnanter: »Football is a matter of life and death. I'm very disappointed with this attitude. I can assure you, it is much, much more important than that.«
21 Heidegger spricht der deutschen Tradition folgend von »Leib«.

Kapitel 2

1 Jaak Panksepp, *Affective Neuroscience. The Foundations of Human and Animal Emotions,* New York/Oxford 1998.
2 Ludwig Wittgenstein, *Über Gewißheit*, in: Ders., *Werkausgabe*, Bd. 8, Frankfurt a. M. 1984.
3 Pierre Bourdieu, *Sozialer Sinn*, Frankfurt a. M. 1987, S. 113.
4 Der Gedanke von alternativen, symbolisch konstituierten Welten geht auf Nelson Goodman zurück: *Weisen des Welterzeugens*, Frankfurt a. M. 1980.
5 Jean-Paul Sartre, »Skizze einer Theorie der Emotionen«, in: Ders., *Die Transzendenz des Ego. Philosophische Essays 1931–1939*, Reinbek 1982.
6 Sie gehören zu den *références intra-mondaines,* den innerweltlichen Bezügen: Jean-Paul Sartre, *Das Sein und das Nichts*, Reinbek 1993.

7 Friedrich Nietzsche, »Homer's Wettkampf«, in: Ders., *Kritische Studienausgabe*, hg. von Giorgio Colli/Mazzino Montinari, Bd. 1, Berlin 1967. Zu diesem Gedanken Nietzsches siehe weiter unten in diesem Kapitel.

8 Vilém Flusser, *Vorlesungen zur Kommunikologie*, in: Ders., *Kommunikologie*, hg. v. Stefan Bollmann/Edith Flusser, Frankfurt a. M. 1998, S. 233–351, hier der Abschnitt »Spiele«, S. 330 bis 336.

9 Flusser 1998, S. 334.

10 Flusser 1998, S. 335f.

11 Dieser Gedanke wird ausgeführt von Norbert Elias, »An Essay on Sport and Violence«, in: Norbert Elias/Eric Dunning: *Quest for Excitement. Sport and Leisure in the Civilizing Process*, Oxford 1986, S. 150–174.

12 Dieser Gedanke wird ausgeführt in Gunter Gebauer, »Das Spiel gegen den Tod«, in: Gerd Hortleder/Gunter Gebauer (Hg.), *Sport – Eros – Tod*, Frankfurt a. M. 1986, S. 271–282.

13 Dies ist der Gedanke, mit dem George Herbert Mead seine sozialanthropologische Konzeption der Bildung gemeinsamer Bedeutungen und individueller Identität entwirft; vgl. George Herbert Mead, *Geist, Identität und Gesellschaft aus der Sicht des Sozialbehaviorismus*, Frankfurt a. M. 1968.

Kapitel 3

1 Norbert Elias/Eric Dunning 1986, Kap. 5.

2 Pierre Bourdieu/Roger Chartier, *Le sociologue et l'historien*, Marseille 2010, S. 85f.

3 »Jedes Gemeinschaftsgefühl beim Sport, sei es der Teamgeist der Spieler oder die kollektive Identifikation der Fans, setzt eine Bereitschaft voraus, Spielregeln anzuerkennen … Fußballkulturen sind nicht per se demokratisch. Auf den höheren Verwaltungsebenen herrscht die Oligarchie der Verbände. Sie waren es, die das Spiel formalisierten und in seiner heutigen Form auf die Allgemeinheit losließen« (Michael Ebmeyer, *Das Spiel mit Schwarz–Rot–Gold. Über Fußball und Flaggenfieber*, Zürich 2014, S. 37).

4 Jean-Jacques Rousseau, *Diskurs über die Ungleichheit*, Kritische Ausgabe des integralen Textes, hg. v. Heinrich Meier, Paderborn u. a. 1984.

5   Wir können an das Tempelhofer Feld denken, auf dem der Fußball in Deutschland entstand. Heute, nachdem es nicht mehr als Flugplatz genutzt wird, ist es (wieder) eine immense Freifläche, die die Stadt um sie herum winzig erscheinen lässt. Sie gibt eine Vorstellung von der Freiheit, die hier herrschte, als in den achtziger Jahren des 19. Jahrhunderts die ersten deutschen Fußballvereine in diesem Umfeld gegründet wurden. Am Rand des Felds existiert noch heute einer der Gründervereine des deutschen Fußballs, der B.F.C. Germania 1888. Auf dem Tempelhofer Areal fand 1909 das erste Länderspiel auf deutschem Boden statt. Vgl. Thomas Schneider, »Zwischen Kneipen und Kasernen. Die Anfänge des deutschen Fußballs in Berlin – eine Spurensuche und ein stadthistorisches Projekt«, in: *Der Bär von Berlin* 61, 2012.
6   Siehe Eric Dunning, »Sport und Gewalt in sozialhistorischer Perspektive«, in: Thomas Kutsch/Günter Wiswede (Hg.), *Sport und Gesellschaft. Die Kehrseite der Medaille*, Königstein 1981, S. 135–152, hier S. 141.
7   Christiane Eisenberg, *›English Sports‹ und deutsche Bürger. Eine Gesellschaftsgeschichte 1800–1939*, Paderborn u. a. 1999.
8   Christiane Eisenberg u. a., *100 Jahre Weltfußball. Die FIFA 1904–2004*, Göttingen 2004, S. 21.
9   Andy Markovits/Steven L. Hellerman, *Im Abseits. Fußball in der amerikanischen Sportkultur*, Hamburg 2002.
10 Christian Bromberger 1995 (s. 122) beschreibt diesen Prozess für die von ihm untersuchten Vereine.
11 Im Sinne von Benedict Anderson, *Die Erfindung der Nation. Zur Karriere eines folgenreichen Konzepts*, Frankfurt a. M. 1996.
12 Bourdieu nennt diese Sicht »scholastisch« im Sinne des griechischen *scholē*, einer Situation der Muße und der Entfernung vom praktischen Handeln, die typisch für schulische Institutionen ist und rein theoretische Erörterungen favorisiert: »Über die ›scholastische Ansicht‹«, in: Gunter Gebauer/Christoph Wulf (Hg.), *Praxis und Ästhetik. Neue Perspektiven im Denken Pierre Bourdieus*, Frankfurt a. M. 1993, S. 341–356. Hingegen verteidigt Martin Gessmann eine solche Übertragung der Außen- auf die Innensicht in dem ansonsten verdienstvollen Band: *Mit Nietzsche im Stadion. Der Fußball in der Gesellschaft*, Paderborn 2014, siehe etwa S. 21.

13   Michel Foucault, *Überwachen und Strafen. Die Geburt des Gefängnisses*, Frankfurt a. M. 1977.
14   Interview mit Joachim Löw im *Spiegel*, Heft 50, 2014.
15   In einem Interview mit der *Frankfurter Allgemeinen Sonntagszeitung* vom 28. Dezember 2014.
16   Mertesacker wird nach dem mühsam mit 2:1 gewonnenen Spiel gegen Algerien im Achtelfinale von dem ZDF-Reporter Boris Büchler in einem sogenannten »Blitzinterview« befragt: »Per Mertesacker, Glückwunsch zum Einzug in die nächste Runde, ins Viertelfinale. Was hat das deutsche Spiel so schwerfällig und anfällig gemacht?« – Mertesacker: »Was woll'n Se? ... Is mir völlig wurscht.« In einem Interview mit der *Süddeutschen Zeitung* vom 16./17. August 2014 schildert er seine Innensicht auf das Algerienspiel wie folgt: »... als Spieler erlebst du so ein enges Spiel ganz anders. Du merkst: Der Gegner wächst über sich hinaus – und du hast Probleme, musst unheimlich kämpfen, du kommst aber dank deiner Reife, deiner Klasse und auch dank der besseren Physis zurück, während den anderen irgendwann die Luft ausgeht ... Wir wussten: Egal was passiert, wir setzen noch einen drauf. Wir gewinnen das Ding! Am Ende bist du dann unheimlich stolz, weitergekommen zu sein und für Deutschland alles gegeben zu haben. Andere denken, man habe eigentlich alles falsch gemacht. Da prallen Welten aufeinander. Ich finde, man kann das ruhig offen austragen.«
17   In einem Interview mit der *Zeit*, Heft 50, 2014, in dem er mit dem Reporter Boris Büchler den Vorgang diskutiert.
18   Roland Barthes, *Mythen des Alltags*, Frankfurt a. M. 1964.
19   Aristoteles bezeichnet eine solche *fiktionale* Wirklichkeitsbehauptung in der *Poetik* als *Mimesis*. »Mimesis« wird im Deutschen meistens mit »Nachahmung« wiedergegeben.
20   *Frankfurter Allgemeine Zeitung* vom 2. Dezember 2014.
21   So in *König Ödipus* von Sophokles die Nachricht vom Orakel in Delphi, die Ödipus zur Ursache der Pest in Theben erklärt – er hat seinen Vater erschlagen, seine Mutter zur Frau genommen und mit ihr Kinder gezeugt.
22   Siehe John Bale, *Sport, Space, and the City,* London/New York 1993.
23   Michel Foucault, *Les corps utopiques. Les Hétérotopies*, Paris 2009.

Kapitel 4

1 Bourdieu 1987, Kap. 4. Eine Übertragung von Bourdieus Konzept des Glaubens auf den Fußball unternehmen Jean-Michel Faure/Charles Suaud, *Le football professionnel à la française*, Paris 1999, Kap. 4.

2 Bartholomäus Grill, *Laduuuuuma. Wie der Fußball Afrika verzaubert*, Hamburg 2009.

3 Die Kennzeichnung des Romantischen übernehme ich von René Girard, *Mensonge romantique et vérité romanesque*, Paris 1961.

4 In einem Interview in der *Frankfurter Allgemeinen Zeitung* vom 10. Juli 2014.

5 Georg Wilhelm Friedrich Hegel, *Phänomenologie des Geistes*, in: Ders., *Werke 3*, Frankfurt a. M. 1986, Kap. IV, A: »Selbständigkeit und Unselbständigkeit des Selbstbewußtseins; Herrschaft und Knechtschaft«.

6 In der Erzählung des Schweizer Trainers Ottmar Hitzfeld in einem Interview mit der *Welt am Sonntag* vom 26. Oktober 2014 hört sich die Niederlage wie folgt an: »... wir hätten auch gewinnen können, wir hatten gegen den Favoriten die ersten beiden Torchancen. Dann die Verlängerung, es sah nach Elfmeterschießen aus, das späte Gegentor, also ein Rückschlag, aber wir kommen als Mannschaft wieder und haben noch den Kopfballtreffer an den Pfosten, Schlusspfiff. Ich meinte die Emotionen, man wird durchgerüttelt. Das ist Fußball: dass die ganze Gefühlslage in Sekunden kippen kann, weil sich das Spiel in Sekunden entscheidet.« Interessant ist, dass in der bekanntermaßen unromantischen Wahrnehmung Hitzfelds der Name Messi nicht vorkommt.

7 Diese Auffassung entspricht der Binnensicht der Beteiligten Aufschlussreich dafür ist eine Bemerkung von Christoph Metzelder in einem Interview mit der *Süddeutschen Zeitung* vom 13. September 2014, in dem es unter anderem um die Frage geht, warum Real Madrid Di María »verkauft« hat, nachdem er dem Club im Sommer zuvor wertvolle Punkte geliefert hatte: »Di María ist sportlich gesehen ein Superstar, aber er hat eben nicht das große Vermarktungspotenzial, er ist nicht der Mann, mit dem man Foto-Shootings und Werbekampagnen macht. Er ist kein extrovertierter Typ wie Cristiano

Ronaldo oder eine Lifestyle-Ikone wie Beckham, aber er ist auch nicht so außergewöhnlich wie Messi. Überspitzt formuliert: Ein fantastischer Fußballer – mehr nicht! 90 Prozent der Vereine reicht es, wenn sie einen tollen Fußballer haben. Bei Real reicht es nicht.«

8 Ernst Kantorowicz, *Die zwei Körper des Königs. Eine Studie zur politischen Theologie des Mittelalters,* Stuttgart 1990.
9 Max Weber, *Wirtschaft und Gesellschaft. Grundriß der verstehenden Soziologie,* Tübingen 1980 (zuerst 1921/22), S. 179.
10 Weber 1980, S. 836.
11 Weber 1980, S. 159.
12 *Stern*, Heft 52, 2014.
13 Ein offen zugegebenes ökonomisches Interesse findet man hingegen bei den Spielern der unteren Ligen, wo es vor allem darum geht, durch Fußballspielen seinen – komfortablen – Lebensunterhalt zu bestreiten.
14 Bei der Eröffnung der Ausstellung *Choreographie der Massen* in der Berliner Akademie der Künste 2012.
15 Elias Canetti, *Masse und Macht,* Frankfurt a. M. 1980.
16 Gustave Le Bon, *Psychologie der Massen,* Stuttgart 2008.
17 Diese Grundstruktur findet man bei Autoren wie Sigmund Freud, *Massenpsychologie und Ich-Analyse. Die Zukunft einer Illusion,* Frankfurt a. M. 2005; José Ortega y Gasset, *Der Aufstand der Massen,* Hamburg 1956; Ernst Jünger, *Der Arbeiter. Herrschaft und Gestalt,* Hamburg 1932.
18 Bromberger 1995, S. 102.
19 Dieses Gefühl eines Zuwachses an Macht treibt gerade die »Ultras« heute an, die Regeln zu überschreiten. Ihr Insistieren auf dem Einsatz von bengalischem Feuer in den Stadien zeigt den unbeirrbaren Wunsch, sich als Gruppe gegen die Auflagen des Vereins und der Polizei zu profilieren. Die Tatsache, dass sich die Strafen oft nicht gegen sie individuell, sondern gegen das Kollektiv richten, hat in erster Linie mit Problemen der Feststellung der Täter zu tun. Wo immer dies möglich ist, erhalten sie individuelle Stadionverbote.
20 Dies ist insofern gerechtfertigt, als Freud unter anderem das »Fan«-Publikum eines Pianisten als Beispiel seiner Analyse nimmt.
21 Zwischen Gefühlen und Emotionen wird hier nicht unterschie-

den; beide Ausdrücke werden synonym gebraucht. In der Fachliteratur werden feine Unterschiede zwischen ihnen gemacht. Aber für unsere Zwecke können wir auf diese Unterscheidungen verzichten.

22 Jean-Jacques Rousseau, *Träumereien eines einsamen Spaziergängers*, in: Ders., *Schriften*, Bd. II, Frankfurt a. M. 1988.

Kapitel 5

1 Durkheims soziologische Theorie des Heiligen wird dargestellt in: *Les formes élémentaires de la vie religieuse*, Paris 1968 (zuerst 1912; dt.: *Die elementaren Formen des religiösen Lebens*, Frankfurt a. M. 1981); im Folgenden wird mit eigener Übersetzung aus dem französischen Original zitiert.

2 Zur Differenz zwischen Ritualen und ritualisierter Praxis siehe Gunter Gebauer/Christoph Wulf, *Spiel – Ritual – Geste. Mimetisches Handeln in der sozialen Welt*, Reinbek 1998, S. 114–159, siehe das Kapitel »Ritual«.

3 Immerhin bezeichnet der Historiker Alexander Demandt das Thema »Sport, Spiel und Feste« als »die Herzregion des Kulturlebens«; vgl. Ders., *Über die Deutschen. Eine kleine Kulturgeschichte*, Berlin 2007, S. 466.

4 Nikolaus Blome, »Die verwehte Chance«, *Spiegel*, Heft 31, 2014.

5 Friedrich Nietzsche, *Die Geburt der Tragödie*, in: *Kritische Studienausgabe*, Bd. 1, Berlin/New York 1988, S. 56.

6 Nietzsche, ebd., S. 65.

7 Foucault 2009, S. 15.

8 Reinhard Kopiez in einem Interview mit dem *Weser-Kurier*.

9 Reinhard Kopiez: »Alles nur Gegröle? Kultische Elemente in Fußball-Fangesängen«, in: Markwart Herzog (Hg.), *Fußball als Kulturphänomen. Kunst – Kult – Kommerz*, Stuttgart 2002, S. 293–303.

10 »›Sie müssen hungrig sein‹. Dirigent Sir Simon Rattle über Gemeinsamkeiten von Orchestern und Fußballteams, das Wembley-Tor von 1966 und britische Zeitungen«, *Süddeutsche Zeitung* vom 26./27. Juni 2010. Eine andere christlich inspirierte Hymne, die in England sehr populär ist, ist *Abide with me*, in der die Worte des Dichters Henry F. Lyte als eine »Erbauungshymne« vertont worden sind: »Abide with me: Fast falls the eventide. The darkness deepens; Lord, with me abide! When

other helpers fail and comforts flee, help of the helpless, o abide with me. Amen.« Der Text dieser religiösen Hymne lehnt sich an das Lukas-Evangelium (Lk 24, 29) an, in dem es anlässlich der Begegnung des auferstandenen Jesus mit den Emmaus-Jüngern heißt: »Da nötigten sie ihn und sprachen: ›Bleibe bei uns, denn es will Abend werden, und der Tag hat sich schon geneigt.‹ Und er ging hinein, um bei ihnen zu bleiben« (dargestellt von Kopiez 2002, S. 296f.).

11 Kopiez 2002, S. 297.
12 Ernst Klusen, *Singen. Materialien zu einer Theorie*, Perspektiven zur Musikpädagogik und Musikwissenschaft, Regensburg 1989, S. 85ff.
13 Kopiez 2002, S. 302. Siehe auch den informativen Band Robert Gugutzer/Moritz Böttcher (Hg.), *Körper, Sport und Religion. Zur Soziologie religiöser Verkörperungen*, Wiesbaden 2012.
14 Siehe die ausführliche Beschreibung bei Bromberger 1995, S. 140–144.
15 Zu den folgenden Ausführungen über die Begräbnisriten von Fußballfans siehe die Arbeiten von Markwart Herzog, insbesondere: »Kontingenzbewältigung im Fußballsport – eine pastoraltheologische Herausforderung«, *Diakonia* 46, 2, 2014, sowie den von ihm herausgegebenen Band: *Memorialkultur im Fußballsport. Medien, Rituale und Praktiken des Erinnerns, Gedenkens und Vergessens*, Stuttgart 2013.
16 Johan Huizinga, *Homo ludens. Vom Ursprung der Kultur im Spiel*, Reinbek 1956.
17 Auch eine andere beliebte Deutung scheidet aus: Fußball ist kein Geschehen, das in Analogie zur Jagd verstanden werden kann: Eine Jagd beruht immer auf einem asymmetrischen Verhältnis zwischen einem flüchtenden Tier und einer Jägergruppe, die Waffen besitzt.
18 F. Nietzsche, *Geburt der Tragödie*, in: *Kritische Studienausgabe*, Bd. 1.
19 In dieser Hinsicht ist eine schwere Niederlage im Fußball wie das tief empfundene Erlebnis eines Katastrophenfilms, der einem das Ende der Welt vor Augen führt; vgl. Eva Horn, *Zukunft als Katastrophe*, Frankfurt a. M. 2014.
20 Vgl. Gebauer, »Das Spiel gegen den Tod«, in: Hortleder/Gebauer 1986.

21 Oder es geschieht absichtslos, beispielsweise wenn ein Dichter in schöpferischem Furor auf ein und dasselbe Blatt Papier zwei Gedichte übereinander schreibt, wie es bei einem scheinbar unverständlichen Gedicht Friedrich Hölderlins geschah.
22 Georg Wilhelm Friedrich Hegel, *Vorlesungen über die Ästhetik*, in: Ders., *Werke 13*, Frankfurt a. M. 1999, Abschnitt »Die Kollision«, S. 266–283.
23 David Peace schildert eindrucksvoll, wie der englische Trainer Brian Clough seine existentiellen Sorgen nach einem schlechten Spiel seiner Mannschaft in einem inneren Gespräch ausdrückt: »Zeiten ändern sich. Gesichter ändern sich, aber die Zweifel bleiben. Die Angst bleibt. – Hinter jeder Ecke. Am Ende jedes Gangs. – Jedes Spiel, jeder Tag, die Zweifel und dann die Angst« (Peace 2011, S. 198).
24 Rainer Maria Rilke, *Duineser Elegien*, in: *Gesammelte Gedichte*, Frankfurt a. M. 1962.
25 Entsprechend den Zahlen der Deutschen Fußball Liga (DFL) setzte ein Bundesligist in der Saison 2012/13 im Schnitt 120 Millionen Euro um. Bei einem Zweitligisten fällt der Umsatz auf 23 Millionen Euro. Die Gehaltssumme liegt in der ersten Liga durchschnittlich bei 47 Millionen Euro, in der zweiten Liga bei 9 Millionen Euro.

Kapitel 6

1 In dem Gespräch (*Süddeutsche Zeitung* vom 24./25./26. Dezember 2014) zeigte sich der deutsche Torhüter Manuel Neuer an den Mythen der Vergangenheit vollkommen uninteressiert. SZ: »Vor dem WM-Finale in diesem Sommer haben wir Journalisten Ihnen ja ständig die deutsche Torwarthistorie unter die Nase gerieben …« – Neuer: »Ich habe mich bei der WM nicht so viel im Internet rumgetrieben, ich habe das nicht gewusst.« – SZ: »Aber hätten Sie sich auch von diesem Wissen nicht irritieren lassen?« – Neuer: »Bei einer WM haben Sie gar keine Zeit für so was. Training, Abflug nach Rio, Abschlusstraining, dann Spielvorbereitung und Spiel, da steckt man so im Tunnel und seinen Automatismen drin, dass man nicht an die Geschichte denkt.«
2 Dass die algerische Mannschaft im Achtelfinale der WM 2014 den Deutschen mit herausragenden Leistungen enorme

Schwierigkeiten bereitet hatte und dass diese nur noch froh waren, das Spiel überstanden zu haben, nimmt der Blitzinterviewer nicht zur Kenntnis. Für den Spieler geht es in seiner Innensicht nicht um die *theoretische Möglichkeit*, dass die Algerier ja auch hätten gewinnen können, sondern um die *Realität* des nächsten Spiels. Von den Beteiligten (zum Beispiel von Co-Trainer Hansi Flick) wurden das Algerien-Spiel und das unnachgiebige Beharren von Per Mertesacker auf der Innensicht als der entscheidende Wendepunkt in der Entwicklung der Mannschaft bezeichnet.

3 Siehe Christian Keysers, *Unser empathisches Gehirn. Warum wir verstehen, was andere fühlen*, München 2013.

4 Bei dieser Übersicht habe ich nicht die erfolgreichen anglo-amerikanischen Serien berücksichtigt. Sie erzeugen eine Wirkung ganz eigener Qualität auf die Zuschauer. Bisher sind sie jedoch noch kein »Quotenrenner« in deutschen TV-Programmen.

5 Siehe zur Geschichte des Fußballs in Deutschland die große Studie von Nils Havemann, *Samstags um halb 4. Die Geschichte der Bundeliga*, München 2013.

6 Die Pokalspiele wurden nach einem Modus veranstaltet, der bis heute weitgehend Gültigkeit behalten hat.

7 Nicht zu vergessen ist, dass es schon damals Gegenbewegungen zum Starkino der Hollywood'schen Prägung gab, die gegen den Faszinationseffekt angingen und das Alltagsleben mit *künstlerisch-analytischen Mitteln* einzufangen strebten – der italienische Neorealismus, die Nouvelle Vague aus Frankreich und der Autorenfilm in Deutschland.

8 Herbert Marshall McLuhan, *Die magischen Kanäle – Understanding Media*, Dresden/Basel 1994, S. 22–25.

9 Die Überlegungen zur Regie verdanke ich zahlreichen Diskussionen mit dem verstorbenen Dr. h. c. Horst Seifart, dem Leiter der Fernseh-Weltregie der Olympischen Spiele 1972. Den Beginn des Einsatzes neuer Techniken (Live-Übertragungen teilweise per Satellit, Einsatz von Zeitlupe und einer größeren Anzahl Kameras) stellt bereits die WM 1966 in England dar; siehe Fabio Chisari, »When Football Went Global: Televising the 1966 Worldcup«, in: *Historical Social Research/Historische Sozialforschung* 31, 1 (2006), Sonderheft: *Football History: Interna-*

tional Perspectives, hg. v. Christiane Eisenberg/Pierre Lanfranchi, S. 42–54.
10 Sascha Empacher, *Die Vermarktung der Fußball-Bundesliga,* Pforzheim 2000, S. 140f.
11 Zur Erscheinung des »Tifo«, zu seinen Ausprägungen und Auswüchsen siehe Birgit Schönau, »Tifo – Hingabe, Leidenschaft und Gewalt«, in: Dies., *Calcio. Die Italiener und ihr Fußball,* Köln 2005, S. 133–157.
12 Bromberger 1995, S. 97–102.
13 Interview mit Oliver Bierhoff in der *Frankfurter Allgemeinen Sonntagszeitung* vom 28. Dezember 2014.
14 Vgl. die differenzierte Sicht des Soziologen Sven Ismer, »The imagined national community«, in: Gavin Brent Sullivan (Hg.), *Understanding Collective Pride and Group Identity. New directions in emotion theory, research and practice.* London/New York 2014, S. 137–148.
15 Christoph Siemes, *Das Wunder von Bern,* Köln 2004.
16 »Man kann nicht mehr aufnehmen, was in diesen WM-Erfolg alles hineininterpretiert oder wie er zusätzlich aufgeladen wird ...« (Oliver Bierhoff im Interview mit der *Frankfurter Allgemeinen Sonntagszeitung,* 28. Dezember 2014).
17 Étienne François/Hagen Schulze (Hg.), *Deutsche Erinnerungsorte,* Bde. I–III, München 2003. Das Konzept der Erinnerungsorte stammt von dem französischen Historiker Pierre Nora, der auch eine einbändige Kurzfassung der deutschen Ausgabe auf Französisch veranlasste: *Mémoires allemandes,* Paris 2007. Beide Ausgaben gehen auch auf den deutschen Fußball ein.
18 Pierre Bourdieu zeigt in seiner Kultursoziologie, dass alle symbolischen Güter eines Landes, wozu auch der Fußball gehört, *allgemeine* Anerkennung in letzter Hinsicht durch die Anerkennung der herrschenden Klasse erhalten. Pierre Bourdieu, *Kunst und Kultur. Kultur und kulturelle Praxis,* Schriften zur Kultursoziologie 4, Konstanz 2013; siehe darin das Nachwort von Gunter Gebauer, »Gesellschaft als Universum des Geschmacks. Pierre Bourdieus Kultursoziologie als Morphologie der bürgerlichen Gesellschaft«, S. 643–670.
19 Peter Handke, »Die Aufstellung des 1. FC Nürnberg vom 27.1.1968«, in: Ders., *Die Innenwelt der Außenwelt der Innenwelt,* Frankfurt a. M. 1969.

20 Eine ebenso originelle wie herausragende Institution, die sich die Vereinigung von Kultur und Politik mit dem Fußball zum Ziel gesetzt hat und dieses mit einzigartigem Einsatz verfolgt, ist die Deutsche Akademie für Fußballkultur in Nürnberg. Sie wurde allerdings noch nicht um 1974, sondern später, im Vorfeld der WM 2006 gegründet.

21 Interview mit Oliver Bierhoff in der *Frankfurter Allgemeinen Sonntagszeitung*, 28. Dezember 2014.

22 Jens Ambrasat/Christian von Scheve/Marcus Conrad/Gesche Schauenburg/Tobias Schröder: »Consensus and stratification in the affective meaning of human sociality«, in: *Proceedings of the National Academy of Sciences of the USA* 111 (22), S. 8001–8006. Siehe auch die Dissertation von Sven Ismer, *Wie der Fußball Deutsche macht. Emotion und Nation in der Fußballberichterstattung zur FIFA WM 2006,* Freie Universität Berlin 2015.

23 Interview mit Navid Kermani, Deutschlandfunk, 19. Juni 2015.

24 Siehe zu den »Ultras« die Arbeit von Gerd Dembowski, »Organisierte Fankulturen in Deutschland zwischen Potenzialen und Konflikten«, in: Diethelm Blecking/Lorenz Peiffer/Robert Traba (Hg.), *Vom Konflikt zur Konkurrenz. Deutsch-polnisch-ukrainische Fußballgeschichte,* Göttingen 2014, S. 271–283.

25 Robert Gernhardt, »Deutschland – Portugal 0 : 3«, in: Ders., *Gesammelte Gedichte 1954–2006,* Frankfurt a. M. 2008.

26 Siehe zum Prozess der allmählichen Aufnahme von Migranten und ihrer Kinder in den deutschen Fußball Diethelm Blecking/ Gerd Dembowski (Hg.), *Der Ball ist bunt. Fußball, Migration und die Vielfalt der Identitäten in Deutschland*, Frankfurt a. M. 2010.

27 Siehe auch die in die gleiche Richtung zielende Deutung von Wolfram Pyta, »La contribution du football à la construction de l'identité en Allemagne«, in: *Allemagne d'aujourd'hui* 193, Juli–September 2010, S. 119–129.

Epilog

1 Nikolaus Blome et al., »Das Vierte Reich«, *Spiegel*, Heft 13, 2015.

2 Siehe den umfangreichen Bericht »Rencontres dans le désert«, in: *L'Équipe*, 26. Februar 2014.

3 Der sechzehnjährige norwegische Junge Martin Ödegaard ist 2014 für ein Jahresgehalt von zweieinhalb Millionen Euro von

Real Madrid verpflichtet worden; auch sein Vater hat im Rahmen dieser Transaktion einen Job bekommen. Bayern München verpflichtete den neunzehnjährigen Joshua Kimmich von RB Leipzig für achteinhalb Millionen Euro. »Für das Talent aus Leipzig, das noch keine Minute in der Bundesliga gespielt hat, zahlen die Bayern mehr als noch vor gut zehn Jahren für Michael Ballack, den damals besten deutschen Spieler« (*Frankfurter Allgemeine Zeitung* vom 31. Dezember 2014).

4 Eine eindrucksvolle Beschreibung des Scheiterns junger Fußballer gibt der ehemalige Direktor einer sogenannten Eliteschule des Sports in Berlin, auf der viele hoffnungsvolle Talente ausgebildet wurden, von denen aber nur einige wenige »den Sprung in den großen Fußball« geschafft haben: Rüdiger Barney, *Die Eliteschule des Sports – der Königsweg?*, Stuttgart 2014, Kap. 5.

5 Ich verwende die Bezeichnung »Krieger«, um diese Gruppe gegenüber jenen Adligen abzugrenzen, die sich bei Hofe aufhielten. Gemeint sind die Mitglieder des Adels, die im Militärdienst tätig waren. Vgl. Norbert Elias, *Die höfische Gesellschaft*, Frankfurt a. M. 1983; ders., *Über den Prozeß der Zivilisation*, Frankfurt a. M. 1976.

6 Fritz Schalk (Hg.), *Französische Moralisten. La Rochefoucauld, Vauvenargues, Montesquieu, Chamfort*, Zürich 1995, S. 370.

7 Oliver Bierhoff im Gespräch mit der *Frankfurter Allgemeinen Sonntagszeitung* vom 28. Dezember 2014: »Topspieler müssen heute totale Egoisten sein – was die Pflege ihrer Körper betrifft. Es geht für sie nur noch darum, diese Topleistung zu bringen. Die Spieler werden sich dessen immer stärker bewusst und organisieren ihr Leben darum – zum Beispiel mit Physiotherapeuten und Köchen. Oder sie mieten sich einen Privatflieger. Man kann natürlich darüber streiten, ob man es toll findet.«

8 Die *Frankfurter Allgemeine Zeitung* vom 16. November 2014 schreibt über ein Gespräch mit dem Medienberater Roland Eitel: »Marketing ist überall im Fußball auf dem Vormarsch. Und so gibt es immer mehr Bilder vom Fußball und der Nationalelf. Aber für die Zuschauer wird es immer schwieriger, sich davon ein Bild zu machen, ein unabhängiges Bild. ›Klassischer Journalismus im Fußball findet eigentlich nur noch in Zeitungen statt. Alles andere, was ansonsten verbreitet wird, hat mit

dem klassischen Journalismus nicht mehr viel zu tun‹, sagt Eitel. ›In der deutschen Fernsehberichterstattung über den Fußball findet schon lange relativ wenig Recherche statt.‹«

9 Die *Frankfurter Allgemeine Zeitung* vom 27. Dezember 2014 berichtet von einem Gespräch mit dem Geschäftsführer der Vereinigung der Vertragsfußballspieler Uli Baranowsky über die Schwierigkeiten des Lebens nach der Sportkarriere: »Die Fähigkeit, sich vom Gestern lösen zu können und den eigenen Lebensstil den Notwendigkeiten von heute anzupassen, fehlt zuzeiten gerade besonders renommierten Profis, die den Unterschied zwischen Schein und Sein auch schon mal ignorieren. ›Viele leben auch zehn Jahre nach ihrer Karriere gedanklich in der Profiwelt‹, sagt Baranowsky, ›machen keinen Cut und haben keine Ausrichtung nach vorn. Das kann zum existentiellen Problem werden, wenn dem Publikum der alte Luxus trotz veränderter Kassenlage vorgegaukelt werden soll.‹«

10 Dieser Gedanke ist von Michel Foucault im Rückgriff auf antikes Denken entwickelt worden: *Die Regierung des Selbst und der anderen. Vorlesungen am Collège de France 1982/83*, Frankfurt a. M. 2009.

11 Thomas Kistner, *Fifa-Mafia. Die schmutzigen Geschäfte mit dem Weltfußball*, München 2012.

12 Siehe die Aufsätze des »Sportnetzwerks«, das sich aus engagierten Journalisten und Wissenschaftlern gebildet hat: Jens Weinreich (Hg.), *Korruption im Sport. Mafiose Dribblings, organisiertes Schweigen*, Leipzig 2006.

13 *Frankfurter Allgemeine Zeitung* vom 21. Februar 2015.

14 Chris Anderson/David Sally, *Die Wahrheit liegt auf dem Platz. Warum (fast) alles, was wir über Fußball wissen, falsch ist*, Reinbek 2014.

Literatur

Jens Ambrasat/Christian von Scheve/Marcus Conrad/Gesche Schauenburg/Tobias Schröder, »Consensus and stratification in the affective meaning of human sociality«, in: *Proceedings of the National Academy of Sciences of the USA* 111 (22), S. 8001–8006.
Benedict Anderson, *Die Erfindung der Nation. Zur Karriere eines folgenreichen Konzepts*, Frankfurt a. M. 1996 (engl. 1983).
Chris Anderson/David Sally, *Die Wahrheit liegt auf dem Platz. Warum (fast) alles, was wir über Fußball wissen, falsch ist*, Reinbek 2014 (amerik. 2013).
Aristoteles, *Poetik*, hg. v. M. Fuhrmann, Stuttgart 1987.
John Bale, *Sport, Space, and the City*, London/New York 1993.
Rüdiger Barney, *Die Eliteschule des Sports – der Königsweg?*, Stuttgart 2014.
Roland Barthes, *Mythen des Alltags*, Frankfurt a. M. 1964 (frz. 1957).
Kurt Bayertz, *Der aufrechte Gang. Eine Geschichte des anthropologischen Denkens*, München 2012.
Christoph Biermann, *Wenn wir vom Fußball träumen. Eine Heimreise*, Köln 2014.
Diethelm Blecking/Gerd Dembowski (Hg.), *Der Ball ist bunt. Fußball, Migration und die Vielfalt der Identitäten in Deutschland*, Frankfurt a. M. 2010.
Pierre Boulle, *Der Planet der Affen*, München 2001 (frz. 1963).
Pierre Bourdieu, *Entwurf einer Theorie der Praxis auf der Grundlage der kabylischen Gesellschaft*, Frankfurt a. M. 1976 (frz. 1972).
–, »Historische und soziale Voraussetzungen des modernen Sport«, in: Gerd Hortleder/Gunter Gebauer (Hg.), *Sport – Eros – Tod*, Frankfurt a. M. 1986, S. 91–112.
–, *Sozialer Sinn*, Frankfurt a. M. 1987 (frz. 1980).

–, »Über die ›scholastische Ansicht‹«, in: Gunter Gebauer/Christoph Wulf (Hg.), *Praxis und Ästhetik. Neue Perspektiven im Denken Pierre Bourdieus,* Frankfurt a. M. 1993, S. 341–356.

–, *Kunst und Kultur. Kultur und kulturelle Praxis,* Schriften zur Kultursoziologie 4, Konstanz 2013.

Pierre Bourdieu/Roger Chartier, *Le sociologue et l'historien,* Marseille 2010.

Horst Bredekamp, »Fuß, Fortuna, Ball oder: Platons Prinzip des Handicap. Der Kugelkörper und die Defizite der Vollendung«, in: Ders., *Bilder Bewegen. Von der Kunstkammer zum Endspiel,* Berlin 2007, S. 186–193.

Christian Bromberger, *Le match de football. Ethnologie d'une passion partisane à Marseille, Naples et Turin,* Paris 1995.

Elias Canetti, *Masse und Macht,* Frankfurt a. M. 1980.

Fabio Chisari, »When Football Went Global: Televising the 1966 Worldcup«, in: *Historical Social Research/Historische Sozialforschung* 31, 1, 2006, Sonderheft: *Football History: International Perspectives,* hg. v. Christiane Eisenberg/Pierre Lanfranchi, S. 42–54.

Alexander Demandt, *Über die Deutschen. Eine kleine Kulturgeschichte,* Berlin 2007.

Gerd Dembowski, »Organisierte Fankulturen in Deutschland zwischen Potenzialen und Konflikten«, in: Diethelm Blecking/Lorenz Peiffer/Robert Traba (Hg.), *Vom Konflikt zur Konkurrenz. Deutsch-polnisch-ukrainische Fußballgeschichte,* Göttingen 2014, S. 271–283.

Eric Dunning, »Sport und Gewalt in sozialhistorischer Perspektive«, in: Thomas Kutsch/Günter Wiswede (Hg.), *Sport und Gesellschaft: Die Kehrseite der Medaille,* Königstein 1981, S. 135–152.

Émile Durkheim, *Die elementaren Formen des religiösen Lebens,* Frankfurt a. M. 1981 (frz. 1912/1968).

Michael Ebmeyer, *Das Spiel mit Schwarz–Rot–Gold. Über Fußball und Flaggenfieber,* Zürich 2014.

Christiane Eisenberg, ›*English Sports*‹ *und deutsche Bürger. Eine Gesellschaftsgeschichte 1800–1939,* Paderborn u. a. 1999.

Christiane Eisenberg et al., *100 Jahre Weltfußball. Die FIFA 1904–2004,* Göttingen 2004.

Norbert Elias, *Über den Prozeß der Zivilisation,* Frankfurt a. M. 1976.

–, *Die höfische Gesellschaft,* Frankfurt a. M. 1983.

–, *An Essay on Sport and Violence*, in: Ders./Eric Dunning, *Quest for Excitement. Sport and Leisure in the Civilizing Process*, Oxford 1986, S. 150–174.

Norbert Elias/Eric Dunning, *Quest for Excitement. Sport and Leisure in the Civilizing Process*, Oxford 1986.

Sascha Empacher, *Die Vermarktung der Fußball-Bundesliga*, Pforzheim 2000.

Jean-Michel Faure/Charles Suaud, *Le football professionnel à la française*, Paris 1999.

Vilém Flusser, *Vorlesungen zur Kommunikologie*, in: Ders., *Kommunikologie*, hg. v. Stefan Bollmann/Edith Flusser, Frankfurt a. M. 1998.

Michel Foucault, *Überwachen und Strafen. Die Geburt des Gefängnisses*, Frankfurt a. M. 1977 (frz. 1975).

–, *Les corps utopiques. Les Hétérotopies*, Paris 2009.

–, *Die Regierung des Selbst und der anderen. Vorlesungen am Collège de France 1982/83*, Frankfurt a. M. 2009.

Étienne François/Hagen Schulze (Hg.), *Deutsche Erinnerungsorte*. Bd. I-III, München 2003.

Sigmund Freud, *Massenpsychologie und Ich-Analyse. Die Zukunft einer Illusion*, Frankfurt a. M. 2005.

Gunter Gebauer, »Das Spiel gegen den Tod«, in: Gerd Hortleder/Gunter Gebauer (Hg.), *Sport – Eros – Tod*, Frankfurt a. M. 1986, S. 271–282.

–, »Hand und Gewißheit«, in: Ders. (Hg.), *Anthropologie*, Leipzig 1998, S. 250–274.

–, *Poetik des Fußballs*, Frankfurt a. M./New York 2006.

–, *Wittgensteins anthropologisches Denken*, München 2009.

–, »Gesellschaft als Universum des Geschmacks. Pierre Bourdieus Kultursoziologie als Morphologie der bürgerlichen Gesellschaft«, in: Pierre Bourdieu, *Kunst und Kultur. Kultur und kulturelle Praxis*, Schriften zur Kultursoziologie 4, Konstanz 2013, S. 643–670 (Nachwort).

Gunter Gebauer/Christoph Wulf, *Spiel – Ritual – Geste. Mimetisches Handeln in der sozialen Welt*, Reinbek 1998.

Clifford Geertz, »›Deep play‹: Bemerkungen zum balinesischen Hahnenkampf«, in: Ders., *Dichte Beschreibung. Beiträge zum Verstehen kultureller Systeme*, Frankfurt a. M. 1983 (amerik. 1972), S. 202–260.

Arnold Gehlen, *Der Mensch. Seine Natur und seine Stellung in der Welt*, Wiesbaden 1978.

Martin Gessmann, *Mit Nietzsche im Stadion. Der Fußball in der Gesellschaft*, Paderborn 2014.

René Girard, *Mensonge romantique et vérité romanesque*, Paris 1961.

Nelson Goodman, *Weisen des Welterzeugens*, Frankfurt a. M. 1980 (amerik. 1978).

Bartholomäus Grill, *Laduuuuuma. Wie der Fußball Afrika verzaubert*, Hamburg 2009.

Robert Gugutzer/Moritz Böttcher (Hg.), *Körper, Sport und Religion. Zur Soziologie religiöser Verkörperungen*, Wiesbaden 2012.

Hans Ulrich Gumbrecht, *Lob des Sports*, Frankfurt a. M. 2005.

Axel Hacke, *Fußballgefühle*, München 2014.

Peter Handke, »Die Aufstellung des 1. FC Nürnberg vom 27.1.1968«, in: Ders., *Die Innenwelt der Außenwelt der Innenwelt*, Frankfurt a. M. 1969.

Nils Havemann, *Samstags um halb 4. Die Geschichte der Bundesliga*, München 2013.

Georg Wilhelm Friedrich Hegel, *Phänomenologie des Geistes*, in: Ders., *Werke 3*, Frankfurt a. M. 1986.

–, *Vorlesungen über die Ästhetik*, in: Ders., *Werke 13*, Frankfurt a. M. 1999.

Martin Heidegger, *Was heißt Denken?*, in: Ders., *Gesamtausgabe*, I. Abteilung, Bd. 8, Frankfurt a. M. 2002 (zuerst 1954).

Johann Gottfried Herder, *Ideen zur Weltgeschichte der Menschheit*, in: Ders., *Werke*, hg. v. M. Bollacher, Bd. VI., Frankfurt a. M. 1989.

Markwart Herzog, »Kontingenzbewältigung im Fußballsport – eine pastoraltheologische Herausforderung«, *Diakonia* 46, 2, 2014.

Markwart Herzog (Hg.), *Memorialkultur im Fußballsport. Medien, Rituale und Praktiken des Erinnerns, Gedenkens und Vergessens*, Stuttgart 2013.

Eva Horn, *Zukunft als Katastrophe*, Frankfurt a. M. 2014.

Gerd Hortleder/Gunter Gebauer (Hg.), *Sport – Eros – Tod*, Frankfurt a. M. 1986.

Johan Huizinga, *Homo ludens. Vom Ursprung der Kultur im Spiel*, Reinbek 1956.

Sven Ismer, »The imagined national community«, in: Gavin Brent Sullivan (Hg.), *Understanding Collective Pride and Group Iden-*

tity. New directions in emotion theory, research and practice, London/New York 2014, S. 137–148.

–, *Wie der Fußball Deutsche macht. Emotion und Nation in der Fußballberichterstattung zur FIFA WM 2006.* Diss., Freie Universität Berlin 2015.

Carl Gustav Jung, *Archetypen,* München 2010.

Ernst Jünger, *Der Arbeiter. Herrschaft und Gestalt,* Hamburg 1932.

Ernst Kantorowicz, *Die zwei Körper des Königs. Eine Studie zur politischen Theologie des Mittelalters,* Stuttgart 1990 (amerik. 1957).

Christian Keysers, *Unser empathisches Gehirn. Warum wir verstehen, was andere fühlen,* München 2013.

Thomas Kistner, *Fifa-Mafia. Die schmutzigen Geschäfte mit dem Weltfußball,* München 2012.

Ernst Klusen, *Singen. Materialien zu einer Theorie. Perspektiven zur Musikpädagogik und Musikwissenschaft,* Regensburg 1989.

Reinhard Kopiez, »Alles nur Gegröle? Kultische Elemente in Fußball-Fangesängen«, in: Markwart Herzog (Hg.), *Fußball als Kulturphänomen. Kunst – Kult – Kommerz,* Stuttgart 2002, S. 293–303.

Beate Krais/Gunter Gebauer, *Habitus,* Bielefeld 2002.

Gustave Le Bon, *Psychologie der Massen,* Stuttgart 2008.

Hans Lenk, *Das flexible Vielfachwesen. Einführung in moderne philosophische Anthropologie zwischen Bio-, Techno- und Kulturwissenschaften,* Weilerswist 2010.

André Leroi-Gourhan, *Hand und Wort. Die Evolution von Technik, Sprache und Kunst,* Frankfurt a. M. 1988 (frz. 1964/65).

Andy Markovits/Steven L. Hellerman, *Im Abseits: Fußball in der amerikanischen Sportkultur,* Hamburg 2002 (amerik. 2001).

Herbert Marshall McLuhan, *Die magischen Kanäle – Understanding Media,* Dresden/Basel 1994 (amerik. 1964).

George Herbert Mead, *Geist, Identität und Gesellschaft aus der Sicht des Sozialbehaviorismus,* Frankfurt a. M. 1968 (amerik. 1934).

Friedrich Nietzsche: *Die Geburt der Tragödie,* in: *Kritische Studienausgabe,* hg. von Giorgio Colli/Mazzino Montinari, Bd. 1, Berlin 1967.

–, *Homer's Wettkampf,* in: Ders., *Kritische Studienausgabe,* hg. von Giorgio Colli/Mazzino Montinari, Bd. 1, Berlin 1967.

–, *Jenseits von Gut und Böse,* in: Ders., *Kritische Studienausgabe,* hg. von G. Colli/Mazzino Montinari, Bd. 5, Berlin 1967.

José Ortega y Gasset, *Der Aufstand der Massen,* Hamburg 1956.
Jaak Panksepp, *Affective Neuroscience. The Foundations of Human and Animal Emotions.* New York/Oxford 1998.
David Peace, *Damned United,* München 2011 (engl. 2006).
–, *Red or Dead,* London 2013.
Wolfram Pyta, »La contribution du football à la construction de l'identité en Allemagne«, in: *Allemagne d'aujourd'hui* 193, Juli–September 2010, S. 119–129.
Rainer Maria Rilke, *Duineser Elegien,* in: *Gesammelte Gedichte,* Frankfurt a. M. 1962.
Jean-Jacques Rousseau, *Diskurs über die Ungleichheit.* Kritische Ausgabe des integralen Textes, hg. v. Heinrich Meier, Paderborn u. a. 1984 (frz. 1755).
–, *Träumereien eines einsamen Spaziergängers,* in: Ders., *Schriften,* Bd. II, Frankfurt a. M. 1988 (frz. 1782).
Jean-Paul Sartre, »Skizze einer Theorie der Emotionen«, in: Ders., *Die Transzendenz des Ego. Philosophische Essays 1931–1939,* Reinbek 1982.
–, *Das Sein und das Nichts,* Reinbek 1993 (frz. 1943).
Fritz Schalk (Hg.), *Französische Moralisten. La Rochefoucauld, Vauvenargues, Montesquieu, Chamfort,* Zürich 1995.
Thomas Schneider, »Zwischen Kneipen und Kasernen. Die Anfänge des deutschen Fußballs in Berlin – eine Spurensuche und ein stadthistorisches Projekt«, in: *Der Bär von Berlin* 61, 2012.
Birgit Schönau, »Tifo – Hingabe, Leidenschaft und Gewalt«, in: Dies., *Calcio. Die Italiener und ihr Fußball,* Köln 2005, S. 133–157.
Dirk Schümer, *Gott ist rund. Die Kultur des Fußballs,* Frankfurt a. M. 1998.
Christoph Siemes, *Das Wunder von Bern,* Köln 2004.
Peter Sloterdijk, *Du mußt dein Leben ändern. Über Anthropotechnik,* Frankfurt a. M. 2009.
Nassim Nicholas Taleb, *Antifragilität. Anleitung für eine Welt, die wir nicht verstehen,* München 2013 (amerik. 2012).
Michael Tomasello, *Die Ursprünge der menschlichen Kommunikation,* Frankfurt a. M. 2009 (amerik. 2008).
Max Weber, *Wirtschaft und Gesellschaft. Grundriß der verstehenden Soziologie,* Tübingen 1980 (zuerst 1921/22).
Jens Weinreich (Hg.), *Korruption im Sport. Mafiose Dribblings, organisiertes Schweigen,* Leipzig 2006.

Frank R. Wilson, *Die Hand – Geniestreich der Evolution. Ihr Einfluß auf Gehirn, Sprache und Kultur des Menschen,* Stuttgart 2000 (amerik. 1998).

Ludwig Wittgenstein, *Philosophische Untersuchungen,* in: Ders., *Werkausgabe,* Bd. 1, Frankfurt a. M. 1984.

–, *Philosophische Grammatik,* in: Ders., *Werkausgabe,* Bd. 4, Frankfurt a. M. 1984–1989.

–, *Über Gewißheit,* in: Ders., *Werkausgabe,* Bd. 8, Frankfurt a. M. 1984–1989.

–, *Vermischte Bemerkungen,* in: Ders., *Werkausgabe,* Bd. 8, Frankfurt a. M. 1984–1989.

»Die Aufstellung des FC Nürnberg vom 27.1.1968« auf Seite 249 wurde mit freundlicher Genehmigung entnommen aus: Peter Handke, *Die Innenwelt der Außenwelt der Innenwelt.* © Suhrkamp Verlag Frankfurt am Main 1969. Alle Rechte bei und vorbehalten durch Suhrkamp Verlag Berlin.

»Deutschland – Portugal 0 : 3« auf S. 259 wurde mit freundlicher Genehmigung entnommen aus: Robert Gernhardt, *Gesammelte Gedichte 1954–2006.* © S. Fischer Verlag GmbH, Frankfurt a. M. 2008.

Register

Abseits 11, 44, 70
AC Mailand 48
Ajax Amsterdam 260f.
Alaba, David 39
Alonso 39
Argentinien 121, 130, 193, 196
Aristoteles 133, 135
Atlético Madrid 126
Balotelli, Mario 48
Barthes, Roland 126f.
Basler, Mario 282
Battiston, Patrick 215
Bayer Leverkusen 71f., 114, 162
Beckenbauer, Franz 104, 156, 159, 166f., 198, 229, 250, 254, 266, 274
Beckham, David 39, 201
Beckmann, Reinhold 233
Benítez, Rafael 148
Benzema, Karim 76
Best, George 88
Bierhoff, Oliver 120, 239, 255f., 280
Blatter, Sepp 268
Borussia Dortmund 8, 23f., 39, 48, 50, 114f., 124, 126, 146, 189, 202, 234, 250, 253
Borussia Mönchengladbach 114f.
Böttiger, Helmut 14
Bourdieu, Pierre 15f., 70, 82, 99, 117, 143, 164
Brasilien 196, 237
Breitner, Paul 250
Brussig, Thomas 14
Bude, Heinz 182
Buffon, Gianluigi 162
Bundesliga 8, 11, 48, 71f., 121, 146, 150, 173, 180, 208, 223, 226, 228, 232f., 235, 248, 250, 253f., 256, 260
Canetti, Elias 170
Cavell, Stanley 204
Chamfort, Nicolas 277
Champions League 8, 23, 44, 50, 79, 90, 124, 126, 146, 162, 234f.
Child, Lee 60
Daum, Christoph 149
Delius, Friedrich Christian 14
Descartes, René 25, 147
Deutschland 196, 208, 212, 241, 248, 253, 288
DFB (Deutscher Fußballbund) 71, 73, 232–234, 236, 241, 253–255, 259–261, 273, 279
DFB-Pokal 225, 235
Di Maria, Ángel 154
Di Stéfano, Alfredo 156
Dittrich, Olli 166
Doll, Thomas 254

315

Dörfel, Charly 280
Durkheim, Émile 16, 179, 188, 190
Eckball 44, 63, 117
Einstein, Albert 14
Elfmeter (Strafstoß) 12, 39, 43, 48, 55, 65, 67f., 76, 82, 136, 138f., 150, 162, 208
Emmerich, Lothar »Emma« 280f.
England 45, 101, 111, 194, 232, 253, 286
Enke, Robert 209
Erhard, Ludwig 243
1. FC Köln 115
1. FC Nürnberg 71, 249
1. FC Union Berlin 149
Europacup *siehe* Europapokal
Europaliga 235
Europameisterschaften 194, 213, 222, 229, 232, 266
- 1972 126, 231
- 2000 148, 259
- 2004 148
- 2012 218
Europapokal 126, 229f.
FA (Football Association) 110–112
Fankurve 8, 171, 175, 256, 258
Faßbender, Heribert 226, 228
FC Arsenal 261
FC Barcelona 43, 48, 114, 168, 202, 253, 261, 289
FC Bayern München 44f., 50, 71, 79, 84, 90, 114f., 124, 126, 168, 189, 202, 234, 250, 253, 261, 289
FC Chelsea 50
FC Málaga 23f.

FC Schalke 04 114, 126, 194, 253, 256
FC St. Pauli 115
FIFA (Fédération Internationale de Football Association) 71, 73, 168, 209, 263, 266–268, 274, 277, 285f.
Flusser, Vilém 85f., 88, 131
Fortuna Düsseldorf 115
Foucault, Michel 16, 118, 137
Foul 11, 65, 69f., 81, 215, 256, 269–271, 278
Frankreich 196, 248, 259f.
Freistoß 38f., 52, 63, 117
Freud, Sigmund 172f.
Freund, Steffen 254
Gaal, Louis van 261
Garrincha, Mané 28, 88f., 151
Geertz, Clifford 45
Gehlen, Arnold 29f.
Gernhardt, Robert 259
Gogh, Vincent van 200
Goltzius, Hendrick 151
Gomez, Mario 40
Götze, Mario 100, 154, 167f., 198, 280
Guardiola, Pep 49, 88, 150, 261, 288
Habermas, Jürgen 28
Hamburger SV 115, 194
Handke, Peter 249
Handspiel 11–13, 27, 37, 73, 106, 193
Hartwig, Jimmy 116
Hegel, Georg Wilhelm Friedrich 58, 149, 202
Heidegger, Martin 42, 61f.
Helmer, Thomas 71
Henry, Thierry 12f.

Heraklit 198
Herberger, Sepp 288
Herder, Johann Gottfried 26
Hertha BSC 149, 208
Herzog, Jacques 10
Heynckes, Jupp 229, 261, 288
Hickersberger, Josef 121
Hitchcock, Alfred 285
Holstein Kiel 9
Huizinga, Johan 194
Ibrahimovic, Zlatan 82, 153
Italien 196, 232, 237, 253
Jung, Carl Gustav 53
Juventus Turin 8, 114
Kahn, Oliver 38, 152
Kaiserslautern 206
Kant, Immanuel 108
Kantorowicz, Ernst 156
Katar 71, 267, 286
Kermani, Navid 256
Keysers, Christian 222
Kießling, Stefan 71
Kirch, Leo 234
Kirsten, Ulf 254
Klinsmann, Jürgen 118, 234, 260
Klopp, Jürgen 261
Klose, Miroslav 119, 270f.
Klusen, Ernst 189
Knetsch, Sven 254
Kohl, Helmut 255
Kopiez, Reinhard 190
Krankl, Hans 121
Kroos, Toni 168
Kruse, Axel 254
Lafontaine, Oskar 266
Lahm, Philipp 39, 74, 119, 153, 270
Le Bon, Gustave 171
Leibniz, Gottfried Wilhelm 104
Lévi-Strauss, Claude 41
Lewandowski, Robert 38, 48, 270
Libuda, Reinhard »Stan« 28, 193, 280
Lienen, Ewald 80f.
Lippens, Willi »Ente« 116
Littbarski, Pierre 28
Liverpool 137, 206
Löw, Joachim »Jogi« 118, 150, 261
Manchester United 44
Maradona, Diego 47, 104, 130, 156, 191–193
Marg, Volkwin 10, 169
Marías, Javier 14
Marx, Karl 58, 286
Materazzi, Marco 162, 279
McLuhan, Marshall 227
Meads, George Herbert 272
Merkel, Angela 255
Mertesacker, Per 119f.
Messi, Lionel 48, 129, 153f., 156, 159, 162, 168
Mexiko 196, 255
Meyer, Hans 255
Mill, Frank 40
Mittelfeld 43, 133, 198
Mourinho, José 288
Müller, Gerd 39, 229
Müller, Thomas 88, 153
Netzer, Günter 54, 104, 229, 250, 280
Neuer, Manuel 76, 153, 215, 256
Neymar 168
Nietzsche, Friedrich 16, 18, 26, 30, 36, 84, 90, 93f., 96f., 131, 188f., 195
Olympique Marseille 48, 237f.
Ostermaier, Albert 14

Österreich 121, 248
Pankseep, Jaak 66
Paris St. Germain 43
Pascal, Blaise 141
Pause, Aljoscha 149
Peace, David 20
Pelé 130, 156, 159
Petrus 10
Petzold, Christian 229, 279
Piaget, Jean 272
Piketty, Thomas 286
Pirlo, Andrea 91f.
Platini, Michel 55, 274
Podolski, Lukas 119
Preißler, Alfred (»Adi«) 70
Premier League 252, 286
Puskás, Ferenc 156
Puyol, Carles 152
Racine, Jean Baptiste 135
Radenković, Petar »Radi« 116
Rahn, Helmut 88, 151
Rathenow, Oliver 149
Rattle, Sir Simon 189
Ratzinger, Joseph 10
Real Madrid 90, 114, 202
Reus, Marco 115
Rilke, Rainer Maria 205
Rinke, Moritz 14
Ristic, Zeljko 149
Robben, Arjen 28, 39, 153
Ronaldo, Cristiano 82, 129, 152f.
Rösler, Uwe 254
Rousseau, Jean-Jacques 102f., 108, 175
Russland 266f.
Sammer, Matthias 254
Sartre, Jean-Paul 76–78, 80
Schiedsrichter 7, 13, 65–72, 164f., 170, 178, 219, 269–271

Schiller, Friedrich 108
Schneider, René 254
Schön, Helmut 250
Schröder, Gerhard 255
Schumacher, Toni 215
Schwarzenbeck, Hans-Georg »Katsche« 126
Schweinsteiger, Bastian 50, 119, 270
Seel, Martin 48
Seeler, Uwe 38, 116, 156f., 280
Shakespeare, William 102, 204
Shankly, Bill 60
Sheringham, Teddy 44
Siegmann, Norbert 80f.
Sloterdijk, Peter 52
Solskjaer, Ole Gunnar 44
Spanien 196, 215, 232, 253
SSC Neapel 192, 270
SS Lazio 270f.
Stenger, Harald 147
Stürmer 83, 88, 139, 270
Taleb, Nassim Nicholas 16, 31, 36
Tévez, Carlos 8
Thom, Andreas 254
Torwart 37, 76, 81, 150, 162, 193, 197f., 204, 209, 215, 238
TSG 1899 Hoffenheim 71
TSV 1860 München 115
Turek, Toni 193
UEFA (Union of European Football Associations) 266, 285
UEFA-Cup 126
USA 45, 111, 234, 239, 261
Veiel, Andres 279
Verteidiger 24, 60, 66, 75, 77, 81, 83, 133, 198
VfL Wolfsburg 114

VfV Hildesheim 9
Vogts, Berti 250
Walter, Fritz 156
Weber, Max 16, 156, 160–162
Weidmann, Uwe 254
Weisweiler, Hans »Hennes« 250
Weltmeisterschaften 71, 181, 194, 213, 216, 222, 229, 232, 266f., 271, 286
- 1950 204
- 1954 93, 151, 193, 204, 239, 243, 246f.
- 1958 89
- 1966 72, 281
- 1970 126, 229f.
- 1974 39, 184, 231, 243, 250
- 1978 121
- 1982 215
- 1986 55, 193, 197, 255
- 1990 243, 254, 266
- 1998 148, 162f., 259
- 2002 148, 152, 197, 245
- 2006 118, 162, 170, 212, 234, 240f., 243f., 246, 255, 279
- 2010 13, 148, 152, 236, 243
- 2014 74, 76, 90, 118, 120, 129, 147, 150, 153, 167f., 182, 198, 212, 214, 219, 236, 243, 255, 279

Wembley-Tor 72
Werder Bremen 38
Wickert, Johannes 40
Wittgenstein, Ludwig 15, 17, 24f., 28, 57, 61–63, 79, 237
Wortmann, Sönke 118, 255, 279
Wosz, Dariusz 254
Zidane, Zinédine 39, 104, 156, 159, 162f., 198, 279
Zimmermann, Herbert 193

Bildnachweis

Agentur Focus, Hamburg: 9 (Burt Glinn/Magnum Photos), 105 (René Burri/Magnum Photos)
Bildarchiv Heinrich von der Becke im Sportmuseum Berlin: 89
Getty Images, München: 55 (Bob Thomas)
Imago, Berlin: 163 (Camera 4), 281 (Horstmüller)
Kulturkarte.de: 157
laif, Köln: 191 (Berthold Steinhilber)
Picture Alliance, Frankfurt: 81 (Sven Simon)
Presse- und Informationsamt der Bundesregierung, Bildbestand: 257 (BA B 145 Bild-00311237, Foto: Guido Bergmann)